TURING

图灵教育

站在巨人的肩上

Standing on the Shoulders of Giants

TURING
图灵教育

站在巨人的肩上

Standing on the Shoulders of Giants

The Unicorn Project

A Novel about Developers, Digital Disruption, and Thriving in the Age of Data

独角兽项目

数字化转型时代的开发传奇

[美] 吉恩·金◎著 张乐 孙振鹏 许峰◎译

人民邮电出版社
北京

图书在版编目（CIP）数据

独角兽项目 : 数字化转型时代的开发传奇 / (美)
吉恩·金 (Gene Kim) 著 ; 张乐 孙振鹏 许峰译. -- 北
京 : 人民邮电出版社, 2021.4
ISBN 978-7-115-56084-1

Ⅰ. ①独… Ⅱ. ①吉… ②张… Ⅲ. ①长篇小说－美
国－现代 Ⅳ. ①I712.45

中国版本图书馆CIP数据核字(2021)第045558号

内 容 提 要

本书是运维名著《凤凰项目：一个 IT 运维的传奇故事》的姊妹篇，从软件开发人员的角度继续讲述无极限零部件公司的故事。玛克辛是开发主管兼架构师，因公司工资系统事故而被“流放”去做凤凰项目的文档工作。在这样一家刚刚度过百年华诞的老牌公司里，在电子商务已然风生水起的当下，玛克辛能否拯救那个已令数百名开发人员深陷其中的项目？作者在本书中提出“五大理念”，并相信有了这五个理念，企业就能打破壁垒、力排万难，在数字化洪流中力挽狂澜。

本书适合互联网企业和传统企业的所有从业者阅读。

◆ 著　　　[美] 吉恩·金
译　　　张　乐　孙振鹏　许　峰
责任编辑　杨　琳
责任印制　周昇亮

◆ 人民邮电出版社出版发行　　北京市丰台区成寿寺路11号
邮编　100164　　电子邮件　315@ptpress.com.cn
网址　https://www.ptpress.com.cn
涿州市京南印刷厂印刷

◆ 开本：700×1000　1/16
印张：20
字数：346千字　　　　2021年4月第1版
印数：1－3 000册　　　2021年4月河北第1次印刷

著作权合同登记号　图字：01-2020-6814号

定价：89.00元

读者服务热线：(010)84084456　印装质量热线：(010)81055316
反盗版热线：(010)81055315
广告经营许可证：京东市监广登字 20170147 号

版权声明

中文版赞誉

“这本书从开发者的角度展现了无极限零部件公司应对危机那几个月的故事，生动形象地描述了传统 IT 团队在进度压力下面临的困境——为避免损失而增加的各种关卡反而把项目越管越乱。在埃瑞克的指点下，库尔特和玛克辛带领‘反抗军’坚持履行‘五大理念’，终于突破重围、力挽狂澜。追求运营效率不意味着必须牺牲技术卓越，尤其对于数字化时代的企业来说，技术卓越恰恰是保障运营效率和市场响应力的关键。”

——徐毅，华为云 DevCloud 首席技术布道师、华为研发能力中心特聘敏捷顾问

“这本书是运维名著《凤凰项目》[①]的姊妹篇，但比《凤凰项目》更好。为何这么说呢？除了因为这本书是在《凤凰项目》6 年之后写成的，有更深的思考，解决了很多疑惑，更重要的是它加入了‘红衫军’中的多个角色，让质量、测试、安全、发布和基础设施等各种角色齐全。这样的开发故事环境才是真实的，故事才是丰满的，而且持续发布、快速交付有了质量和安全护航，我们才能‘心理安全’并‘快乐’着，才能真正做到‘以客户为中心’，否则‘简单’‘日常工作的改进’和价值的‘流动’都是不可持续的。其实，‘五大理念’不是新东西，但通过生动具体的故事和现身说

① 即《凤凰项目：一个 IT 运维的传奇故事》。这本书已由人民邮电出版社出版，详见 ituring.cn/book/2631。——编者注

法，会让读者对其感同身受，从而深深印刻在心中。正因为有了‘红衫军’中的众多角色，我乐意推荐这本书，相信你也会因此更喜欢它。”

——朱少民，《全程软件测试》《敏捷测试》作者、QECon 发起人

“在代码改变世界、软件定义汽车的时代，伴随着车联网、人工智能、生物识别、5G 等新兴技术与汽车制造产业的结合，软件操作系统已经是汽车的灵魂。这本书生动地描述了作为传统企业的无极限零部件公司如何通过应用 DevOps 的‘五大理念’和价值主张来实践数字化转型，通过数字触点提供超越用户期待的全程价值体验。”

——李学，蔚来汽车智能制造高级经理

“这本书是一部基于时间线的‘DevOps 励志小说’，沉浸式地复现了一个几乎要‘全部转外包’的 IT 项目的重生，一种‘卓越的工程师文化’的普及，一位‘杰出工程师’的心路历程，以及一段为公司创造巨大价值的旅程。相比于传统的理论性图书，这种故事化、场景化的作品更有带入感，更容易引起工程师群体的共鸣：开头的‘加班、互嘲、背锅、人员流失’等场景是大多数工程师身边的日常，而末尾的‘对内高效协同，对外开源奠定影响力，优秀人才慕名而来’等境界又是大家的理想，中间则是完全贴近实战、基于时间线的故事。对于正处于软件和数据时代黎明的国内企业来说，这无疑是一部值得推荐的作品。”

——党受辉，腾讯互动娱乐事业群技术运营部助理总经理、腾讯蓝鲸创始人

“‘技术创造新商业。’在数字化时代，技术正在成为推动商业进化的核心动力。在这本书中，玛克辛和她所在的‘反抗军’的故事完美展现了完成自我蜕变的技术团队在数字化变革中所焕发出的澎湃动力。更重要的是，这本书告诉我们：在数字化时代，技术团队需要应用‘五大理念’完成自我变革和升级，从而让过去技术的不可能变成可能，让过去商业的不可能变成可能。”

——何勉，《精益产品开发：原则、方法与实施》作者、阿里巴巴资深技术专家

“幸福的家庭是相似的，不幸的家庭则各有各的不幸。项目却恰恰相反：失败的项目大体相同，成功的项目则分别做对了不同的事情。数字化转型席卷各行各业，这本书提到的面临挑战的投资人、焦虑的管理层和困顿的研发团队，都是转型中各个企业的缩影。然而不是每一个企业都能像无极限零部件公司那样，在困境中找到数字化转型的核心解法之一——工程效能——以跨越传统企业现状和数字化企业目标之间的鸿沟。对于技术管理人员而言，掌握工程效能的理念和方法，也成为了数字化时代职业发展的关键。我推荐这本书，不仅因为它将咖啡豆般的硬核技术研磨调制成了香浓的拿铁，适合研发负责人、业务负责人等不同技术背景的人群阅读，更因为它生逢其时，是关心企业数字化转型的人们应在案头常备之书。”

——李涛，百度开源办公室主任

数字世界的《醒悟》

继《凤凰项目》之后，吉恩·金此次的《独角兽项目》也让人很快联想到了“TOC制约法”创造者高德拉特博士的系列企业管理小说（《目标》和《醒悟》是其中影响最深远的两本）。这两个系列都描述了陷入巨大困境的传统企业如何通过转变管理思路以崭新的角度涅槃而生。不同的是，高德拉特挑战的是物理世界的管理秩序，而吉恩挑战的是数字世界的管理秩序。

吉恩的知名度在很大程度上源于他和业界几位专家成立的 DevOps 研究和评估（DevOps Research & Assessment，DORA）项目，并连续五年发布了全球最具影响力的 DevOps 研究报告，推动了 DevOps 这一具有颠覆意义的数字化时代思维在全球各大企业内被广泛接受。自然，这本书提炼出的五大核心理念就是对 DevOps 思维的诠释。

吉恩为“无极限零部件公司”设计了“独角兽开发项目”，将读者带入了一个可以产生很多共鸣的组织和团队的真实场景中。经历过类似复杂项目的读者，在读到种种冲突和矛盾时，不免会勾起很多回忆，感觉自己就是项目中的一员！从“凤凰项目”到“独角兽项目”，不由得让人感慨数字世界里管理思维的持续突破。在云时代的今天，DevOps 已经成为了任何数字化转型企业组织治理中的一级重要台阶。

值得读者警惕的是，小说中的很多情景是现实的缩影，比如从传统的数据仓库走向现代大数据平台，整个复杂过程充满了挑战和坎坷。如果要取得“反抗军”的成绩，就必然需要持续试验和学习的迭代，并且由于每家组织的情况不同，也不会有教科书式的标准流程。

此外，类似“无极限零部件公司”这样的传统企业，必须直面整个错综复杂的 IT 系统，类似“凤凰项目”这样的困局在面对大量遗留系统的时候仍然可能是常态。在走向 DevOps 的路途中，吉恩提炼的“五大理念”应该成为大家的共识——倡导整个体系从局部到全局的逐步简化，以及技术团队的专注与快乐。

正如吉恩描述的“个人贡献者和杰出技术人员终于有了属于自己的职业阶梯，而不必成为经理人”，这应该是企业数字化转型取得成绩的关键信号。数字世界变化的加速度仍然有增无减，作为团队和组织的管理者，对于技术的持续发展和应用必须心存敬畏，而为资深人员提供持续历练和学习的机会就是通往数字化时代学习型组织的必由之路。

这本书提出的最后一个理念“以客户为中心”让我们有理由期待“无极限零部件公司”的进一步发展。当“反抗军”成为企业的主力军之后，一定有更多生力军会利用好企业的数字化能力，去创造新的客户价值和商业模式。让我们拭目以待！

肖然
中国敏捷教练联盟秘书长
ThoughtWorks 创新总监

译者序

说起和本书的渊源，就不得不提 DevOps。2016 年年初，荷兰国际信息科学考试学会（EXIN）面向全球率先发布了第一个 DevOps 国际资格认证——DevOps Master。当时 EXIN 虽然仍是 ITIL 的认证机构，但已经正式发布了精益 IT、敏捷和 DevOps 等 IT 管理实践方面的认证体系。此前，ITIL 的创始认证机构 EXIN 长期注重社区生态建设，是全球 IT 服务管理论坛（itSMF）的积极参与者。当 DevOps Master 认证体系发布以后，我便选择先去寻找 DevOps 全球的生态社区。经过一番调研之后，我确信自己要找的就是 DevOpsDays 国际社区组织。

DevOpsDays 是由“DevOps 之父”Patrick Debois 先生创办的。还是在 2016 年，我有幸在比利时根特见到了 Patrick，得知他也是 EXIN 的 ITIL 证书的持有者，这进一步拉近了我们之间的距离。当时 DevOpsDays 已经在全球 80 多个城市举办，但是从未登陆中国。我主动请缨在中国创办 DevOpsDays 社区峰会活动，并得到了 DevOpsDays 国际社区组织的支持和认可。

获得 DevOpsDays 国际社区组织的授权后，我的下一步工作就是筹备 DevOpsDays 中国峰会并召集组织者。从 2017 年 3 月 18 日首届 DevOpsDays 中国峰会正式开幕至今，我们已举办了七场活动，累计参加人数过万。出席过 DevOpsDays 中国峰会的国内外嘉宾不胜枚举，包括 Patrick Debois、《持续交付》作者 Jez Humble、敏捷宣言联合作者 Arie van Bennekum、“凤凰项目沙盘”创作者 Jan Schilt 以及丰田生产系统（TPS）认证学院院长 Koichiro Toda 等。

然而，在过去七届 DevOpsDays 中国峰会中参与时间最久、付出最多的两位核心组织者就是本书的联合译者张乐和许峰。我与他们相识于 2016 年的国庆节后，当时 EXIN 在中国举办了首批 DevOps Master 授权讲师研修（TTT）课程。那时，许峰还是某知名 IT 企业事业部的副总裁，张乐在百度负责工程效能。如今，他们都已经是 EXIN DevOps 全系列认证课程的授权讲师和“凤凰项目沙盘”的授权教练。我当时怎么也没有想到，许峰此后会毅然决然地辞去职业经理人的工作，做起 EXIN DevOps 自由职业授权讲师并坚持至今。他的勇气赢得了包括我在内的很多人的敬佩。

风靡全球的“凤凰项目沙盘”作为 DevOps Master 认证的实践作业被引入中国以后，我们有幸邀请到了沙盘的创作者 Jan Schilt 老师特意为《凤凰项目：一个 IT 运维的传奇故事》写了一章跟沙盘相关的内容，我本人就负责这一章的翻译工作。这也是为什么如今大家在市面上看到的都是《凤凰项目（沙盘特别版）》。通过这本书，我和人民邮电出版社图灵公司建立了友好的合作关系。2017 年 9 月，我亲赴美国波特兰与该书知识产权方 IT Revolution 的时任社长 Todd Sattersten 当面会谈，交流了中文版引进后推广其 DevOps 系列图书的相关事宜。记得 Sattersten 先生听到 *DevOps Handbook* 被 EXIN 选作认证教材时兴奋不已，他问道：“EXIN 的考试都有哪些语言？我们愿意配合 EXIN 把该书翻译成相应的语言。”作为 DevOpsDays 中国峰会的发起人和组织者，我们也向《凤凰项目》的作者，也是本书作者吉恩 · 金发出了来华分享的邀请。相信在不久的将来，我们可以在某一站 DevOpsDays 中国峰会上一睹吉恩 · 金本人的风采。

2018 年 4 月，*DevOps Handbook* 中文版《DevOps 实践指南》出版，并被 EXIN 指定为 DevOps Professional 国际认证的教材。随后，我又分别与乔梁联合翻译了 *Accelerate*，与张乐、许峰联合翻译了本书。我很高兴在过去的几年通过 DevOps 结识了国内外的行业专家和朋友，特别庆幸结识了像张乐和许峰这样志同道合的朋友。我非常享受与他们的 DevOps Master 俱乐部欧洲游学之旅，特别是我们以 DevOpsDays 中国组织者的身份参加了 DevOpsDays 根特十周年庆典活动。希望疫情过后，我们可以带上更多的朋友去参加世界各国的 DevOpsDays 峰会，引进更多的出版物！

本书作为《凤凰项目》的姊妹篇，继 DevOps“三步工作法”之后又提出了“五大理念”，相信会让更多读者在数字化转型时代的开发传奇中找到共鸣！我希望引用 Patrick Debois 先生于 2019 年参加在比利时根特举办的 DevOpsDays 十周年全球峰会时讲的一句话作为结束语——DevOps beyond Dev and Ops。这句话的意思是，DevOps

应超越开发和运维，服务于整个企业或组织，更快、更可靠、更安全地交付对用户更优的价值，助力数字化转型，让业务蓬勃发展，让企业基业长青。

孙振鹏
2021年1月29日
于荷兰阿姆斯特丹

本书的翻译是在2019年年底正式启动的，当时正值DevOps运动在全球风靡十周年之际，我与本书的另外两位译者孙振鹏、许峰刚刚结束在比利时根特的DevOpsDays十周年庆典活动和欧洲游学之旅。作为DevOpsDays大会和社区中国区的核心组织者，我们在过去几年一直致力于DevOps运动在国内的布道和推广，因为我们坚信DevOps能给企业和个人带来巨大的价值，也是企业在数字化转型时代必须构建的重要基石。

DevOps运动已经度过了它的第一个十年。随着技术快速发展、实践不断推陈出新，故事发展到今天，我们已经看到行业发生了很大变化。这十年间，很多企业的开发、测试和运维能够更好地协作了，他们之间的“墙”在一定程度上被拆除了；在敏捷实践被广泛应用的基础上，一条条CI/CD流水线已经被建立起来；虚拟化、云计算、云原生模式逐渐成为主流，开发人员对环境拥有了更强的掌控力，各类变更似乎能够做到一键直达生产环境。

但有时我在想，这场席卷全球的运动已经算成功了吗？未来行业还有更大的发展空间吗？在这里，我想引用丘吉尔的一句名言：“这不是结束，甚至不是结束的开始，而仅仅是开始的结束！”我们看到很多企业的DevOps转型还只发生在IT部门内部，有些仅仅停留在技术和自动化的层面上，而这些看起来很不错的实践和改变也许与达成业务的目标甚至引领业务的发展相距甚远。我们要关注企业端到端的价值流动，而不是狭义的、带引号的敏捷和DevOps；我们要考虑的是整个系统，而不仅仅是复杂过程中的某一个阶段；我们不只要让每个职能筒仓都高效地“完成工作”，还要想尽一切办法促进整个组织协同“实现价值”。

就像本书所讲的故事那样，无论你处于怎样的企业环境和发展阶段，无论是初创企业还是拥有很多技术资产（或技术债务）的传统企业，都可以寻求改变并取得成功。不妨以本书中的“五大理念”为指引，逐步构造正确的企业文化、先进的技术实践以及适当的架构，不断追求管理创新和技术创新，培养出能够让企业实现“工程卓越”的“杰出工程师”，相信你也可以做到独角兽公司所能做到的一切。

最后，希望你喜欢我们用心翻译的这本书。我常说 DevOps 和研发效能的提升是一种永无止境的、对实现价值过程中效率和质量的极致追求，这在数字化转型时代显得尤为重要。引用近期时髦的话来讲：别只惦记着眼前的几捆“白菜”，技术创新实践的星辰大海、未来的无限可能性更令人心潮澎湃！

张乐

2021 年 1 月 31 日

于中国北京

自从离开企业成为独立讲师/顾问以来，有三件事情是我特别喜欢的。一是可以在自己喜欢的领域持续学习。数字化技术和管理领域的外沿很广，和数字时代的来临结合紧密，也真的非常有趣。二是能看到很多学员在课上或课后突然被“点亮”的那种欣喜。DevOps 代表的新型管理实践常常会带来突破性的思维，对很多埋头做事的 IT 专业人士有“当头棒喝”的效果。作为曾经的 IT 职场人士，我十分理解这种震动意味着什么。三者当然就是认识了像振鹏和张乐这样的好朋友。大家都怀着为在中国推动数字化转型贡献一点儿力量的理想，一边开开心心地“玩”，一边认认真真地做自己觉得有意义的事，比如举办 DevOpsDays 大会，比如设计 DevOps Master 俱乐部的各种线上线下活动，又比如这次合作翻译本书。

我对本书的感情源自其上一部《凤凰项目：一个 IT 运维的传奇故事》。《凤凰项目》的出版可以说把 DevOps 从一个比较小众的讨论变成了一个继敏捷之后被广泛认可和接受的 IT 实践体系。尤其因为《凤凰项目》的同名模拟沙盘是我讲授最多的 EXIN DevOps Master 的指定实践作业，我对小说中的人物和发生的事件有非常深厚的感情。所以当 2019 年 11 月振鹏找到我和张乐，提议三个人一起翻译本书的时候，我们都非常欣喜地接受了这个邀约。

翻译的过程正好赶上疫情暴发，大家对数字化的理解以及转型的紧迫性也有了更深的体会。作为讲师，我更多是从人的视角来看待数字化技术和管理实践（包括 DevOps、Lean 和 Agile），尤其因为接触了许多作为 IT 组织中坚的技术管理者。这些人往往是企业的核心骨干，也代表着企业数字化转型的现在和未来。引用书中“五大理念”中的第二理念，希望他们能在工作中获得“专注、流动和快乐”。

最后，我特别想把本书作为一份小小的礼物送给女儿，希望她在追求自己梦想的道路上走得坚定、快乐。

许峰
2021 年 2 月 2 日

译者张乐（左）、孙振鹏（中）和许峰（右）于 2019 年在 DevOps 发源地比利时根特参加 DevOpsDays 十周年全球组织者庆典活动时的留影

献词

致我的父亲秉·金（1937—2019），他非常非常希望我完成本书。

致我一生的挚爱：我的妻子玛格丽特，还有我们的三个儿子——里德、帕克和格兰特。他们也非常非常希望我把本书写完。

致 DevOps 企业峰会上的成就，这正是本书的灵感来源，也是本书要赞美之处。

致谢

我要感谢我的爱妻和良伴玛格丽特·金，是她的爱和支持使我的工作和生活成为可能，还要感谢我们的儿子里德、帕克和格兰特。

感谢 Anna Noak、Kate Sage、Leah Brown、Ann Perry 和整个 IT Revolution 团队在本书出版的各个阶段给予我的帮助，他们承担的一切超乎你们的想象。

我想感谢以下诸位，他们花了大量的时间与我分享专业知识。如果没有他们，本书不可能完成。我从他们身上学到了很多关于汽车零部件行业、架构原则、商业和技术领导力、函数式编程的知识以及更多！

John Allspaw（Adaptive Capacity Labs）、Josh Atwell（Splunk）、Chris Bergh（Data Kitchen）、Charles Betz（Forrester）、Jason Cox（华特迪士尼）、John Cutler（Amplitude）、Stephen Fishman（Salesforce）、Nicole Forsgren 博士（谷歌）、Jeff Gallimore（Excella）、Sam Guckenheimer（微软）、Scott Havens（Jet 网/Walmart Labs）、Rod Johnson 博士（Atomist）、Rob Juncker（Code42）、Mik Kersten 博士（Tasktop）、Tom Longstaff 博士（CMU/SEI）、Chris O'Malley（Compuware）、Mike Nygard（Sabre）、Joe Payne（Code42）、Scott Prugh（CSG）、Mark Schwartz（亚马逊）、Steven Spear 博士（MIT/The High-Velocity Edge）、Jeffrey Snover（微软）和 John Willis（Botchagalupe Technologies）。

感谢以下这些人对本书手稿给予的高质量的反馈：Paul Auclair、Lee Barnett、Fernando Cornago、Dominica DeGrandis、Chris Eng、Rob England、Alan Fahrner、David Favelle、Bryan Finster、Dana Finster、Ron Forrester、Dawn Foster、Raj Fowler、Gary

Gruver、Ryan Gurney、Tim Hunter、Finbarr Joy、Sam Knutson、Adam Leventhal、Paul Love、Steve Mayner 博士、Erica Morrison、Steven Murawski、Scott Nasello、Shaun Norris、Tapabrata Pal 博士、Christopher Porter、Corey Quinn、Mark Schwartz、Samir Shah、Nate Shimek、Randy Shoup、Scott Stockton、Keith Swett、Branden Williams 和 Michael Winslow。

对这些年来帮助过我的每一个人，以及我可能忘记的每一个人，致以我最深切的谢意。如果你想更多地了解本书涉及的概念，请查看我在推荐阅读部分提供的资源列表。

读者须知

《独角兽项目》发生在“当下”，它是《凤凰项目的姊妹篇（《凤凰项目》也发生在“当下”）。这两部小说中的事件是同时发生的，但为了适应行业变化，《独角兽项目》中的某些情景元素有所调整。

虽然这两本书讲述的都是无极限零部件公司的故事，但《独角兽项目》是作为一本独立的书来写的，所以阅读之前绝对没有必要事先阅读或重读《凤凰项目》!（你可能会认出《凤凰项目》里的一些角色，但如果没认出来也不用担心！）

因为这两本书的写作时间相差6年，所以当时的一些疑惑可能已经不存在了。例如，每个人对“零售末日”的认知要比撰写《凤凰项目》时深刻得多，共享出行服务（优步、来福车）的使用经验也要比那时丰富得多。

对于需要一些具体导引的读者，本书在人物表中原样列出了《凤凰项目》中出现过的角色，并且在最后提供了两本书的大致时间线。（注意，可能会有剧透！）

人物表

无极限零部件公司员工名录

“红衫军”[①]

玛克辛·钱伯斯：开发主管、架构师

库尔特·雷茨尼克：QA（质量保证）经理

“暴躁的戴夫”布林克利：开发主管

香农·科尔曼：安全工程师

亚当·弗林：QA 工程师

道恩·科克斯：首席基础设施工程师

普尔娜·萨雅拉杰：QA 和发布经理

➢ 布伦特·盖勒：首席运维工程师

“下级军官”

兰迪·凯斯：开发经理

里克·威利斯：QA 经理

➢ 威廉·梅森：QA 总监

➢ 韦斯·戴维斯：分布式技术运维部总监

➢ 帕蒂·麦基：IT 服务支持部总监

“舰桥长官”

➢ 史蒂夫·马斯特斯：CEO（首席执行官）、CIO（代理首席信息官）

---

① “红衫军”是电影《星际迷航》中的工程或安全岗位。——译者注

- ➢ 迪克·兰德里：CFO（首席财务官）
- ➢ 莎拉·莫尔顿：零售运营高级副总裁
- ➢ 克里斯·阿勒斯：应用程序开发副总裁
- ➢ 柯尔斯顿·芬格尔：项目管理部总监
- ➢ 玛吉·李：零售项目管理部高级总监
- ➢ 比尔·帕尔默：IT 运维副总裁
- ➢ 约翰·佩斯凯：CISO（首席信息安全官）

“星舰指挥官”

艾伦·佩雷斯：新董事、运营合伙人、韦恩-优科豪马权益合伙人

- ➢ 鲍勃·施特劳斯：首席董事、前董事长、前 CEO
- ➢ 埃瑞克·里德：候选董事

➢ 表明人物在《凤凰项目》中出现过。

目　录

第二部分

9 月 23 日 ~ 11 月 9 日

第三部分

11 月 10 日 ~ 现在

序幕

9 月 2 日，星期二

发件人： 史蒂夫·马斯特斯（无极限零部件公司 CEO）

收件人： 无极限零部件公司所有员工

抄　送： 迪克·兰德里（无极限零部件公司 CFO）、劳拉·贝克（人力资源副总裁）

日　期： 9 月 2 日，晚 11:50

主　题： 工资发放故障

无极限零部件公司的同事们：

今天清晨，数千张考勤卡由于技术故障而受损，主要影响到的是我们制造工厂和零售商店的员工以及承包商。

我的目标是确保每个人都能尽快拿到工资。所有被少付工资的员工都会在未来 24 小时内收到支票。

作为 CEO，我的工作是确保我们履行对员工的义务，这样才能让我们的组织正常运作。没有你们，我们就无法为客户服务，而客户在日常生活中依赖我们保障其汽车运转。

我为工资问题所带来的问题和不便，向你们和所有依赖你们的人道歉。

我承诺，我们将提供所有必要的帮助，包括与收账员、银行等进行沟通。

在这封邮件的结尾，有一份由人力资源部和业务运营部整理的常见问题列表。如果你没有及时得到帮助，请随时给我发电子邮件或致电我的办公室。

与此同时，我们的首要任务是了解是什么导致了这次故障。我们将尽一切努力确保不再发生这种情况。

史蒂夫·马斯特斯

无极限零部件公司 CEO

发件人：克里斯·阿勒斯（应用程序开发副总裁）

收件人：IT 部门所有员工

抄　送：比尔·帕尔默（IT 运维副总裁）、史蒂夫·马斯特斯（无极限零部件公司 CEO）、迪克·兰德里（无极限零部件公司 CFO）

日　期：9 月 3 日，凌晨 12:30

主　题：工资发放故障的纠正措施

大家好！

由于工资系统崩溃事件影响甚广，我们进行了彻底的根因分析。我们得出的结论是，这是由人为失误和技术故障导致的。我们已经果断采取行动，确保这种情况不会再次发生。事故责任人已被调至一个不能再影响生产结果的岗位。

如果还有问题，请给我发电子邮件。

克里斯

《埃克哈特格鲁夫先驱时报》

无极限零部件公司付薪失败，地方工会主席称故障“不合理”

汽车零部件供应商无极限零部件公司的一份内部备忘录显示，该公司未能向部分计时工资制的工人正确发放工资，还有一些员工则未能获得任何报酬。该公司否认这一事件与现金流问题有关，而是将其归咎于工资系统故障。

这家曾经市值 40 亿美元的公司最近几个季度一直受到收入下滑和亏损不断扩大的困扰。这些财务困境导致当地靠工资养家糊口的工人普遍缺乏安全感，一些人将其归咎于该公司高层管理的失败。

这份备忘录称，无论工资发放失败的原因是什么，员工都可能要等几天或几周才能得到补偿。

奈斯特·迈耶斯公司的首席行业分析师凯莉·劳伦斯表示：“这只是该公司近几年来在管理方面一系列失误中的最新一例。”

本报致电无极限零部件公司，希望 CFO 迪克·兰德里就薪资问题、会计错误和管理能力问题给出评论，但尚未收到回复。

在代表无极限零部件公司发表的一份声明中，兰德里对这个“小故障”表示遗憾，并郑重承诺不会重蹈覆辙。本报将持续发布最新消息。

第一部分

9 月 3 日 ~9 月 18 日

第 1 章

9 月 3 日，星期三

“你做的这是什么事？”玛克辛脱口而出。她难以置信地盯着应用程序开发副总裁克里斯。

克里斯在办公桌后面无力地笑了笑。玛克辛心想：“连他也意识到自己有多荒谬了吧。”

“玛克辛，我真的很抱歉。我知道你度假刚回来就遇到这种事情真的很糟糕，但这次工资系统崩溃造成了一个难以置信的烂摊子。CEO 和 CFO 要严惩责任人。我们为此苦恼了好几天，但我认为我们找到了一个相当好的解决办法……毕竟，没有人会被解雇。”

玛克辛把电子邮件的打印件“啪”的一声拍在桌上。“你在邮件里说这是‘人为失误和技术故障’造成的。现在你说就是我造成的这个‘人为失误’？我们一起花了那么多时间来决定如何解决合规问题，现在你却把所有责任都推到我身上？这算什么鬼话？”她愤怒地瞪着他。

“我知道，我知道……这不对。”克里斯在玛克辛锐利的目光下浑身不自在地说，“这里的每个人都很看重你非凡的能力和才华，以及你在过去 8 年里对公司做出的卓越贡献。实际上，没人相信这是你的错。但这次付薪问题成了头版新闻！迪克不得不发表声明来阻止工会提出申诉。考虑到这一切，我觉得这是在如此糟糕的情况下能想出的最好的解决方案。”

“所以你把责任推到那个正在度假的人身上，因为她无法为自己辩驳？”玛克辛厌恶地说，“真是令人钦佩，克里斯！这是你从哪本关于领导力的书里学来的？”

“好啦，别这样，玛克辛，你知道我是你的忠实粉丝和后盾。事实上，这是一种巨大的赞美——你的口碑是 IT 部门所有人中最好的。”克里斯说。

玛克辛心想：“将工资系统崩溃归咎于人可真是一种另类的赞美方式。”

克里斯继续说道：“每个人都知道这并不是你的错。就把它当成休假吧——你可以做任何想做的事情，如果不想做的话，也不需要承担任何实际的责任。”

玛克辛想着刚刚听到的话，正打算回应：“等等，克里斯，具体是把**什么**当成休假？”

“呃……”克里斯结结巴巴，在玛克辛的凝视下，他喘不过气来，感到很羞愧。作为一名女性，在这个仍以男性为主的行业里，玛克辛知道自己的直率可能会让克里斯感到不舒服，但她总要为自己发声。

“……我向史蒂夫和迪克保证，会把你安排到一个不能再做任何生产环境变更的岗位，”克里斯不安地说，“所以，呃……从现在开始，将把你从制造工厂的 ERP 系统调去做凤凰项目的文档工作……”

“你要把我派去……”玛克辛无法呼吸，她不敢相信自己听到的。

“听着，玛克辛，你要做的就是低调地待上 4 个月。然后你就可以回来选择你想做的任何项目，好吗？”克里斯说。他无力地笑了笑，补充道：“瞧，就像是休假，对吧？”

“哦，我的天啊……”她缓过气来才开口，“你要把我派去凤凰项目?!”她几乎大叫起来。玛克辛立刻让自己从短暂的软弱中恢复过来。她深吸了一口气，拉了拉自己的外套，振作起来。

“这是胡来，克里斯，你知道的!”她指着他的脸说。

玛克辛的大脑飞速运转，想着她对凤凰项目的了解。她从中找不到一点好的地方。多年来，这一直是公司的“死亡行军”项目，让数百名开发人员深陷其中，声名狼藉到了前所未有的程度。玛克辛非常肯定，项目没有进展的原因就是他们一件事也没做对。

尽管凤凰项目明显失败连连，但它仍在继续。随着电子商务的兴起和实体店的衰落，每个人都知道必须要做些什么来确保无极限零部件公司能够在这个日益数字化的时代生存下去。

无极限零部件公司仍然是业内最大的公司之一，在全国拥有近千家门店。但有时玛克辛会想，刚刚过完百年华诞的公司接下来将会如何发展?

凤凰项目应该是一种解决方案，是引领公司走向未来的希望。但它已经延迟 3 年了（而且还在持续），2000 万美元也打了水漂，除了给开发人员带来痛苦之外，没有什么可见的“成果”。它即将失败，这将对公司产生严重的影响。

“你要把自己最出色的部下之一调走，并且‘流放’到凤凰项目，只因你需要一个人来为工资系统崩溃背黑锅？”玛克辛充满挫败感和愤怒，“这根本不是什么赞美，你只是在用最好的方式说‘去你的，玛克辛’！该死，凤凰项目可能根本没有什么值得记录的东西！除非是去记录那里的种种无能行为，这就像给泰坦尼克号上的所有躺椅贴上标签一样，毫无意义。克里斯，我已经说过这是胡来了，不是吗？”

“对不起，玛克辛，”克里斯摊开双手说，“这是我能为你做的最好的事情了。就像我说的，没有人真的在责怪你。只要你忍过这段时间，不久以后一切都会恢复正常的。”

玛克辛坐下，闭上眼睛，深吸了一口气，然后把双手交叉放在脑后，努力思考。

“好吧，好吧……”她说，“你需要一只替罪羊。我明白。我可以为这整个烂摊子承担责任。太棒了，太棒了……这就是公司解决问题的方式，对吧？不要紧。只是……让我在员工餐厅或供应商管理部门工作吧，我不在乎。除了凤凰项目，**什么地方**都可以。”

听着自己说出的话，玛克辛意识到在不到 2 分钟的时间里，她已经从否认变为愤怒，现在完全进入了讨价还价的模式。她很确定自己缺了库伯勒-罗斯悲伤曲线①中的一步，但现在想不起来是哪一步。

“克里斯，”她继续说，“我不反对做文档工作。每个人都有权得到好的文档。但是有很多地方比凤凰项目更需要文档。让我去别的地方发挥更大的作用吧。给我一两个小时，让我想一想。”

“听着，玛克辛。8 年前我雇用你是因为你有出色的技能和丰富的经验。每个人都知道你有能力让团队用软件做出不可思议的事。”克里斯说，“这就是为什么我支持你，为什么你领导的软件团队负责我们所有的供应链和 23 家制造工厂的内部制造流程。我知道你有多棒……但是，玛克辛，我已经尽力了。遗憾的是，木已成舟。忍过这段时间，不要惹麻烦，等一切都过去了再回来。”他显得如此自责，以至于玛克辛竟然相信了他。

---

① 美国心理学家库伯勒-罗斯（Kübler-Ross）将身患绝症的患者从获知病情到临终时期的心理反应和行为改变归纳为 5 个典型阶段：否认期、愤怒期、讨价还价期、抑郁期和接受期。——编者注

“各个部门都有高管下台，而不仅仅是因为这次的事。”克里斯继续说道，“董事会刚刚撤掉了史蒂夫·马斯特斯的董事长职位，所以现在他只是 CEO。昨天，CIO 和 IT 运维副总裁都被解雇了，并且没有得到任何解释，所以史蒂夫现在也是代理 CIO。毫无疑问，每个人都担心还会有更多的人被撤职或解雇……”

克里斯看了看门，确定门是关着的，然后低声说：“有谣言说接下来会进行更大、更彻底的调整……”

克里斯停顿了一下，似乎这个话题已经说得太多了。他继续说：“听着，你准备好了，就去找兰迪吧。他是凤凰项目的开发经理，是个好人。就像我说的，把这当成 4 个月的休假。说真的，做任何你认为会有帮助的事情。见鬼，其实你根本不需要做任何事情。只要保持低调，别找麻烦。不管你做什么，都别引起史蒂夫和迪克的注意。听起来可以吧？”

当克里斯提到史蒂夫·马斯特斯和迪克·兰德里（无极限零部件公司的 CEO 和 CFO）时，玛克辛眯起眼睛看着他。她每隔一个月会在公司的全员大会上见到他们一次。从在吉隆坡享受为期 2 周的假期，到容忍克里斯把这些“脏水”都泼在她身上，她是如何经历这一切的？

“玛克辛，我是认真的。只要保持低调，不要惹是生非，别跟系统崩溃沾边，一切都会好起来的，好吗？感谢你的幸运星吧，你没有像去年的两个人那样因付薪问题而被解雇。”克里斯用恳求的语气说。

“是啊，是啊，别找麻烦。”玛克辛站起来说，“4 个月后见。对了，不用谢我帮你保住了饭碗。干得漂亮，克里斯。”

“克里斯真是一年比一年没骨气了。”她边想边怒气冲冲地走出房间。她想摔门而去，但还是果断地把门关上了。她听到他说：“请不要找麻烦，玛克辛！”

她走到没人的地方，靠在墙上，眼泪夺眶而出。突然，她想起了在讨价还价之后，库伯勒-罗斯悲伤曲线中缺失的那一步是：抑郁。

玛克辛慢慢地回到她的办公桌。她的旧办公桌，她曾经工作过的地方。

玛克辛不敢相信这件事会发生在自己身上。她试图控制头脑中所有消极的自言自语，这让她想起了自己的资历。她知道，在过去的 25 年里，她的工作就是利用技术、创造力、才华以及最重要的工作能力，高效并精确地完成任务。

她知道自己拥有无与伦比的实际经验，能够构建可以在恶劣甚至敌对环境中运行的系统。她有一种不可思议的直觉，知道哪些技术最适合完成手头的任务。她对工作有责任感，认真细致、一丝不苟，并且要求身边的每个人也同样优秀和勤奋。“该死，毕竟我曾经是《财富》50强企业中最受欢迎的顾问之一。”玛克辛提醒自己。

玛克辛停下了胡思乱想。尽管她十分注重细节，一心想把事情做好，但是也已经意识到了错误和熵是生活的一部分。她看到了恐惧文化所造成的破坏性影响。在这种文化中，错误的行为通常会受到惩罚，替罪羊会被解雇。惩罚失败和“枪杀信使”只会让人们掩盖自己的错误。最终，所有创新的欲望都会被彻底磨灭。

在做咨询的日子里，她总是能在几小时内判断出人们是否害怕说出他们的真实想法。当人们小心措辞、说话拐弯抹角、极力避免使用某些禁忌词时，她会发疯。她很反感参与这种项目，并会尽其所能说服客户尽早结束它们，以节省时间和金钱，免遭痛苦。

她不敢相信自己在无极限零部件公司也看到这些危险信号了。

玛克辛想：“我期望领导能把员工从职场政治和官僚主义的深渊中拯救出来，而不是把他们扔进去。”

就在昨天，她和家人刚从吉隆坡坐了将近 20 小时的飞机回来。她一打开手机，就几乎被收到的信息淹没了。当杰克和她的两个孩子在机场里找东西吃的时候，她终于联系上了克里斯。

他跟她说了工资发放失败的事情，并把混乱的情况详细告诉了她。她仔细地听着，当克里斯说到“……我们发现工资数据库中的所有社会保险号码都被破坏了”的时候，她的心跳都快停止了。

她突然冒出一身冷汗，手掌发麻，浑身冰冷。她一时无法呼吸，感觉像过了漫长的一个世纪。她明白了：“是因为那个支付凭证化安全应用程序，对吗？”

她大声咒骂着。机场大厅里的父母们纷纷把年幼的孩子从她身边拉走。她听到克里斯说：“是的。这件事的后果会很严重。你尽快赶到办公室来吧。”

即使是现在，她仍然对本次惨剧的规模感到恐惧。像所有的工程师一样，她也喜欢听灾难故事……只要主角不是自己就好。“愚蠢的克里斯！”她一边嘟囔着，一边想着要重新翻出已经 8 年没碰过的简历——得看看哪里有职位空缺了。

到达办公区时，玛克辛已经无法再保持镇定了。在走进去之前，她停了下来，感觉腋窝满是汗水。她闻了闻，确保自己不会散发出难闻的气味。她知道自己很偏执——

今天早上涂了那么多体香剂，腋窝白得像白垩一样。她很高兴自己这么做了。

她走进办公区。大家都知道她被调任了，但都避而不谈。当了她 3 年上司的格伦走上来紧紧地搂着她的肩膀，脸上带着痛苦的表情。“别担心，玛克辛。你很快就会回来的。事情发展到这一步，我们都很不满。不少人想为你办一个大型聚会，但我敢肯定你不想出风头。”他说。

玛克辛说：“完全正确！谢谢你，格伦。”

“不谢。”他苦笑着说，“需要帮忙的话，你就告诉我，好吗？”

她强颜欢笑，说：“行了行了，我又不是要死了，也不是要被送到外太空去！我会离总部近一些，那里可是所有行动的中心。我会把最新情况告诉你们的，你们都还不够优秀，不能置身于这些大事之中！”

“要的就是这种精神。如果一切顺利，我们 4 个月后再见！”格伦开玩笑地戳了玛克辛一下。玛克辛听到“如果一切顺利”这句话，眉头稍稍皱了起来。这可是她头一次听说。

格伦去开会了，玛克辛去她的办公桌开始收拾东西。她选择了被流放期间最重要的东西：精心配置的笔记本计算机（她对键盘和内存非常挑剔）、家人的照片、平板计算机、这些年精心挑选和积攒下的 USB 设备和笔记本计算机充电器，以及挂在它们上方的一个大牌子：“请勿触碰，否则会被处以极刑！”

“嗨，玛克辛！你为什么要收拾东西？”她听到有人问。抬头一看，是伊芙琳，年轻有为的计算机科学专业实习生。她是玛克辛招聘来的。整个夏天，伊芙琳做事的速度之快让所有人刮目相看。玛克辛想：“**她毕业时会有很多工作可以选择。**”这就是为什么整个夏天玛克辛都在坚持不懈地向她推销无极限零部件公司，把它说成一个工作和学习的好地方。她一直是这么认为的，直到今天早上为止。**也许这根本不是一个工作的好地方。**

玛克辛说：“我被暂时调任到凤凰项目了。”

“哦，哇。”伊芙琳说，“那太可怕了……我很遗憾！”

“**就连实习生都同情你，看来你真的是麻烦大了。**”玛克辛心里想。

她离开了大楼，抱着一个简单的纸箱，感觉就像要去监狱报到一样。“**去凤凰项目基本上就是这种处境了。**”她跟自己说。

开车到公司总部大约有 6.5 千米的路程。开车的时候，她在考虑留在公司的各种利弊。好处：她的丈夫是终身教授，这就是他们起初搬到埃克哈特格鲁夫的原因。她的孩子喜欢他们的学校、朋友和这里的活动。

她热爱她的工作和所有的挑战。她喜欢与遍布整个公司的复杂业务流程打交道。需要对业务的理解、解决问题的超凡技能、耐心，还有政治手腕，这样才能在似乎每个大型组织都有的错综复杂甚至令人费解的流程中开展工作。另外，工资和福利都很不错。

弊端：凤凰项目。为克里斯工作。企业文化正在变得越来越糟。“**就像我刚刚因为工资系统崩溃成为替罪羊一样。**”她想。

环顾四周，她看到了那些旨在彰显地位和成功的建筑。无极限零部件公司是该州最大的雇主之一，拥有 7000 名员工，因此赢得了很高的声誉。公司在美国几乎每个州都有门店，拥有数百万忠实顾客，不过每项指标都显示这些数字正在下滑。

在优步和来福车时代，更年轻的一代往往选择不买车，即使他们有车，也肯定不会自己去修车。就算不是战略天才，也能明白公司的长期繁荣需要一些新的、不同的东西。

玛克辛开车深入公司园区，但是找不到 5 号楼。当她转到第三圈时，终于看到了停车场的标志。她感到很沮丧，与其他建筑物相比，这栋楼似乎废弃已久了。她甚至觉得**它看起来就像个监狱**。

5 号楼曾经是一个制造工厂，就像她的“老”办公楼 MRP-8 一样。但是 MRP-8 显然仍是公司的骄傲，而 5 号楼则是“遗弃”像她这样行为不当的 IT 人员的地方。

“如果凤凰项目是公司最重要、最具战略意义的项目，那么参与其中的团队难道不应该去更好的办公场所吗？”玛克辛感到很奇怪。但话又说回来，玛克辛知道，在大多数组织中，企业 IT 很少受到重视，而且常常被安排到最不起眼的地方。

这非常奇怪。在 MRP-8，ERP 技术团队与工厂的工人并肩工作。他们被视为合作伙伴，一起工作、一起吃饭、一起抱怨、一起喝酒。

然而企业 IT 通常被看作一群无名小卒，当你的笔记本计算机出了问题或无法打印东西时，就会给他们打电话。

看着 5 号楼，玛克辛意识到，尽管凤凰项目的名声已经很差，但现实可能还要糟糕得多。

每个人都告诉玛克辛，她最可爱的品质之一就是不屈不挠、积极乐观。她拿着装满个人物品的纸箱走向 5 号楼时，也这样安慰自己。

一个无精打采的保安检查了她的工牌，并建议她乘电梯上楼，但玛克辛选择走楼梯。她希望有个漂亮的袋子来携带所有的东西，而不是抱着这个破箱子到处走。

她打开门看到里面的景象，心里顿时一沉。这是一个巨大的“格子间农场”，每个工作区域用灰色的隔板隔开。迷宫般的小隔间让她想起了以前的计算机文字类冒险游戏 *Zork*——她已经迷失在这些看起来一模一样、迂回曲折的过道中了。

她感觉**好像所有的颜色都从大楼里消失了**。玛克辛想起了父母的旧彩电，有次哥哥摆弄起亮度、对比度和色盘，让所有东西看起来都是灰绿色的。

但玛克辛很高兴地看到每张桌子上都有两块巨大的 LCD 屏幕。她来对地方了——这里都是开发人员。新的显示器、打开的代码编辑器，以及大多数人戴着的耳机就是明显的证据。

房间里静得连根针掉在地上都能听见。“这里就像一个大学图书馆，**或者墓地**。”她想。这看起来不像是人们在一起工作并解决问题的、充满活力的地方。创建软件应该是一个协作和对话的过程——每个人都需要和他人交流，为客户创造新的知识和价值。

在一片寂静中，她环顾四周，愈发感到自己的命运糟透了。

“你知道在哪里能找到兰迪吗？”她问离她最近的一个人。那个人指了指房间的对角方向，连耳机都没摘。

玛克辛走过一个个安静的小隔间，看到了一些白板，还有挤在一起低声交谈的人们。沿路那一面长长的墙上贴着巨大的甘特图，起码有 1.2 米高、9 米宽，是由 40 多张纸粘在一起拼成的。

甘特图旁边是打印的状态报告，其中有许多绿色、黄色和红色的方框。一些穿着休闲裤和有领衬衫的人站在甘特图的前面。他们双臂交叉，看上去忧心忡忡。

玛克辛几乎能感觉到他们内心是多么想把甘特图中的进度条压缩得更紧密一些，这样他们就能按承诺的日期完成工作了。“**祝你们好运！**”她想。

玛克辛走到对面的角落去找兰迪，这时她突然闻到了一股气味：显然有人在办公室里睡觉。她了解这种气味，这是长时间待在办公室、通风不足，以及绝望的气味。

在技术领域，这司空见惯。当需要向市场快速交付功能、抓住市场机遇或赶上竞争对手时，长时间的工作就会演变成没完没了的工作。在这种情况下，睡在办公桌下要比回家后再马上赶回来容易得多。尽管在盛行的文化中，长时间工作有时被美化了，但玛克辛认为这是某些事情变得非常糟糕的征兆。

她想知道这里发生了什么：对市场过度承诺了？工程领导力很差？产品领导力很差？技术债务过多？对可以提升开发人员生产力的架构和平台没有给予足够的关注？

玛克辛注意到她穿得太讲究了。她低头看了看自己穿了多年的西装，觉得有点格格不入。在这座大楼里，穿 T 恤和短裤的人数远远超过了穿有领衬衫的人。没有人穿西装。

“明天我也不穿西装了。”她想。

她发现兰迪坐在角落的小隔间里，不停地打字，周围摆着一大堆文件。兰迪一头红色头发，身穿管理层的制服——有领的白色条纹衬衫和卡其裤。玛克辛猜他快 40 岁了，可能比她小 10 岁。从他较低的体脂率来判断，他可能每天都跑步。但看起来他的压力很大，跑再多的步也无法缓解。

兰迪露出灿烂的笑容，站起来和她握手。玛克辛放下大纸箱，才意识到手臂有多累。兰迪握着她的手说：“克里斯已经告诉我你为什么来到这里了。得知这个消息，我感到很遗憾。但请相信我，你的名声在外，我们很高兴能有你这样经验丰富的人加入这个团队。我知道这里也许不是你施展才能的最佳场所，但我会尽一切可能提供帮助。我觉得你可以在这里大显身手。”

兰迪看起来非常友善，甚至很真诚，玛克辛勉强挤出笑容。“我很乐意帮忙，兰迪。你需要我做什么？”她问道，试图表现出同样的真诚。她确实想帮上忙。

“我负责文档和构建。老实说，事情一团糟。我们没有可供开发人员使用的标准开发环境。新的开发人员需要几个月的时间才能在他们的笔记本计算机上进行构建并高效地工作。连我们的构建服务器也严重缺乏文档记录。”兰迪说，“事实上，一些新的合同工已经来现场几个星期了，但他们甚至还不能签入代码。天知道他们到底在做什么。我们还在付他们薪水，可他们基本上什么都没做。”

玛克辛表情凝重。她很反感花大价钱请人坐在那里无所事事。而且这些都是开发人员——有意愿的开发人员居然无法贡献代码，这深深触动了她敏感的神经。

“好吧，我很乐意尽我所能来帮忙。”她说着，对自己的认真感到惊讶。毕竟，提高开发人员的生产力是至关重要的，即使他们在凤凰项目这种像流星一般绚烂但会很快陨落的项目中工作，也应如此。

兰迪说：“来吧，我带你去工位。”

他带着玛克辛走过一排排小隔间，给她看一张空桌子、一个文件柜和两台连接笔记本计算机的大显示器。这比她想要的更朴素、更小巧，但也还好吧，特别是她只需要在这里待几个月。玛克辛想：**“不管怎样，我都会很快离开这里。要么我的‘刑期’结束，要么我去别的地方找份工作。”**

“我们为你提供的是标准开发人员的配置，就像那些新来无极限零部件公司的开发人员一样。”兰迪指着笔记本计算机说，“我们已经用你现有的凭证设置好了电子邮件、网络共享和打印机。今天下午我会发一封介绍邮件。乔希会来帮你把一切都安排好。”

“太棒了。”玛克辛笑着说，“我会看看你们在开发方面的引导流程，也许会提出一些建议。我也想在我的笔记本计算机上把凤凰项目构建出来。”

“那太好了！哇，我太激动了，玛克辛。”兰迪说，“从来没有资深工程师来解决这些问题。我手下那些优秀的工程师总是被其他团队挖走。他们被客户能看到的功能特性开发工作所吸引，讨厌枯燥的基础设施……乔希在哪儿？”他嘟囔着，环顾四周，“这里到处都是承包商和顾问，有时很难找到真正的员工。”

就在这时，一个拿着笔记本计算机的“小孩儿”经过，在他们隔壁的桌子旁坐了下来：“对不起，我迟到了，兰迪。我去检查昨晚的构建失败。一些开发人员在合并变更时破坏了构建。我还在调查中。”

“我马上就来帮你，乔希。正好，来见见玛克辛·钱伯斯。”兰迪向玛克辛示意。

玛克辛感到难以置信。乔希看上去比她女儿大不了多少。事实上，他们可能是同一所高中的同学。看来兰迪说他的团队里有一些资历较浅的人，可不是在开玩笑。

“玛克辛是公司的高级工程师，被派到我们这里工作几个月。她是 MRP 系统的首席架构师。你能告诉她在这里高效工作所需要知道的事情吗？”

“呃，你好，钱伯斯女士。很高兴见到你！”他边说边伸出手，一脸困惑。**“他可能在想自己怎么会对一个可以当他妈妈的人负责。”**她想。

“很高兴认识你！”她笑着说，接着补充道，“请叫我玛克辛吧。”尽管当女儿的朋友们这样叫她的名字时，她通常会生气，但乔希是同事，她很高兴有这么一个本地向导可以带她四处看看。**“即使他还不到能开车的年龄。”**她在心里开着玩笑。

“那好，如果你需要什么，请告诉我。”兰迪说，“玛克辛，我很期待把你介绍给团队的其他人。我们的第一次员工会议将在下周举行。”

兰迪转向乔希：“跟我具体说说关于构建失败的情况吧。”

玛克辛在旁边听着。看来所有关于凤凰项目中“原始人”技术实践的传闻都是真的。她在职业生涯中得到的经验是，当人们不能持续构建他们的应用时，灾难通常就在眼前。

她环顾整层楼。100 多名开发人员正敲打着键盘，使用他们的笔记本计算机在系统的一小部分上工作。如果没有来自集中式构建、集成和测试系统的持续反馈，他们真的不知道当自己的工作与其他所有人的工作合并时会发生什么。

乔希把椅子转向玛克辛：“钱伯斯女士，我要去给兰迪看些东西。我刚给你发了电子邮件，里面有我们为新开发人员准备的文档。我在 wiki 页面上汇集了我们写的所有发布说明和开发团队的文档，还有一些需要写的东西的链接。希望这些能方便你开始工作。”

玛克辛向他竖起大拇指。他们离开后，她登录了新的笔记本计算机，顺利进入邮箱并打开电子邮件，就这样奇迹般地开始工作了。在查看乔希发来的内容之前，她还浏览了一下新的笔记本计算机上还有什么东西。

她很快便感到迷惑。她找到了访问人力资源系统的链接，访问公司资源的网络共享，访问费用报告系统、工资表、考勤卡系统的链接……她找到了微软的 Word、Excel 和其他办公软件。

她皱起眉来：**“这对财务部门的人来说还不错，但对开发人员来说就并非如此了。”**这上面没有安装开发工具、代码编辑器和源代码控制管理器。打开一个终端窗口，她确认没有任何编译器、Docker、Git……什么都没有。连 Visio 和 OmniGraffle 都没有！

不会吧！他们到底希望新的开发人员做什么？读电子邮件和写备忘录？

当你雇用水管工或木匠时，你希望他们自带工具。但是在一个拥有众多开发人员的软件组织中，整个团队需要使用通用的工具来提高生产力。在凤凰项目中，工具箱显然是空的。

她打开电子邮件，看看乔希发了些什么。她点击链接访问到一个内部的 wiki 页面，许多工程师使用这个工具来协作编写文档。她试图在 wiki 页面上下滚动，但是文档太短，甚至没有滚动条。

她盯着几乎空空如也的屏幕看了好一会儿。**“去你的，克里斯！”**她在心里骂道。

在有点病态的好奇心的驱使下，玛克辛在接下来的半小时里深入研究。她四处浏览，但只找到了一些文档。她阅读了带有架构图、大量会议纪要和敏捷 Sprint 回顾的 PowerPoint 幻灯片，以及一份已有 3 年之久的产品管理需求文档。当发现了一些对测试计划的引用时，她兴奋了起来，但是单击链接之后，系统弹出了一个身份验证对话框，提示她输入登录名和密码。

显然她需要访问 QA 服务器的权限。

她在计算机上打开一个新的笔记文件，记了一条笔记，提醒自己需要找到可以授予她访问权限的人。

她暂时放弃了文档，决定找一下代码库。**“开发人员编写代码，代码就会进入源代码控制库。有开发人员在凤凰项目上工作，所以一定有一个凤凰项目的代码库。”**她想。

令她吃惊的是，她找了差不多 10 分钟，还是没找到代码库。她在笔记中追加：

> 找到凤凰项目的代码库。

她找到了指向内部 SharePoint 文档服务器的链接，里面可能有更多线索，但她也没有这些服务器的账号。

她又记了一条笔记：

> 获得 DEVP-101 SharePoint 服务器的访问权限。

在接下来的 1 小时里，她仍在搜索，什么都搜不到。再搜索，还是什么都没有。继续搜索，单击，弹出身份验证对话框。再单击，再弹出身份验证对话框。

每一次，她都会添加一条笔记，结果笔记越来越长：

> 获得 QA-103 SharePoint 服务器的访问权限。
>
> 获得 PUL-QA-凤凰项目的网络共享权限。
>
> 获得 PUL-DEV-凤凰项目的网络共享权限。

她添加了更多的笔记和待办事项，需要的账号越来越多。她还添加了 QA wiki 服务器、性能工程 wiki 服务器、移动应用程序团队 wiki，以及一堆她认不出缩写的其他组。

她需要网络凭证。她需要安装刚才提到的所有工具。她需要许可证密钥。

玛克辛看了看表，惊讶地发现已经快 1 点了。她在 2 小时里没有任何收获，除了记录下的 32 项所需的东西。她仍然不知道开发工具或代码库在哪里。

如果把凤凰项目的开发准备工作看成一个产品，那么它将是有史以来最糟糕的产品。

现在她需要吃点东西。她环顾四周，看到整个楼层空荡荡的，才意识到自己错过了午餐时间。

如果能跟着他们去就好了，但她太专注于在凤凰项目迷宫般的文档中挖掘信息了。现在她不知道大家去哪里吃饭了，她在想是否应该把这条也加到自己的清单里。

就添加到“更新并发出我的简历”之后。

发件人：艾伦·佩雷斯（运营合伙人、韦恩–优科豪马权益合伙人）

收件人：史蒂夫·马斯特斯（无极限零部件公司 CEO）

抄　送：迪克·兰德里（无极限零部件公司 CFO）、莎拉·莫尔顿（零售运营高级副总裁）、鲍勃·施特劳斯（无极限零部件公司董事长）

日　期：9 月 4 日，上午 6:07

主　题：前进路上的战略选择，1 月董事会会议 **机密**

史蒂夫：

很高兴 2 天前在埃克哈特格鲁夫见到你。作为新当选的董事，我学到了很多东西，感谢管理团队帮助我快速了解情况。迪克和莎拉（分别是 CFO 和零售运营高级副总裁）给我留下了非常深刻的印象。

尽管我刚就任，但明显看到无极限零部件公司在提升股东价值方面的失败影响到了人们的信心，需要马上采取行动。我们必须齐心协力，打破连续几个季度都没有兑现承诺的局面。

考虑到软件是你们计划的核心部分，你们更换 CIO 和 IT 运维副总裁的决定似乎是正确的，希望这将让管理层负起责任并提升执行的紧迫性。

重申一下我在董事会层面审查战略选择的动机：增加收入不是回馈股东的唯一方式。我们已经在推动无极限零部件公司转型为“数字公司”上投入了太多精力，我认为我们忽视了解锁价值的低风险方式，比如重组公司、剥离表现不佳的非核心资产。这只是提升盈利能力的两种显而易见的方式，能提升股东价值并为转型提供营运资本。

我们需要快速制定出供董事会审查和审议的备选方案。鉴于管理层在当前战略上花费了大量时间，董事长要求我与执行团队的几位关键成员合作，为董事会提供可供讨论的选项。考虑到迪克和莎拉在公司的任职时间和丰富经验，我将与他们一起工作。我们将每两周召开一次电话会议，讨论和评估各种想法，并准备在明年1月向整个董事会提交战略方案。

我们公司购买了无极限零部件公司的大量股份，因为我们相信可以释放出相当大的股东价值。我期待着卓有成效的工作关系，希望可以改善结果，让我们都可以为无极限零部件公司自豪。

谨致问候！

艾伦

第 2 章

9 月 5 日，星期五

玛克辛浏览着她的待办事项清单，沮丧地缓缓摇了摇头。已经过去快 2 天了，她决心要在笔记本计算机上完成凤凰项目的构建，就像任何一个新的开发人员应该能够做到的那样。她把这件事当成自己的任务。但是，根据她的清单，仍缺少 100 多项内容，似乎没人知道在哪里才能找到它们。

除了更新和发送简历，她清单上的事项一样也没完成。许多朋友看过简历后立即给她回信，答应留意她可能感兴趣的职位。

关于那些缺失的构建内容，玛克辛问过她的向导乔希，但他一无所知。构建团队曾经了解这些内容，但现在细节不是已经过时就是完全缺失，知识分散在整个组织中。

她很沮丧，每一步都是死胡同。这个挑战一点儿也不好玩。她十分确定，她正在做的事毫无乐趣可言。

她内心认定自己是名工程师，而且喜欢挑战和解决问题。她已被流放到可能是整个公司历史上最重要的项目中。由数百名开发人员在近 3 年内编写的数百万行代码肯定放在某个地方，但她什么也找不到。

玛克辛喜爱编程，而且在这方面做得很棒，但她知道有比代码更重要的东西：使开发人员能够高效工作的系统。这样他们就可以快速而安全地编写高质量的代码，并从妨碍他们解决重要业务问题的事情中解脱出来。

但这里似乎完全没有这些东西。玛克辛是所在领域最优秀的人之一，但是过了快 2 天，她仍然没有任何进展。有的只是无休止地到处单击、阅读文档、开工单、安排与人会面以获得她所需要的东西，她陷入了有史以来最糟糕的寻宝游戏。

有那么一瞬间，玛克辛怀疑自己是不是唯一遇到这些问题的人。但当她看到周围的开发人员都在苦苦挣扎时，很快就打消了疑虑。

玛克辛**知道**自己身经百战。在职业生涯中，她曾经多次不得不去解决一些看起来毫无希望、不可能解决的问题。通常是在半夜，有时没有任何文档或源代码。她最著名的光辉事迹之一被称为“玛克辛节后拯救”。在圣诞节后的那个星期五，所有处理退款的店内系统都崩溃了。这是一年中最繁忙的购物日之一，人们会把亲友送的礼物退掉，这样就可以购买他们真正想要的东西了。

玛克辛与团队一起工作到星期六凌晨，以修复数据库供应商的 ODBC 驱动程序中的多线程死锁。她必须手动反向编译供应商的程序库，然后再手动生成一个二进制补丁。

所有人都觉得这是不可能的，但她成功了，令许多在那次崩溃事故中工作了 7 个多小时的人感到吃惊。数据库供应商的专业服务团队对她肃然起敬，立刻发给她一份工作邀约，但被她婉言谢绝了。

从那以后，她的传奇故事越来越多。她是一位训练有素的开发人员，在职业生涯中，她为 CAD/CAM 应用程序开发过拼接全景图像和芯片布局算法的软件，为大规模多用户游戏开发过后端服务器，而最近则为 MRP 系统开发了订购、补给和调度流程，把成千上万的供应商编排到工厂的生产计划表中去。

她一直生活在 NP 完全问题[①]的世界中。这些问题很难解决，需要超多项式时间[②]才能完成。她喜欢看 Papers We Love 网站，重温她最喜欢的数学和计算机科学的学术论文。

但她从来没有把自己的工作局限在部署之前的应用程序代码编写上。她将理论应用到实践中，曾经在生产环境中修复行为异常的中间件服务器、超载的消息总线、RAID 磁盘阵列的间歇性故障，以及不知为何一直切换到半双工模式的核心交换机。

她曾经在深夜修复过技术组件的资源泄漏问题，当时每块磁盘和日志服务器都被填满了，让团队无法了解实际发生了什么。基于数十年的直觉和无数次的生产问题“战斗”经验，她主导了系统性地隔离、诊断和恢复这些服务的工作。

---

① NP 完全问题是算法复杂度理论中的一类问题。——译者注

② 超多项式时间表示任何多项式时间的输入数目只要够大，超多项式时间所需的解题时间终究会大大超过任何多项式时间的问题。指数时间就是一个例子。——译者注

她曾经真正“救过火”，紧急破译了起火应用服务器上的栈跟踪信息，赶在喷水、哈龙灭火器和紧急断电摧毁一切之前安全地进行了备份。

但在内心深处，她是一名开发人员。她是一名热爱函数式编程的开发人员，因为她知道纯函数和可组合性是更好的思考工具。她避免使用命令式编程，而是采用声明式的思维模式。她不建议使用状态突变和非参照透明性，并对这种方式感到担心。她更喜欢 lambda 演算而不是图灵机，因为前者具有数学纯粹性。她喜欢 LISP 编程，因为她喜欢代码即数据、数据即代码。

但她所做的不仅仅是理论性工作。她最喜欢的是亲自动手，在没有人觉得可行的地方创造商业价值，应用绞杀者模式来拆除已有数十年历史的巨石架构的旧代码，并安全、自信、出色地替换掉它们。

她依然是唯一知道所有键盘快捷方式的人，从 vi 到最新、最好的编辑器。但是她从不羞于告诉其他人，她仍然需要查找几乎每个 Git 命令行选项，因为使用 Git 可能会很恐怖、很困难！还有什么工具会使用 SHA-1 哈希值作为其 UI 的一部分？

尽管她如此出类拔萃，但在磨炼了数十年后、当能力和技术达到巅峰时，她置身于凤凰项目中，而且即便经过了 2 天，她也无法完成凤凰项目的一个构建。她找到了 4 个代码库中的 2 个，还找到了一些专有源代码管理（SCM）工具和编译器的 3 个安装程序。

然而，她仍然在等待 SCM 的许可证密钥，并且不知道找谁去获取另外 2 个构建工具的许可证密钥。她需要 3 个网络共享和 5 个 SharePoint 站点的访问凭证，但没有人知道去哪里能找到文档中提到的 10 个神秘的配置文件。当她给撰写文档的人发电子邮件时，邮件被退了回来。他们早就离开公司了。

她陷入了困境。没有人及时回复她的电子邮件、工单和语音邮件。她请兰迪帮忙把她的请求升级，但每个人都说要花几天时间，因为他们太忙了。

当然，玛克辛从不接受“不”这个答案。她的任务是尽其所能让构建运行起来。她找到了几乎所有答应过给她东西的人，找到他们的座位，并一直缠着他们，甚至在他们的办公桌前“安营扎寨”，直到他们为她提供所需要的东西。

有时她会得到想要的：1 个 URL、1 个 SharePoint 文档、1 个许可证密钥、1 个配置文件。但大多数情况下，她找到的那个人也没有她所需要的东西，他们不得不向其他人求助，这样就会替玛克辛新建一个工单。现在他们都陷入了等待之中。

有时他们提供了一线希望，可以引导或提示玛克辛下一步该去哪儿找谁。然而大多数时候，这只是一个死胡同，她又回到了原点。

试图得到凤凰项目的一个构建就像玩《塞尔达传说》一样。这个游戏就像是虐待狂设计的，她不得不去远方探险，根据从冷漠的 NPC[①]处得到的微小线索，去寻找分散在王国各处的隐藏钥匙。但当你最终通过这一关时，便不能再玩下一关了，必须向制造商邮寄纸质优惠券并等待数周才能拿到激活码。

如果这真的是一款电子游戏，玛克辛早就退出了，因为这游戏烂透了。但凤凰项目不是游戏，它非常重要，玛克辛从不退出或放弃重要的事情。

玛克辛坐在办公桌前，看着她打印出来并钉在墙上的日历。

她又回到计算机前，用手指在越来越长的待办事项清单上划了一遍——每一项都是她的构建得以运行所需的依赖项。

她刚刚又添加了 2 个 SharePoint 凭证，需要从出于某些原因运行了自己的活动目录域的两位开发经理那里获得。据说，那里面包含一些关键的构建文档，以及她所寻找的一些信息。

兰迪发给她一大堆 Word 文档、Visio 图和市场演示文稿，她很快浏览了一遍以寻找线索。她认为，这些东西可能对市场营销人员和架构师有帮助，但她是一名工程师。她并不想看他们承诺要制造的汽车的宣传册，而是想看工程计划和他们要组装的汽车的实际部件。

因为这些文档可能对某些人有用，所以她把它们发布到了 wiki 上。过了没一会儿，一个素不相识的人要求她把它们撤下来，因为其中可能包含机密信息。

继续往下看她的待办事项清单：

> 找到可以让我访问开发环境或测试环境的人。

这些都是她昨天读到的一些文件中提到的，但她不知道该找谁去获取访问权限。

她划掉了一条：

> ~~获取集成测试环境的账号。~~

这并没有她希望中那么顺利。她在环境中摸索了 2 小时，试图了解这个巨大的应

① NPC（non-player character）指非玩家角色。——译者注

用程序。但到最后，她发现它太让人困惑了。这就像在没有地图和手电筒的情况下，试图通过在通风管道里爬来爬去来想象一个巨大建筑的布局。

她新建了一个待办事项：

> 找一个正在做集成测试的人，这样我就可以在他工作的时候去看一下了。

观察使用凤凰项目应用程序的人可能有助于她找到方向。但让她感到困惑的是，没有人知道谁在真正使用它。**那么他们在为谁编写这些代码呢？**

她又看了一遍待办事项清单，确认自己真的没什么事可做。她今天已经缠过每个人了，现在只是在等着他们（不）给她答复。

现在是星期五下午 1 点 32 分。还有约 3 个半小时才到 5 点，到那时她才能离开大楼。她努力不再叹气。

她看看自己的任务清单，又看了看时钟。

她看看自己的指甲，觉得需要修剪一下了。

她拿着咖啡杯从办公桌边站起来走向茶水间，经过一群穿着连帽衫的人，他们挤在一起低声谈论着紧急的事情。为了做点什么，她又给自己倒了一杯咖啡。她低头看了看自己的杯子，意识到今天已经喝了 5 杯，只是为了满足自己想**找点事情做**的欲望。她把咖啡倒进了下水道。

在过去的近 10 年里，除了越来越长的待办事项清单，玛克辛还在她的个人笔记本计算机上记录着每天的工作日志。在这里面，她记录了自己做过的每件事、花了多少时间、从中学到了什么有趣的东西，还有一个永远不要再做的事情的清单。（最近一条是："不要浪费时间试图在 Makefile 的文件名中转义空格，这太难了。用任何其他方式来替代。"）

她难以置信地盯着自己冗长的待办事项清单和最近的工作日志。她从未遇到过自己无法搞定的系统。"**一无是处、平平庸庸的凤凰项目，真的有可能打败我吗？休想！**"她默默地发誓，然后又开始继续写她的工作日志了。

> **星期三**
>
> **下午 4 点：**今天下午等乔希带我看看他是怎么设置的，这样我就可以复制他的做法了。他正在处理更多的夜间构建问题。

我提交了一张访问构建服务器的工单，但是安全人员告诉我需要得到经理的授权。已发电子邮件给兰迪。

我阅读了所有能找到的开发人员设计文档，但在我看来它们都是一样的。我想看源代码，而不是阅读设计文档。

下午 4 点半：在一份设计文档中，我找到了有关凤凰项目的最简洁的描述："凤凰项目将缩小我们与竞争对手的差距，让客户在网上就能做到在我们 900 多家门店里能做的事情。我们最终将实现客户群体的单一视图，这样店内员工就可以看到其偏好和订单历史，从而实现更有效的跨渠道促销。"

凤凰项目的范围大得惊人。它需要与整个企业中其他数百个应用程序进行交互。它会出什么问题呢？

下午 5 点：今天到此为止了。克里斯过来提醒我别找麻烦，也不要引起太多注意。不要将任何东西部署到生产环境中。

好吧，好吧。天啊，我甚至无法进行构建或登录到网络共享。我怎样才能把东西推送到生产环境呢？

真是太无聊了。我要回家和新养的小狗玩了。

星期四

上午 9 点半：太好了！他们给了我更多 wiki 的账号，我可以继续深入研究了。这就是进步，对吧？

上午 10 点：开玩笑吧？就是这个？我找到了一些 QA 文档，但这不可能是全部，对吗？所有的测试计划在哪里？自动化测试脚本在哪里？

12 点：很好，我见到了 QA 总监威廉，他看起来是个不错的人。我们见面的时间足以让我得到其网络共享的用户账号。这里面有无数手动测试计划的 Word 文档。

我给威廉发了邮件，询问能否跟他的测试团队成员见一面。他们是如何执行所有这些测试的？看来需要一支小型军队才能搞定。他们把测试结果放在哪里？我的需求排在他的日程上了，定在 2 个星期内，真是疯了。

下午 3 点：我终于知道站立会议这个每天的大工程是在什么地方开的了。早上 8 点在白板旁边。今天我没赶上，但明天我不会错过了。

下午 5 点：我这两天几乎什么都没做成。我要做的每件事都需要发一封电子邮件、提交一张工单或者去找某个人。我现在打算请他们出去喝咖啡，也许会得到更多回复。

星期五

上午 10 点：由于都是突发事件，“15 分钟的站立会议”持续了近 90 分钟。我不知道我是怎么错过昨天的会议的——大家都在大喊大叫，想错过其实够难的。

我的天啊，几乎没有人可以在他们的笔记本计算机上构建凤凰项目。他们本该在 **2 周内**将其部署到生产环境！（居然没有人担心，他们认为会再次延期。）

如果处在他们的位置上，我可能会疯掉。唉，好吧。

下午 2 点：我找到了一群 2 个月之前来的承包商开发人员。令人震惊的是，他们也无法进行构建。我带他们出去吃午饭，他们知道的比我还少，真是让人失望。不过至少沙拉还挺好吃。

我把我知道的一切都告诉了他们，他们对此非常感激。付出大于回报总是好事，因为你永远不知道将来谁可能会帮助你。人脉很重要。

提醒自己：我必须控制咖啡的摄入量了。昨天一定喝了 7 杯，这可不太好——我想我是心悸了。

4 点 45 分，玛克辛在收拾东西。星期五下午这么晚了，谁也不可能再给她提供什么东西了。

她快要走到楼梯时，碰到了兰迪。

“嗨，玛克辛。我们在开发环境的事上没什么进展，真郁闷。我把一些问题升级了，今天离开公司之前我会再打几个电话。”

玛克辛耸了耸肩：“谢谢。我希望这能让某些人坐不住了。”

“不惜一切代价，对吧？”兰迪笑了，“呃，能再帮个忙吗？”

“糟了。”玛克辛心想。但是她说：“当然，怎么了？”

“那个，参与凤凰项目的每个人都必须提交考勤卡。”兰迪说，“我们必须展示出人员利用率，否则项目管理人员会把我们的员工要走。我把考勤系统的链接发给你了，请你在离开之前填一下好吗？只需要几分钟。”

他向周围看了看，然后低声说："我特别需要你填报的考勤数据，因为到明年编制预算的时候，就可以填补你这个位置的空缺了。"

"完全没问题，兰迪。我马上处理。"玛克辛痛快地说，但她并不高兴。她知道大家需要玩的预算游戏，但这并不是困扰她的问题。相反，她知道自己这一周都在做什么，她的笔记非常细致，但绝对没有取得任何实质成果。真的是零产出，什么结果都没有。

回到办公桌前，她登录进了考勤系统。她的名下有数百个项目代码。不是项目名称，而是项目代码，看起来像航空订票号码——10 个字符，字母是大写的。

看了兰迪的电子邮件后，她把他给的项目代码（PPX423-94-10）复制到字段中，然后尽责地把从星期三到星期五的每个字段都填写了 8 小时，并单击提交。她皱起眉来，系统不让提交，除非她把每天做的事情填完整。

玛克辛叹了口气。她给每天都填上了些内容，基本上写的都是"进行凤凰项目的构建，但在等待整个世界给我一些东西"。她花了 5 分钟修改文本，使每个条目都不太相同。

尽管她尽了最大的努力，但这周坐在这里几乎什么都没做。这已经感觉很不好了，现在又不得不以书面的形式撒谎，她的感觉更糟糕了。

整个周末，玛克辛不停地刷着手机，查看工单的最新进展，但她只看到它们从一个人转到另一个人那里。丈夫杰克问她为什么闷闷不乐，她没有坦白原因是她填写的考勤卡。这就像在"没有产出"的伤口上撒盐。她把注意力转移到他们新养的小狗"华夫饼"身上，彻底放松下来看着孩子们和它一起玩。

星期一早上，玛克辛已经成功说服自己保持开朗、积极、乐观的态度。她排队进入公司的大礼堂，CEO 史蒂夫 · 马斯特斯每隔一个月会在这里召开一次全员大会。自从加入公司以来，玛克辛就喜欢参加这些活动。第一次参会就给她留下了深刻的印象，因为那是她第一次看到高管们直接向整个公司发表演讲，回答近 7000 名员工的问题。

史蒂夫通常会和 CFO 迪克一起出席。大约一年前，史蒂夫也开始与零售运营高级副总裁莎拉 · 莫尔顿共同出席。莎拉对零售业务的盈亏负责，这是年收入超过 7 亿美元的第二大业务部门。史蒂夫和迪克在一定程度上是可靠和值得信任的，但莎拉让人感觉不是很靠得住。去年，她在每次全员大会上都宣传不同的东西，承诺要进行一场与以往完全不同的改革。这引起了许多混乱和组织动荡，最终沦为了笑柄。

玛克辛看到史蒂夫在台下做准备，最后一刻还在一张折起来的纸上写着备忘内容。有人递给他一支麦克风，他在礼貌的掌声中走上台："大家早上好，非常感谢大家今天参加我们的大会。这是我有幸主持的第 66 次全员大会。

"正如你们所知，近一个世纪以来，我们的使命一直是帮助我们辛勤工作的客户，让他们的汽车持续运转，以满足日常生活的需要。对绝大多数客户来说，日常生活意味着开车去上班、领到他们的薪水、送孩子去上学，以及照顾亲人。无极限零部件公司通过多种方式帮助我们的客户。我们是世界上最受尊敬的制造公司之一，生产着客户所需的高质量、价格合理的零部件。我们还有 7000 多名世界一流的员工在遍布这个伟大国家的近千家门店里为客户直接提供帮助。我们基本上是唯一能让他们的汽车远离高收费车辆服务站的公司。"

玛克辛已经在会议上听史蒂夫讲过差不多 50 次这样的话了。很明显，他觉得提醒每个人他们真正的客户是谁很重要。当玛克辛的汽车出毛病时，她通常会送到汽车经销店去，因为车还在保修期内。但他们的绝大多数客户就不会这么奢侈了。他们的车更旧，有时甚至比她孩子的年龄还大——事实上，客户开的车可能是她十几岁时开的同一品牌、型号和年份的车。他们的可支配收入往往很少，汽车一出毛病就可能把他们所有的积蓄（如果有的话）花光。当汽车在修理厂的时候，他们不仅耗尽了积蓄，也不能开车去上班了。这就意味着他们无法养家糊口。

玛克辛很欣赏这些关于客户的提醒。当工程师抽象地思考"客户"而不是真实的人时，很少会得到正确的结果。

史蒂夫继续说道："近一个世纪以来，尽管商业环境确实变化了，但我们的使命一直没有改变。在制造方面，现在强势的海外竞争对手比我们的价格更低。在零售方面，竞争对手在我们所服务的市场里开设了数千家门店。

"我们还处在一个难以置信的经济衰退时期。亚马逊和其他电子商务巨头正在重塑我们的经济。和我们一起成长起来的一些最著名的零售商纷纷倒闭，比如玩具反斗城、百视达和鲍德斯。沿着公司总部的这条路往下走会经过百视达公司的旧址，那个地方已经闲置 10 多年了。

"我们并非没有因此受到影响。我们相同门店的销售额持续下降。许多客户宁愿在手机上从别的商家那里订购雨刷，也不愿到我们的实体店来聊聊。

“但我相信，人们不是只想要汽车的零部件，而是希望得到信任的人的帮助。这就是为什么我们的店员如此重要，这就是为什么我们在培训上投入了这么多。凤凰项目将使我们能够通过客户希望使用的渠道，无论是我们的实体店还是网上服务，为他们带来专业知识和信任。

“莎拉稍后会谈谈凤凰项目的进展，以及它如何支持我最关心的三个指标：员工敬业度、客户满意度和现金流。如果我们所有的员工每天都很兴奋地来上班，如果我们能通过不断的创新和优质的服务来取悦客户，那么现金流自然而然就会好起来。

“但在讨论年度最高目标之前，让我谈谈你们可能惦念的一些事情。”史蒂夫停顿了一下，“最近我发了一封关于鲍勃·施特劳斯将接任无极限零部件公司董事长一职的电子邮件。你们很多人知道，我在这里已经工作 11 年了，而在前 8 年里，我有幸在鲍勃麾下工作。在我还是另一家制造商的销售主管时，是他把我聘用到了这里。我将永远感激鲍勃给我机会成为公司的 COO，以及多年来对我的指导。在他退休后，我接替他担任了 CEO 和董事长。

“从上周开始，董事会重新任命鲍勃为董事长。”史蒂夫说，他声音开始颤抖。玛克辛惊愕地看着他拭去眼角的泪水。“当然，我支持这一举动，并期待着与鲍勃再次合作。我已经把鲍勃请来了，让他和大家说几句，告诉我们这对公司意味着什么。”他说。

直到这一刻，玛克辛才意识到这对史蒂夫来说是个多么大的挫折。她听说过这次的降职，但是说实话，她并不真正理解或者关心这些行政级别的变化。高管们来来去去，通常对她和日常工作没有太大的影响。不过她被眼前正在上演的这一幕吸引住了。

一位略显驼背、满头白发、面带苦笑的老人走上台，站在史蒂夫旁边。

“嗨，大家好。这么多年后能再次站在你们面前真是太好了。我甚至看到了一些熟悉的面孔，真的很高兴。向还不认识我的人自我介绍一下，我叫鲍勃·施特劳斯。我在这家公司当了 15 年的 CEO，那时候恐龙还活在地球上呢。而在那之前，我已经在这家伟大的公司工作了近 30 年。正如史蒂夫提到的，多年前我满怀期望和自豪地从另一家公司把他挖了过来。

“退休后，我继续在董事会任职。董事会的工作很简单：代表公司股东的利益，包括你们所有人。我们想确保公司的未来是安全的。如果你有退休金或者已经成为我们员工退休股票购买计划的一分子，这可能对你和我同样重要。

“我们主要通过让公司的管理层负起责任来做到这一点。”他坦率地说，“我们会雇用，嗯，偶尔也会解雇 CEO。”玛克辛的呼吸急促起来。在那一刻之前，鲍勃看起来像个友善的老爷爷。但很显然，他还有更严厉的一面。

“只要看看股价，你们就会知道市场并不认为我们的表现达到了应有的水平。当我们公司的股票价格下跌而竞争对手的股票却在上涨时，有些事情必须要改变了。

“我认为公司有两种运营模式：和平时期和战争时期。和平时期就是一帆风顺的时候，是公司的成长期，我们可以按部就班地经营。在此期间，CEO 通常也是董事长。然而，战争时期是公司处于危机之中、处于萎缩或有全面衰退危险的时候，就像现在发生在我们身上的情况一样。

“在战争时期，我们要找到办法避免公司倒闭。战争时期的董事会通常会把 CEO 和董事长的角色分开。”鲍勃停顿了一下，眯起眼睛看着明亮的灯光，又看看完全沉默的听众，“我想让每个人都知道，我对史蒂夫和他的领导能力充满信心。如果一切顺利，我们会想办法让他重回董事长的位置，这样我就能回归属于我的退休生活了。”当鲍勃挥手离开时，大家焦虑地笑了笑。

史蒂夫走到台前说：“让我们用掌声感谢鲍勃·施特劳斯。”

在一阵沉闷的掌声之后，史蒂夫继续说道：“公司今年的目标是稳定业务。我们的制造业务占营收的三分之二，虽然一直不景气，但仍能够盈利。近一个世纪以来，这一直是我们的支柱业务，我们能够抵御非常强劲的、来自亚洲的竞争对手。

“然而，我们的零售业务仍旧表现不佳。我们的收入比去年减少了近 5%。”他说，“我们业务最繁忙的季度就要到了，所以还有希望。但希望本身并不是一种策略，你们可以看到华尔街对我们迄今为止的表现有何反应。然而，我仍然相信凤凰项目将帮助我们适应这些新的市场状况。

“那么，言归正传，为什么凤凰项目对公司的未来如此重要？我将把这个问题交给零售运营高级副总裁莎拉·莫尔顿来解释。”

莎拉穿着一套非常漂亮的宝蓝色西装走上台。不管对莎拉的看法如何，玛克辛都得承认她总是光彩夺目。确切地说，她如果出现在《财富》杂志的封面上，一定没有任何不妥——她看上去聪明、有进取心、雄心勃勃。

“正如史蒂夫和鲍勃提到的，”莎拉开始讲，“我们正处在一个零售业被数字化颠覆的时代。甚至连**我们的**客户也在通过手机在网上订购商品了。凤凰项目的目标是让我们的客户能够随心所欲地订购商品，无论是在网上还是在我们的门店里，甚至是通过我们的渠道合作伙伴。无论他们在哪里订购，都应该能享受送货上门或者在门店取货的服务。

“这是我们多年来一直努力在做的事情。现在，我们的门店仍处于黑暗时期，这就是无极限零部件公司的 1.0 时代。凤凰项目将创造我们公司的 2.0 时代。我们可以创造很多效率提升点来帮助我们与电子商务巨头竞争，但我们必须做到创新和敏捷。为了保持地位，需要让人们将我们视为创造新商业模式的市场领导者——我们在上个世纪有效的模式，在下个世纪可能就不管用了。”

和往常一样，玛克辛不情愿地承认，莎拉的话有一定的道理，但她也太一副高高在上的样子了。

“凤凰项目是我们公司最重要的举措，我们把公司的生死存亡都押在它上面了。在 3 年多的时间里，我们在这个项目上花了近 2000 万美元，但客户仍然没有看到任何价值。”她继续说，“我认为，是时候‘进场比赛’了。我们将在本月晚些时候上线凤凰项目。不会再延期，不会再推迟了。”

玛克辛听到全场听众发出惊讶的声音，以及随之而来的一片低语。莎拉继续说：“最终，这将使我们与竞争对手平起平坐，我们将重新获得市场份额。”

玛克辛沮丧地叹了口气。她理解莎拉很着急，但这并不能改变这样一个事实：有 100 多名开发人员远远没有达到他们该有的生产力水平。他们艰难地执行常规构建，在开会上花费大把的时间，或者一直在等待他们所需的东西。莎拉的讲话听起来就像一位将军告诉你赢得战争有多么重要，然后却发现所有的士兵都已经被困在港口 3 年了。

话说回来，至少莎拉今天没有提出什么全新的东西。

史蒂夫谢过莎拉，然后快速回顾了公司的财务状况，以及上个月一家制造工厂发生的事故。他谈到了手指被烫金机压断了的汉娜，以及他们如何将原有机器更换为一台带有传感器的设备——当有人处于危险区域时，传感器可以防止印版合拢。他称赞这个团队没有等待预算就采取了行动：“记住，安全永远排在第一位。”

玛克辛喜欢这份报告，史蒂夫对员工安全的关心给她留下了深刻的印象，也让她深受感动。

史蒂夫说：“我们的报告差不多结束了。接下来有 15 分钟的问答时间。”

当人们向史蒂夫询问收入预测、实体店的表现、最近的生产问题时，玛克辛走神了。但当有人问到工资系统崩溃的问题时，她猛地回过神来，赶紧坐好，努力听清每一个字。

“我向所有受到影响的人道歉，”史蒂夫回答说，“我理解这对每个人来说有多么糟糕。请放心，我们已经采取了非常具体的行动来确保这种事情不会再发生。这是技术问题和人为失误共同导致的，我们认为已经解决了这两个问题。”

玛克辛闭上眼睛，感觉自己的脸颊变得通红，希望没有人在看她。她不明白，把自己流放到凤凰项目，怎么可能被视为一种解决办法。

第 3 章

9 月 8 日，星期一

全员大会之后，玛克辛回到她的办公桌前。她看着日历，这是她被调任并尝试进行凤凰项目构建的第 4 天[①]，但时间漫长得像是过了一年。这时她的手机收到一条通知，把她拉回现实：

凤凰项目：干系人状态更新（15 分钟内开始）。

这对她来说是一场新的会议。为了进一步获取信息，她告诉每个人可以随时邀请她参加任何会议。她还在努力了解情况，这比坐在办公桌前强多了。她希望找到一个能带给她所需信息的人。她一直小心翼翼地避免被分配到任何行动项目，或自愿去做一些听起来很有趣的功能特性开发——她不能从凤凰项目的构建上分心。

这里的每个人都认为功能特性很重要，因为可以在应用程序、网页和 API 中看到它们。但是似乎没有人意识到构建过程有多重要。如果没有一个好的构建、集成和测试流程，开发人员的生产力就无法提高。

她很早就到会议室了，但惊讶地发现除了后面已经没有空了。她和另外 5 个人靠墙站着。环顾四周，她睁大了眼睛——公司里很多举足轻重的人都在这里。当玛克辛看到负责项目管理办公室的柯尔斯顿 · 芬格尔主持会议时，她笑了。玛克辛喜欢与她一起工作，当她为一个主要的项目提供支持时，柯尔斯顿的几个项目经理都被分配到

① 确切地说是第 4 个工作日，后面也会采取这种说法。——编者注

了这个项目。他们通常是为那些需要公司内许多团队合作的最重要的项目预留的，都是做事的好手。这些人常常通过一条短信就可以迅速推进和解决问题。

克里斯坐在会议室前面，向玛克辛点头示意——他管理着凤凰项目中 200 多名开发人员和 QA 人员的工作。克里斯盯着坐在他对面的一个人看，这个人长得很像电影《阿波罗 13 号》里的艾德·哈里斯。她悄悄地问旁边的人他是谁，对方回答说："比尔·帕尔默，IT 运维的新副总裁，在上周的高层'大清洗'之后升职了。"

"好家伙！"玛克辛心里想。但她喜欢看到房间里有这么多资深的人。这就像站在"进取号"星舰的舰桥上，看着军官们互相交流。

会议的前 15 分钟一片混乱，她倒是很享受。所有人都在试图理解莎拉在全员大会上所说的"本月晚些时候发布"是什么意思。柯尔斯顿强调说："日期还在协商中，我还没有收到具体消息。"**"这真的是另一场虚惊吗？"**玛克辛充满怀疑地想着。

玛克辛推测，他们讨论的内容包括：在审查业务优先级时需要额外处理的紧急事项、需要升级和特别关注的首要问题，以及需要解决的优先级冲突。她并不清楚所有的缩略语都是什么意思，但是她把自己认为实际上很重要的内容添加到了她的列表中，而忽略了那些没价值的职场废话。

当会议持续进行并且讨论的内容完全在她的预期之外时，她开始感到无聊，因为焦点转向了无意义的细节，她真的不知道这是被什么样的热情推动着。**"OEP 是'订单输入协议'还是'订单输入程序'的缩写？还是他们又在讨论 OPA？或者它们就是一回事？我真的在乎吗？"**

40 分钟后，她的目光变得呆滞。现在是会议的"任务状态更新"阶段，玛克辛完全没有兴趣。如果还有别的事要做，她早就离开了。

她的脚因为站得太久而疼痛。正在考虑是否要继续留在会议室时，她听到有人抱怨说，他们花了太长时间等待所需要的东西。她一边笑一边想：**"我们都一样啊，这就是我整天都在做的事情。"**

一名坐在"初级人员"那边的开发经理回应："是的，我们确实落后了，但我们有几个新的开发人员从这周开始帮忙，他们应该可以在一两周内加快速度并提高生产力。"

"哈哈，我真的很擅长于此，但我几乎没有取得任何进展。"玛克辛看着地板想，自己闷笑着，**"祝你好运，老兄。"**

房间里沉默了很长一段时间，气氛尴尬。玛克辛抬起头，令她恐惧的是，每个人都在看着她——她意识到自己一定是大声说了些什么。

她看着克里斯，他一脸震惊，用手疯狂地向她做着“不、不、不”的手势。

柯尔斯顿在会议室前面迅速说道：“很高兴见到你，玛克辛！我不知道你也在凤凰项目里。我们很高兴有你这样经验丰富的人来帮助完成这项工作，你来得正是时候！”

克里斯双手掩面。玛克辛如果不是已经站到了墙边，她可能会向后退。她模仿克里斯，不断在面前挥手：“不、不、不……对不起，我才到这里几天。你们都做得很棒，请继续，我只是来这里帮忙做文档和构建工作的。”

柯尔斯顿并没有放弃。她身体前倾，一本正经地说：“不是吧？我想你说的是‘祝你好运，老兄’。鉴于你在工厂运营方面取得了巨大的成功，我一直对你的观点很感兴趣。我很想知道是什么让你发笑。”

“很抱歉我笑了，”她开始滔滔不绝，“只是从上周三开始，我除了尝试在我的笔记本计算机上运行凤凰项目的构建之外什么都没做，而且基本上毫无结果。我在等待凭证、许可证密钥、环境、配置文件、文档，还有其他所有的东西。我知道每个人都忙得不可开交，也知道凤凰项目是一个大型应用程序，把各部分整合在一起构建肯定是一项非常艰巨的任务。但如果想让我们的开发人员提高生产力，他们要在‘第一天’就能执行构建。理想情况下，他们应该在类似于生产环境的环境中编写代码，这样就可以快速获得所编写的代码能否与整个系统一起工作的反馈。经过几天的尝试，我仍然没有构建起类似整个系统的东西——我有一箱组件和一大堆缺失的零件。而我真的十分擅长于此。”

她环视了一下会议室，不由自主地冲克里斯耸了耸肩。她真的需要一吐为快，这把克里斯惊得目瞪口呆。

“我只是希望你们招聘的这些新工程师比我运气好，仅此而已。”她很快总结道。

紧接着又是一段长时间尴尬的沉默。兰迪用力点了点头，双臂交叉，看样子很认同。坐在对面的一个人大笑起来：“她说得太对了！他们需要的不仅仅是运气！在这里获取一个开发环境就像去当地的车辆管理局更新驾照一样——取一个号码，填写一堆表格，然后等待。不，我一天之内就能拿到驾照……这其实更像是试图获得开始一个新建设项目的许可证，没有人知道需要多长时间。”

会议室里有一半人发出嘲笑声，而另一半人显然被冒犯了。

玛克辛看着说俏皮话的家伙。他45岁左右，微微超重，有点像“退役运动员”。他的下巴方方的，胡子刮得很干净，戴着方形的大眼镜，穿着一件滑板T恤，脸上始终挂着一副怒容。

基于他的暴躁脾气，玛克辛笃定他是一名高级开发人员——长期困在像凤凰项目这样的环境中一定会对人们造成影响。

坐在前面的一个人开始回应。玛克辛认出了这是威廉，**超级友好**的QA总监，曾经**不遗余力地**帮助过她。“听着，”他说，“我们的团队在测试上越来越落后，所以我们都同意为了赶上预定的日期，降低环境相关工作的优先级——交付全面测试过的功能特性是最优先考虑的事情。我们都知道，这将增加为团队提供环境的前置时间。相信我，我的团队受到的打击和你们一样严重，QA也需要测试环境。”

脾气暴躁的开发人员立即回答：“威廉，你错了。这是个糟糕的决定，这是一场灾难。玛克辛是对的，开发人员需要高效的环境。你应该指派整个团队的人员来修复环境的创建过程。我有3个项目需要临时环境，都已经等了好几个月。事实上，这太重要了，我自愿提供帮助。”

“不行。”克里斯疲惫地在会议室前面说，“管好你自己的事，戴夫。我们需要你专注于功能特性。”

威廉说：“等等，等等……我想让你知道，我们实际上并不是环境的瓶颈。我们有几个环境已经准备好了，但是仍然需要从信息安全部门拿到登录账号，从运维部获取存储和挂载点。我已经将其升级了，但还没有听到任何消息。”

克里斯指责地用手指着比尔，然后转向柯尔斯顿：“帮我把需求升级给运维部。”

比尔迅速响应道：“如果我们是瓶颈，得让我知道。让我们想办法把威廉需要的东西给他。”

柯尔斯顿点点头，看起来有点恼怒。玛克辛估计这是因为出现了越来越多的依赖关系。“好主意，比尔。好吧，让我们进入列表中的下一个阶段。”她说。

当柯尔斯顿说话时，克里斯转过身来看着玛克辛，他用表情尖叫着：“**你对‘保持低调’有哪里不理解，玛克辛？**”玛克辛做出口型回应：“对不起。”

通过余光，她看到一个年轻男人半蹲在柯尔斯顿身边，一边对她耳语、一边指着玛克辛。他穿着牛仔裤，而不是卡其裤，手里拿着一个黑色的Moleskine笔记本。

柯尔斯顿向他点头微笑，指了指玛克辛，低声回应了几句话。年轻人点点头，飞快地做着笔记。

玛克辛决定径直向门口走去，在做出其他蠢事之前尽快离开。

她走进了凉爽的走廊，离开那个闷热的房间让她感到轻松了许多。她走向茶水间，那里更凉快。她想去喝杯咖啡，也许今天已经喝了 5 杯。这时她听到有人在身后说："你好，你就是玛克辛吧！"

她转过身。正是会议上和柯尔斯顿谈话的那个年轻人。他咧嘴一笑，伸出手说："嗨，我叫库尔特。我是威廉手下的一名 QA 经理。我在会议上听见你需要许可证密钥、环境以及其他一些东西以进行构建？我想我能帮上忙。"

有那么一会儿，玛克辛只是回望着他，不确定是否听明白了他的话。几天以来，她的生活就是在每一个角落寻找构建凤凰项目所需要的零部件。这几天，她把一个又一个工单提给了这个冷漠、做事千篇一律的官僚组织。她很惊讶居然有人想要帮助她。

玛克辛看到库尔特伸出手，猛地回过神，跟他握了下手："很高兴认识你。我是玛克辛，是的，我愿意接受任何帮助来进行凤凰项目的构建！"

她补充道："我希望我没有伤害到其他人。我相信每个人都在尽自己最大的努力，你知道的，考虑到正在发生的这一切……"

他笑得更开心了，指了指刚才他们所在的会议室："这些人吗？别担心。他们的麻烦可大了，大家正忙着相互推卸责任呢。我怀疑他们今天下班的时候就会忘了你说的话。"

玛克辛笑了，库尔特言归正传："所以，你要继续进行凤凰项目的构建。你进行到哪一步了？还需要什么？"

玛克辛郁闷地说："虽然我一直在尝试，但还是比我想的差很多。"她非常详细地描述了到目前为止所做的事情，以及接下来要开展的所有步骤。她在平板计算机上打开清单，向他展示所有待办事项，指出她正在等待的每样东西。

"哇，大多数人在走到你这一步之前就已经放弃了。"库尔特说，然后指着她的平板计算机补充道，"我可以看看吗？"

"没问题。"她边说边把计算机递给他。库尔特用手指着清单逐条往下看，点点头，似乎在和脑子里的另一张清单进行比较。

"没问题，我想我可以帮你找到几乎所有这些东西。"他说，然后笑着补充道，"我还会加上几样东西，我想你以后会用到的。别担心，你可能还不知道这些。我们也是通过这种困难的方式来学习的。这里没有人会好好写环境构建的文档。"

库尔特用手机拍下了玛克辛的清单，然后把平板计算机还给她。"一两天内你就会收到我的消息。"他说，"凤凰项目处在'石器时代'。我们有数百名开发人员和 QA 人员在这个项目中工作，其中大多数人只能构建自己的那部分代码库。他们并没有构建整个系统，更不用说定期测试了。我一直在向领导们指出这一点，但他们告诉我，一切都在掌握之中。”

他盯着她问：“你无法在支持制造工厂的 MRP 组中忍受这一点，对吧？”

“当然，”她立刻回答，“就像会议上那个家伙说的那样——开发人员需要一个系统，以便快速并持续地获得关于其工作质量的反馈。如果你没能很快地发现问题，那么最终会在几个月后发现。但到那时，问题已经消失在其他开发人员所做的大量修改中了，而因果关系也会消失得无影无踪。任何项目都无法这样进行下去。”

库尔特点点头：“然而，我们现在正在做的凤凰项目，虽然是公司最重要的项目，但就像处于 20 世纪 70 年代一样。开发人员整天都在编写代码，只有在项目快结束时才集成他们的修改并进行测试。这会出什么问题呢？”他笑着补充道，“他们一直对我说，这不是你这个职位需要关心的。”

二人哈哈大笑。

库尔特看起来并不刻薄或愤世嫉俗。他态度温和，很容易接受世界的运转方式。他继续说道：“我羡慕你们的制造团队完成了那么多工作，支持了那么多平台。我们在凤凰项目上消耗了 10 倍的人力，但我猜测你之前的团队比我们做得更多。”

玛克辛点点头。她肯定想念她的老队友了。

“哦，顺便说一句，你可能会对一个传闻感兴趣。”库尔特说，他环顾四周，似乎害怕被人听到，“有消息称，莎拉想让凤凰项目本周上线，而史蒂夫刚刚批准了。灾难就要降临了。如果你想在他们组建发布团队时加入，请告诉我。有好戏看了。”

在这次奇怪的交流之后，玛克辛回到办公桌前，意识到自己又在等待了。她心不在焉地看着总被她贴在办公桌上的一段话，这段话出自她最喜欢的苏斯博士的一本书：*Oh, the Places You'll Go*。

这本书描述了一个可怕的“等待之地”。在那里，人们等着鱼上钩、等着风放风筝、等着杰克叔叔、等着锅煮开、等着更好的茶歇……每个人都在等待。

> 不！
> 那不适合你！
> 你总会逃离
> 所有的等待和停留。

你会找到光明之地，

那里有乐队正在演奏。

凤凰项目的每个人都被困在“等待之地”，她决心把每个人都拯救出来。

现在是上午 11 点 45 分。玛克辛看了看她的日历。这只是她被流放的第 4 天。虽然还没有得到库尔特的回复，但她设法访问了 4 个代码库中的 3 个。现在，她决定不能再等待别人了。

她要构建一些东西出来。

在接下来的 4 小时里，她尝试运行每一个 Makefile、maven POM、bundler、pip、ant、build.sh、build.psh，以及她能找到的任何类似构建脚本的东西。当运行它们时，其中大多数会立即失败，有些则会吐出长得惊人的错误信息。

她仔细研究了所有的错误日志，寻找能让这些东西真正运行起来的任何线索。这就像大海捞针一样——既费力又让人不悦。她识别出至少 20 个缺失的依赖项和可执行文件。有好几次，她新建了工单、发了电子邮件来询问周围的人是否知道能在哪里找到这些东西，但是没人知道。她花了 3 小时在网上搜索线索，包括谷歌和 Stack Overflow。

她一时判断失误，决定依靠从 GitHub 上找到的看起来类似的组件，从头开始构建一些缺失项。5 小时后，她的心情糟透了。她筋疲力尽、灰心丧气、心烦意乱，而且确定自己浪费了整整一天的时间去做了那些本不该做的事情。

这就好比试图通过熔化铝罐来锻造缺失的发动机部件。她心想：“**这真的很蠢，玛克辛。**”

那天晚上回到家的时候，她意识到自己把工作上的所有挫败感都带了回来。她警告丈夫和孩子们不要跟她讲话，然后在冰箱里找到两瓶迷你的“凯歌”粉红香槟。她十几岁的孩子一看到她，就立刻意识到要躲开，因为她的脸上挂着“妈妈心情超差”的表情。

当他们准备晚餐时，她爬上床去看电影。

“**真是白白浪费了一天！**”她气呼呼地说。

她思考着美好的一天和糟糕的一天之间的区别。美好的一天是当她在解决一个重要的业务问题时，时间过得飞快，因为她是那么专注，那么热爱这份工作。她处于心流状态，以至于根本感觉不到是在工作。

糟糕的一天就是她沮丧得想撞显示器，在网上搜索一些她根本不想学但为了解决手边的问题必须要学的东西。入睡的时候，她试着不去想自己把一生中的多少时间花在了在互联网上搜索如何消除错误信息。

新的一天开始了。睡了一宿好觉之后，她坐在办公桌前，不想再重复昨天的错误。仅仅感到忙碌还不行，因为这并不意味着她实际上做了什么有意义的事情。她打开一个终端窗口，调出昨天的工作，然后看都不看一眼就全部删除了。

然后，她在系统中找到所有未处理的工单。她想摆脱这种无能为力、受制于人的感觉，不想困在这个阻碍着她的目标、理想、愿望和需求的冰冷的官僚组织中。

在跟工单系统打交道方面，玛克辛有着漫长曲折、喜忧参半的经历。

去年，她在众筹网站上资助了一个马克杯项目。该项目承诺这种马克杯可以让咖啡或茶在任意温度下保温数小时，甚至还有蓝牙连接，这样她就可以通过手机查看并设置饮料的温度了。她很喜欢这个创意，很快就花了 500 美元帮助发明者。

每次收到通知时她都很激动：当发明者达到集资目标时、选择制造商时、开始第一次生产时，当然最重要的是，当她的马克杯发货时。能成为这次集体征程中的一员，并最终拿到第一批 500 个杯子中的一个，她感到非常满足。

但开发工单系统则感觉完全不同。这与她从自己的神奇马克杯中感受到的喜悦和期待截然相反，让她想起了在 20 世纪 90 年代第一次使用高速 DSL 宽带包的可怕经历。虽然她很快就拿到了 DSL 调制解调器，但还是得和（卖给她 DSL 服务的）互联网服务经销商和（拥有连接到她家的铜线的）电话公司打交道。

安装宽带的家伙显然搞砸了，因为宽带根本无法使用。不管她打电话给两家公司中的哪个，得到的答案都是另外的那家公司负责维修。有时他们能找到一些与之前对话相关的工单，有时则找不到。她被困在一个残酷、冷漠、压抑和噩梦般的官僚体制中。在 4 周的时间里，她那台令人畏惧的 DSL 调制解调器除了闪烁红灯外什么也做不了。它一点儿用也没有，而她在两家公司都有无数张尚未解决的工单。

一天，玛克辛决定请一天假来解决 DSL 线路的激活问题。3 小时后，她终于把问题升级到了一名 3 级支持人员那里，而他可以访问全部的两个工单系统。他很了不起、非常聪慧。他能够把玛克辛的需求传达到正确的部门，使用正确的关键字让两家公司的主管都接入电话，并把所有必要的工作排好。1 小时后，她的 64 kbit/s 宽带终于可以使用了。

即使过了几十年，她仍然记得当时多么感激那个支持人员。她告诉他："我很想和你们的负责人谈谈，你做了一份多么了不起的工作，我多么感激你的帮助。"她很高兴地在电话这头等了 10 多分钟，然后又花了 10 分钟和主管滔滔不绝地讲述了她得到的所有帮助。

对玛克辛来说，讲述这名 3 级支持人员所做的一切非常重要。他那么出色甚至英勇，他的帮助对她而言价值非凡。听说主管正考虑提拔他，玛克辛很高兴，她的电话很可能助了一臂之力。

之后，玛克辛花了 1 小时看着闪烁的绿灯，品味着惊人的下载速度。

回忆着那个非常聪慧的支持代表，玛克辛提醒自己，她喜欢解决问题、喜欢挑战，她的工作有多么重要。这些工作将帮助每个开发人员变得更高效。

她深吸了一口气，重拾了常被人称赞的、不屈不挠的乐观态度。她仔细查看电子邮件中有没有新的工单状态变化。她忽略了所有的团队状态更新，除了那些人们用大写字母相互大喊大叫的电子邮件。她想知道谁是急性子，这样就可以避开他们了。

玛克辛继续向下滚动邮件列表，突然心跳加速，她看到了如下的主题。

通知：工单#46132 更新：凤凰项目开发环境。

她的开发环境终于准备好了？

她尽量让自己不要过于激动，因为以前就被愚弄过。昨天她收到了两次通知，但那只是关于她工单上最微小的状态变化。第一次是有人查看了工单，第二次是那个人把它重新分配给了另一个人。

玛克辛单击电子邮件中的链接，浏览器显示出工单的全部历史记录。她眯起眼睛，靠近屏幕。她在 6 天前新建了这张工单（如果算上周末的话），有不同的人处理过她的环境请求，状态发生了 7 次变化。今天早上 8 点零 7 分，这张工单被标记为"关闭"。

她放声大笑。运维的人终于把事情搞定了！她可以开始构建了！

但她困惑起来。环境在哪里？她如何登录？IP 地址是什么？登录凭证在哪里？

她滚动到最底部的备注和评论，阅读每个人在工单上输入的内容。从鲍勃转给莎拉，接着转给特里，再转回莎拉，最后转给德里克。在备注的最下面，德里克写道：

> 为了获取一套开发环境，我们需要得到你上级经理的批准。正确的流程文件在下面。关闭工单。

玛克辛气得面红耳赤。

“德里克把我的工单关闭了？！经过这么长时间的等待，他就因为我没有得到经理的批准，就这样关闭了我的工单？德里克到底是个什么人？！”玛克辛自言自语。

她在工单系统界面上移动光标，试图找到可以单击的东西。但唯一可单击的链接是德里克提供的政策文件。她没有任何办法找出德里克是谁或如何与他联系。她找到“重新打开工单”的按钮，但它是灰色的。

“真是要谢谢你了，德里克！”玛克辛生气地想。

她气得意识到自己需要休息一下。她跺着脚走出大楼，坐在办公室前的长椅上，深吸一口气，闭上眼睛，数到 50。然后她回到办公室，坐在办公桌前。

她单击按钮创建了一张新的工单。当空白工单出现时，有无数字段需要填写，她几乎想要放弃、直接回家算了。不过，她还是强迫自己保持微笑，唤起最友善的自己：

> 嗨，德里克。非常感谢你为我的环境所做的工作，这正是我们凤凰项目急需的——请参见工单#46132（链接如下）。我想我可以把经理（兰迪·凯斯）的批准附在这张工单上吧？我将在 30 分钟内收到兰迪批准的电子邮件。我能打电话给你，确认一下今天可以处理完吗？

她单击了提交按钮，并给兰迪写了一封简短的电子邮件，请求他批准开发环境的创建，然后跑到他的办公桌前。她看到他坐在那儿而且没在开会，松了一口气。她告诉兰迪她需要什么，然后站在他旁边等，他回复的邮件只有“同意”两个字。

她回到办公桌前，感受到自己坚定的决心和不懈的专注。她将不惜一切代价得到开发环境。她坐下来，从电子邮件中复制并粘贴兰迪的批准到服务台工单，并添加说明：

> 德里克，非常感谢。这是经理的批复。我今天还能得到这套环境吗？

她单击了提交按钮。

她打开公司的电话号码簿，搜索IT组织中所有叫德里克的人。她查到了3个，服务台部门的这个最有可能是她要找的人。

她给他写了一封和气、友好的邮件并抄送给兰迪，提前感谢他所有的帮助，让他知道如果这能推进凤凰项目的构建她会多么感激。她几乎是在乞求他不要把她的工单排在队列的最后，因为这意味着一周之后他才能处理。

她单击发送。5秒后：

> 这是自动回复。请把所有与服务台相关的任务提交到服务台。我会尽最大努力阅读所有电子邮件并在72小时内回复。如果有紧急情况，请拨打号码……

她开始骂脏话。她想象着德里克把脚翘在桌子上，对她的痛苦哈哈大笑。她打印出所有与工单#46132有关的东西、她的电子邮件，以及3个德里克的名字，然后查找他们每个人的位置。服务台的德里克位于与她隔了两栋楼的地下室。

她走出德里克所在楼层的电梯，看到一排排小隔间，人们戴着耳机坐在计算机前。这里没有窗户，天花板低得惊人。她能听到荧光灯发出的嗡嗡声，四周出奇地安静。她想：“**应该多几台风扇，好让空气不这么浑浊。**”她听到人们在打字，还有几个人在有礼貌地打电话交谈。

看到这一切，她突然对自己刚才对德里克的愤怒感到非常内疚。她找人问他坐在哪里。穿过迷宫般的小隔间后，她终于看到了德里克的名牌。这个名牌一看就是用没有足够墨水的喷墨打印机打印出来的。然后，她看到了德里克。

他根本不是一个铁石心肠的官僚。相反，他才20出头，是个亚洲人，在一个小的LCD屏幕上浏览着什么东西，表情非常认真。玛克辛的笔记本计算机屏幕都比这款廉价PC的屏幕大。想到曾经对他有过那么多负面的想法，她觉得更难受了。

因为这里没有多余的椅子，所以玛克辛半蹲在他旁边。“你好，德里克。”她用最友好的声音说，“我是玛克辛，上周提交开发环境工单的那个人。今天早上你把工单关闭了，理由是我没有得到经理的批准。我刚刚已经拿到批准了，但因为你已经关闭了工单，所以我得再新建一张。我想问问你能否帮我在系统中把流程走完。”

“哦，天啊，真抱歉我把工单给关闭了。我是个新手，对这些还不是很熟悉。”德里克认真地回答，显然是因自己可能搞砸了事情而心烦意乱，“我只知道我应该确保那些需要批准的请求已得到批准。我不能重新打开工单了，只有主管才能这样做。所有的新工单都会进入队列，然后被分配给下一个处理人。也许我的主管可以帮上忙？”

玛克辛差点瘫倒在地，她对将要发生的事感到恐惧。但是环顾一下周围的人群，她意识到如果现在不解决这个问题，她将永远得不到开发环境。

“那太好了，德里克。”她赶忙说。他笑了笑，和她一同朝外面的一间办公室走去。

在接下来的 15 分钟里，玛克辛看着德里克的主管熟练地浏览着大量工单，仔细检查它们的历史信息。在玛克辛离开自己的办公桌后，一个叫萨曼莎的人已经关闭了她的新工单，指出不能在“备注”字段中提交审批。

玛克辛不想发火。这些人正在试图帮助她。主管为这些不便之处表达了歉意。她将玛克辛的两张工单合并在一起，将兰迪的名字填入审批者字段，然后重新提交：“现在兰迪只需在这个工具里单击一个按钮，你的请求就可以通过了！抱歉，我们实际上不能授权请求，只有指定的管理人员才行。”

“他现在能通过手机审批吗？”她勉强带着一丝兴奋地问道。显然不行——帮助台工具是在智能手机出现之前开发的，当时的移动电话可能还有手提箱那么大，只能显示 7 个 LED 数字。

玛克辛叹了口气，但是很热情地感谢了他们，因为她确信自己终于快要实现目标了。当她转身要离开时，德里克试探性地问：“你介意我问一个愚蠢的问题吗？”

“当然不介意。没有什么问题是愚蠢的，你问吧。”她笑着说，尽量显得不那么焦躁。

“什么是开发环境？我处理过笔记本计算机的问题、密码重置，以及类似的事情。但我从来没听说过什么是‘环境’。”

“真有你们的。”玛克辛彻底服了，她心想，**“这周德里克和帮助台部门给我上了一课，内容是如何保持耐心、善良和同理心。”**

玛克辛为自己有头脑冷静、富有同情心和同理心的美誉而感到自豪。但现在，她觉得自己一点也没有表现出这些。被分配到凤凰项目，会让她变成一个坏人吗？

她意识到自己不应该对德里克生气。这个可怜的家伙并没有因为她是开发人员而故意刁难。他甚至不知道她在请求什么，更不用说理解这有多重要了。他缺乏经验，只是按照为他制定的规则办事罢了。他只是在尽力把自己的工作做到最好。

2 小时后，玛克辛回到了她的办公桌前。这期间，她请德里克和他的主管去吃午饭以感谢他们的帮助，以及弥补把德里克往坏处想的罪过。她借机向他解释了软件开发的世界，他表现出强烈的好奇心。她描述了技术人员在帮助台之外的各种令人兴奋的职业轨迹，希望这能鼓励他去探索更多可能性。

然后她去找兰迪，确保他批准了她的请求。但他不在座位上，玛克辛立即给他打了个电话。

“我得回到办公室才能批准。”兰迪告诉她，“我保证会议一结束就批准，5 点钟以前就能完成。”

玛克辛又回到了办公桌前，她感到很矛盾。她懂得自动化工作流程的必要性。在生产车间，她编写的 MRP 系统几乎控制着几千人每时每刻所做的每一件事。如果没有一个严格的流程，就不可能耗费数千美元的成本大批量生产产品。

连帮助台的流程，无论是这里的还是她几十年前安装 DSL 宽带时打交道的公司的，在大多数时候也是提供一致性客户服务的好方法，哪怕要通过数千名呼叫中心员工交付。

“那么，为什么这里的工单系统感觉如此糟糕呢？我们都是无极限零部件公司的一部分，为什么每件事都让我感觉像是在和漠不关心的供应商打交道？”玛克辛思考着，**“也许是因为当朋友之间相互帮忙时，我们并不需要先新建工单。”**

第二天，玛克辛看到兰迪兑现了承诺——他批准了开发环境的工单，但是时间太晚，昨天已经没人处理这件事了。

尽管有了这个突破，玛克辛仍然在等待着开发环境。失望之下，她漫无目的地从一个会议转到另一个会议，不想在办公桌前无所事事。

在茶水间里煮第二壶咖啡的时候，她的手机响了。一屏又一屏关于工单#46132 状态变化的邮件通知出现了。一个获取虚拟机的请求被分配给分布式系统组，一个来自其他组的获取存储的请求，来自另外一组的获取 IP 地址的请求，获取网络挂载点的请求，还有来自其他 3 个组的应用程序安装请求……

玛克辛欢呼着——终于有进展了！圣诞老人刚刚调动他的魔法精灵军队，开始构建她迫切需要的开发环境了。救兵终于来了！

她兴奋地把所有的工单都看了一遍，如此多的工作在被分配给整个运维部门。玛克辛突然意识到创建一套环境居然需要这么多人。

她在办公桌前计划着首先要在开发环境中做些什么，这时她的手机突然开始响个不停。打开电子邮件，她惊讶地发现收件箱里有 40 条通知。她的屏幕上方有一大堆新通知，所有的工单都已经被标记为“关闭”。

“不、不、不！”她绝望地呻吟，开始从头到尾追溯这些工单的历史。她看到用户账号已经创建好，挂载点也配置好了，但接着看到存储管理员的一条记录：

> 我很抱歉不得不取消你的工单。说来你可能无法相信，在过去的 3 个月里，我们的存储空间已经用完了。我们有一个购买更多存储空间的大订单，但需要到明年 1 月才能完成。更糟糕的是，所有的控制器都已经满负荷运转了。采购说，我们每年只能向供应商订购两次，以获得最佳数量折扣。因为你排在列表的前面，所以我们将安排在 2 月进行处理。

玛克辛眨了眨眼。

现在才 9 月。

凤凰项目是公司最重要的项目，他们在过去 3 年里已经花了 2000 万美元。然而，在她试图帮忙时，他们却不愿在磁盘空间上多花 5000 美元。目前的情况是，她在 5 个月内都得不到开发环境了！她双手抱头，对着键盘默默地尖叫。

玛克辛彻底被打败了，她漫无目的地出去转了一圈。现在是下午 2 点半，日程表上的会议似乎都没有什么意义了。那里只有抱怨等待的人们。等待着什么东西，等待着什么人。每个人都在等待。她现在什么会议都不想参加。

她回到自己的办公桌，拿起外套和笔记本计算机包，决定离开。她不知道要去哪里，但今天不能再待在这里了。

直到上车握住方向盘，她才决定要去孩子的母校看看。不是去看她的孩子们——他们已经到了不想与父母见面的年龄。这所学校五六年级的学生放学后会参加课外活动。她很自豪 3 年前曾经帮助老师们创建了一个编码俱乐部，现在这个俱乐部已经非常受欢迎了。她很高兴这么多学生在进入高中之前就已经对科学、技术、工程和数学感兴趣了。

玛克辛认为学习这些技能是非常重要的，因为编程是未来 10 年每个职业可能都需要的技能，而不再只属于开发人员。

她走进教室，一眼就看到了玛雅和佩奇，这是她最喜欢的两个孩子。她们是最好的朋友，也是竞争对手，有时甚至是劲敌。她们都很聪明、有志气，并且有解决问题的天赋。

这是玛克辛本学年的第一次来访。令她惊讶的是，每个人看起来都长大了很多，他们的编程技能也进步了不少。有些学生在用 JavaScript 编写游戏，有些学生在研究 Web 服务器，还有两个学生看起来像是在编写手机应用程序。

在接下来的 1 小时里，她了解了每个小组正在做什么。当他们炫耀自己的成果时，她高兴地笑着。当他们问她问题时，她也很开心。当玛雅和佩奇请她帮忙解决问题时，她迅速拉过一把椅子坐下来。

她们在尝试完成一个课堂练习，使用 Python 来计算数值数组中的平均值、众数和四分位数。她立即发现她们一次又一次地犯了同样的缩进错误。

当然，当她们试图运行程序时，Python 解析器会抛出所有的缩进错误信息。她们显然一直在努力弄清楚自己到底做错了什么，竭尽所能让错误消失。

“我可以提个建议吗？”玛克辛主动问道。

“当然，钱伯斯太太。”玛雅说。玛克辛叹了口气，仍然不确定想让学生们如何称呼她。

玛克辛向她们解释了 Python 缩进的原理，以及与大多数其他编程语言的不同之处。“但无论你们使用什么语言，最重要的是不断运行你们的程序。”她说，“当我第一次做一件事的时候，每次更改都会运行我的程序，只是为了确保它仍然可以编译和运行。这样，我就不会在不知不觉中犯同样的错误。你们最好在第一次犯错时就发现它，对不对？”

她指导她们如何正确地对齐缩进。“让我们看看是否修复了第一个错误……”

她看了下编辑器上的按钮。“看起来按下 Control 键和 Enter 键就能运行程序了。啊，看来还需要再做一点小小的更改。好了，你们现在已经修复了第一个错误。接下来修复下一个错误，直到让程序回到可工作状态。如果你们在做出每个小更改之后都进行检查，就永远不会有什么大问题需要解决了……”

反思了一下刚刚说的话，她补充道：“经常运行程序的真正好处之一是你们可以看到它在运行。这很有趣，这就是编程的意义。”

女孩们笑着表示理解，接着把自己的错误一个个纠正过来。玛克辛笑着，看着她们使用她刚刚演示的键盘快捷键。

女孩们笑了起来，因为她们的程序已经可以运行了。在查看输出时，玛雅注意到有些地方似乎出错了。她们计算出的平均值差得太远。

“嗯……我认为这是一个‘缓存溢出’错误，”玛克辛说，“是开发人员最常犯的错误之一。当我们遍历数组中的每个元素时，如果算错哪个元素是最后一个，经常会发生这种情况。这就是这里出现的问题，我们漏掉了最后一个元素。不管你是否相信，当你不小心处理过多的元素时，就会导致程序崩溃，甚至被黑客利用。”

玛克辛一直微笑着。她很高兴能和大家分享这个经验，因为在过去的几十年里，她已经认识到状态突变和循环是非常危险的，而且很难纠正。10 年前，她在半夜修好的那个 ODBC 数据库驱动程序就是由这类问题导致崩溃的，她也因解决了该问题而名声在外。

这就是玛克辛如此推崇应用函数式编程原则的原因。学习她最喜欢的 Clojure 编程语言，是她做过的最困难的事情，因为它完全消除了变更变量的能力。但毫无疑问，这是她学到的最有价值的东西之一，因为她发现自己以前常犯的大约 95%的错误（就像女孩们刚刚犯的那些）已经完全消失了。

函数式编程确实是更好的思考工具。

“你们想看点儿厉害的东西吗？”玛克辛问女孩们。她们点点头。她说：“我会这样做。虽然看起来有点奇怪，但是你们可以通过使用迭代器来完全消除循环。这是一种更简单、更安全的循环编写方法。”

她浏览了一下在互联网上找到的 Python 文档，然后在编辑器中键入一行代码，按了几次 Control-Enter 键，就得到了正确的答案。

“瞧！看看这个。它执行了与你们所编写的代码相同的操作，但是没有检查数组结尾的循环或条件逻辑。实际上，它只是一行代码，没有产生‘缓存溢出’错误的风险！”她一边说，一边为自己刚写的东西感到自豪。

当女孩们睁大了眼睛看玛克辛演示时，不断发出“喔”“啊”的惊叹声。玛克辛很高兴，因为即使这只是个小练习，也消除了这个世界上一些不必要的复杂性。它可能会让女孩们避免她数十年以来所经历的挫折，也让世界变得更安全。

在接下来的 1 小时里，她穿梭于各个小组之间，看着孩子们解决问题，教他们一些小技巧，让他们变得更高效、更快乐。当孩子们收拾好沉沉的大书包离开时，玛克辛感觉心情很好。

教给人们他们想学的东西，真是太快乐了。另外，他们都是很棒的孩子。她认为这里的一切都很容易。按下 Control-Enter 键，程序就构建并运行了。如果有错误，你可以修复它，然后按下按键，再试一次。

在她当前的工作中，情况恰恰相反。她仍然不能构建凤凰项目系统的任何一部分。不知何故，构建已经不再是每个人日常工作的一部分了。

玛雅和佩奇在半小时内犯了同样的缩进错误。在无极限零部件公司，上百个开发人员可能会犯更大的错误，他们可能需要几个月的时间才能意识到自己做错了什么。

每个人都向玛克辛挥手告别，感谢她的帮助。她进入车里，重重地坐在座位上。令她惊讶的是，她感到悲伤和沮丧——在工作中，没有她刚刚经历的这种快乐和学习的氛围。她想知道凤凰项目中的每个人是否一直都有这种感觉。

玛克辛正要发动车子时，手机振动起来。这是她的一个开源项目的合作者发来的消息，该项目是为了帮助她进行个人任务管理。她 5 年前启动了这个项目，目的是帮助她写好工作日志。她总是疯狂地记录自己如何度过了每一天。

最初，这只是为了帮助她提高工作效率，对来自电子邮件、Trello、Slack、Twitter、阅读列表以及其他地方的数不尽的任务进行分类。她的应用程序让她可以轻松地将工作推入 GitHub、JIRA、Trello 和许多其他工具中，以便与其他人和团队进行交互。

多年来，她每天都在使用这个程序来帮助自己处理大部分工作和个人生活事务。这是她发送所有任务的地方，也是她的主收件箱，在这里可以看到所有工作，并在她使用的所有系统之间切换。

其他很多人也在使用她的这个应用程序，有些人还编写了适配器来连接其他需要连接的工具。她常常惊讶地发现，全世界每天都有成千上万人在使用它，有 20 多个活跃的贡献者在为它编写代码。

她从消息中查看了新的代码合并请求——有人为任务管理器创建了一个新的适配器。这个变更提议看起来很不错。她多年来一直想做这件事。他们的变更非常巧妙，而且她很赞成编写自动化测试来进行验证的方式，以显示他的变更可以在不破坏其他任何东西的情况下正常工作。另外，他还记录了自己的工作内容，写了几段关于他做了什么和为什么这样做的说明。她也赞同他把这些内容变成指南，这样其他人也可以做类似的事情了。

她喜欢看到别人发挥聪明才智，以及表现出让这个应用程序变得更好的意愿。作为项目的所有者，她把确保每位贡献者都能拥有很高的生产力视为自己的首要职责。

几年前，曾经有 20 多个活跃的代码合并请求，但由于各种原因，她无法合入它们——有时变更相互冲突，有时她的 API 不能很好地满足他们的需要。她知道，当你向别人的项目提交变更，但没有人去看或者他们告诉你变更不能被集成时，你会感到很沮丧。如果这种情况发生的次数很多，人们最终会放弃，或者复制你的项目并退出社区。

因此，当她的项目开始出现这种情况时，她花了数周时间在每天晚上重构她的系统，以便人们能够快速、轻松、安全地进行他们想做的变更。这消耗了很多精力，她亲自重写了每一个合并请求，这样贡献者就不必重做工作了。当他们的变更被实现时，每个人都很高兴、充满感激，但玛克辛比他们更高兴。

玛克辛知道敏捷永远不是免费的。随着时间的推移，如果没有这类投资，软件通常会变得越来越难以变更。也有例外，比如浮点数学的库 40 年来都没有变化。它们并不需要改变，因为数学没有变化。

但在几乎所有其他领域，特别是当你有客户的时候，变化是常态。健康的软件系统是可以按照所需的速度来进行变更的，人们可以很容易地做出贡献，而不需要跨越重重关卡。这就是让一个项目有趣并值得贡献的秘诀，你会经常看到最有活力的社区就是这样的。

她开车回家，很高兴丈夫已经把晚饭准备好了。她向孩子们讲述了自己临时决定去参观他们的中学，以及令人兴奋的新一代极客们。

当孩子们去做作业时，她拿出笔记本计算机，研究起那个令人兴奋的新代码合并请求。她把代码拉取下来，在计算机上运行起新版本。她登录并四处单击，测试了一些临界情况，以确保细节都是正确的。

她微笑着在浏览器中打开这个合并请求，单击按钮将其合并到代码库中。她给提交者写了一封感谢信，赞扬他的聪明和主动。

在单击发送键之前，她注意到他写道："玛克辛，如果你能在有人修改这个属性时显示一个桌面通知，我将为你举办一个盛大的聚会……"

"好主意！"她想。她打开代码编辑器，在接下来的 15 分钟内尝试实现这个想法。当它第一次成功时，她笑出声来，并拍手庆贺。她心情大好，因为所有这些技术奇迹，花很小的力气就可以做成很多事情。

她继续回复提交人：

> 再说一次，你做得真的很棒。我相信每个人都会和我一样喜欢它。谢谢你！（我刚刚添加了通知功能。你为我举办聚会的事说定了。）

单击发送键，她怀疑是否是宇宙在向她传递一种信息。下午与中学生们交谈以及轻松地为应用程序（比凤凰项目早了好几年）添加功能，这两件事都向她展现了编写代码应有的感觉。

她能够以专注、流动和快乐的状态来创造东西。她的工作很快得到了反馈。人们可以做自己想做的事情，而不需要依赖很多人。这就是伟大的架构所能实现的。

她被流放到公司最具战略意义的部门，整个公司的存亡有赖于此。然而，数以百计的工程师都"瘫痪"着，不能做那些本该完成的事情。

在那一刻，玛克辛决定，即使短期内自己很痛苦，她也必须把帮助中学生和她在开源项目中创造的这种生产力水平带到凤凰项目中来。

第4章

9月11日，星期四

第二天早上，玛克辛仍在为昨天数不尽的胜利感到欢欣鼓舞。但正如库尔特所预料的，每个人都吓坏了。令所有人震惊和不可思议的是，这次上线不会被取消或推迟。相反，凤凰项目将于明天5点正式上线。

柯克船长显然按下了曲速按钮，尽管工程师斯科蒂告诉他迪利寒姆晶体即将爆炸。今天不再有无聊的状态会议。每场会议都成了真正的混乱风暴，人们处于恐慌的边缘。会议很快就变得喧闹、混乱，充满了问题和反对意见，让人感到震惊和难以置信。人们在手机和笔记本计算机上疯狂地打着字，房间里有三分之一的人在打电话。这就像在看一部20世纪40年代的老电影，记者们从法庭跑到收费电话那里或者跑回他们的办公室，疯狂地想第一个爆出新闻。

玛克辛向她旁边的一个人大声问道："凤凰项目以前在生产环境中部署过吗?!"

"没有。"他大声回答。

"我们有发布团队吗？"玛克辛问道。

"没有。克里斯、柯尔斯顿和比尔今天组建了一个正式的发布团队，但我不知道是谁来负责。"他回应着，并模仿出紧张和恐惧时咬指甲的动作。

玛克辛看着他，无言以对。

玛克辛并不以他人的痛苦为乐，但看凤凰项目鸡飞狗跳总要比等着别人为她处理工单更令她兴奋。她叹息着，意识到在这种危机下，现在已经没有人能处理她的工单了。

当天上午晚些时候，克里斯宣布 QA 总监威廉负责发布团队。他的目标是：让一切都处于可发布的状态，并与同样一无所知的运维部合作。

可怜的家伙们。她知道他们有大麻烦了。凤凰项目的开发人员甚至在合并代码时也会意外落下点什么或破坏构建。要完成一次成功的生产部署似乎过于乐观了。“**要不然他们就是疯了。**”她想。

“威廉，你的发布团队什么时候开会？”玛克辛问跑过的威廉，并试着跟上他，“要我帮忙吗？”

“一小时后召开第一次会议。我们需要所有能得到的帮助。”他说着，甚至连脚步都没有停下来。玛克辛感到很高兴。终于，一个能真正发挥她技能和经验的机会来了。

“**这将是一场有趣的会议。**”玛克辛想，她已经看过开发和运维是如何在凤凰项目中进行交互的。他们不像是一个真正的团队，而更像是处于战争边缘的主权国家，外交官们试图修补不稳定的和平，完成大使的职务、条约和官方手续。即使是安排这两个组织之间的会议，也需要有首脑和律师在场。

不管怎样，她对参与到其中感到很兴奋。这是迄今为止她在凤凰项目中获得的最大乐趣，尽管不是正常的乐趣。她意识到自己激动得合不拢嘴。“**我这么兴奋会不会不太好？**”她有一丝不安，然后又咧嘴一笑，不去在意。

尽管玛克辛试图早点到场，但还是迟到了。他们不得不换了两次会议室，因为人越来越多，很快就挤不下了。

房间里要比走廊高出 8℃，空气浑浊。将近 50 人挤在一个只能容纳一半人数的空间里。她看到了克里斯、柯尔斯顿、威廉和一群主要的开发人员和经理。坐在威廉旁边的库尔特向她挥了挥手。

桌子的另一边是比尔·帕尔默，他旁边坐了一群她从没见过的人。她注意到他们看起来有些不同。

坐在比尔左边的是个大块头，他双臂交叉，脸上愁云密布。他难以置信地摇了摇头：“你们这些人是怎么回事？你们是在告诉我，除了少数几台 Linux 服务器，不知道自己需要多少台 Windows 服务器……再跟我说一遍，‘少数几台服务器’具体是多少台？是公制还是英制？如果我们能提供，你们有没有所需要的 Kumquat 服务器箱，或者是 Tandem 的？”

他旁边坐着一个女人和一个年轻的男人。他们窃笑的样子让玛克辛立刻想起了斯莱特林学院的克拉布和高尔，这两个卑鄙的家伙是哈利·波特的死对头马尔福最好的朋友。

“嗯……”一个开发经理说，“实际上，有一个组件只能在 Kumquat 服务器上运行。这是我们必须在现有消息总线上构建出的一种扩展。但这只是一个小变更，应该不会造成任何问题，只会增加微不足道的负载……”

玛克辛听到来自整个房间的抱怨声，而不仅仅来自桌子对面的斯莱特林人。玛克辛已经把大块头想象成大号马尔福了，坐在他旁边的年轻人叹了口气：“从技术上讲，Kumquat 没有任何问题——我们有 10 多年在它们上面运行生产工作负载的经验，非常了解其特性。问题是，该集群的重启时间几乎是 8 小时。我们只需要小心任何可能涉及重启的事情，比如说打安全补丁。我担心某些变更需要多次重启，这可能意味着要停机一天……或者根本启动不起来了……”

玛克辛意识到，这些都是运维的人，难怪她没见过。

“韦斯，相信我，我们和你一样害怕这种情况。”开发经理隔着桌子回答，“3 年来，我们一直在努力让这个应用程序重新平台化，但这总是让位于那些更重要的事情。”

“是啊，你们开发人员总是把功能特性放在首位，而从来没有清理过产生的技术债务……典型的废话。”大号马尔福生气地打着手势说。

比尔打断了大号马尔福，头也没回地说：“别说了，韦斯。解决问题，保持专注。”

“好，好。明白了，老板。”韦斯（大号马尔福）说，“少数几台 Linux 服务器、少数几台 Windows 服务器和一台 Kumquat 服务器。明白了。现在谁能定义一下‘少数几台’是多少台呢？”

玛克辛看着所有的开发经理把头凑在一起，将他们每个组件的计算需求制成表格。很明显，他们只是凭直觉行事，并没有什么深思熟虑过的容量规划。

玛克辛意识到这次发布的麻烦比她想象的还要多。开发人员还没有将所有代码合并在一起，而且还没有定义出应用程序运行所需的生产环境——用“少数几台”来描述你的环境肯定是不行的。

她提高声音问道：“对于产品展示和订单，我们希望每秒处理多少笔交易？当前的构建每秒能处理多少笔交易？这将告诉我们，对于水平可伸缩的部分，我们需要多少台服务器；对于垂直可伸缩的组件，比如数据库，我们离目标还有多远。”

房间里顿时鸦雀无声，每个人都转向玛克辛。他们似乎被她的常识问题吓了一跳。

坐在韦斯左手边的女人说："谢谢！这正是我们需要知道的！"

玛克辛微微点了点头，眨了眨眼。

克里斯站了起来："这是整个公司历史上最高级别的公开版本发布。市场营销部已经使出了浑身解数。他们将花费近 100 万美元来宣传凤凰项目的上线。所有的门店经理都已接到指示，告诉每一位顾客下载这款应用程序，并在星期六登录网站——他们甚至还举行了竞赛，看哪些门店注册的新移动客户最多。他们吸引了所有的行业媒体和商业媒体。他们想让莎拉或史蒂夫上所有的新闻节目，甚至包括《早安美国》。

"这是我从市场营销部得到的最好的计算结果。"克里斯翻着笔记本继续说，"预计会有 100 万人访问无极限零部件公司的网站和移动应用程序。如果一切顺利，我们应该准备好支撑至少每秒 200 个订单。"

玛克辛听到房间里到处响起嘀咕声和咒骂声。

韦斯扫视整个房间，最后转向克里斯，他身上那种滑稽感消失不见了。"好的，很高兴知道这些。"他指了指玛克辛说，"我们聪明的架构师其实是在问凤凰项目现在可以处理多少笔交易。所以？"

克里斯看看威廉，威廉拿出一份打印出来的文件："这是今天早上的最新更新。在我们的测试中，凤凰项目目前每秒大约可以处理 5 笔交易。超过 5 笔就会导致数据库客户端崩溃，包括移动应用程序……我认为我们遗漏了一些数据库索引，但是还不确定是哪些索引……"

威廉抬起头："非常、非常糟糕，克里斯。"

韦斯目瞪口呆地坐了一会儿。然后，他用一种直率、愤世嫉俗的声音对克里斯说："我们不会成功的，是吗？"

没有人说话。最后，比尔问："韦斯，你需要什么帮助？"

"……我其实也不知道。"他回答，"也许给团队一些保护，让他们保持专注。"

就在这时，玛克辛听到门口有人高声说："为了无极限零部件公司的生存，我们必须让它运转起来，所以我们当然会让它运转起来。"

"噢，不！"玛克辛想。是莎拉·莫尔顿。

莎拉穿着一套鲜亮、看起来很昂贵的黄色西装，脸上光彩熠熠，玛克辛甚至想知道她是怎么做到的。办公室里的荧光灯通常让人看起来很阴冷，毫无色彩。玛克辛好奇她是否会在化妆品中添加镭元素，让自己看起来像 20 世纪 50 年代的床头钟一样亮。莎拉有一种危险的魅力，房间里的每个人似乎都很着迷。

“我们所处的市场正在萎缩，凶猛的竞争对手夺走了我们的市场份额，”莎拉说，“更不用提亚马逊等科技巨头，以及即将颠覆整个行业的20家初创公司。正如史蒂夫在全员大会上所说，我们用了3年的时间来准备。现在是加入战争的时候了，我们要捍卫属于我们的权利。”

她环顾房间，寻找反对或不服从的迹象。“这是公司高管们决定采取的战略。有人有问题吗？”她挑战道。

不可思议的是，玛克辛听到自己笑出了声。她吓坏了，赶紧捂住嘴。“**保持冷静，玛克辛！**”很快，她抹去了脸上所有的表情，就像一个在高中做了坏事被抓住的学生一样。“**你什么时候开始在乎当权者对你的看法了？**”她很惊讶。

“**自从克里斯警告我要保持低调之后。**”她意识到。玛克辛强迫自己以最好的表情安静地看着莎拉，只表现出冷静、淡定的样子。

“是什么让你觉得特别好笑……嗯，对不起，你叫什么名字？”莎拉问道，冷冷地看着玛克辛。

“玛克辛。”她平静地回答，“我笑是因为你在说**为什么**你认为凤凰项目很重要。但在这个房间里，我们只是想弄清楚**如何**部署凤凰项目。”

“而这目前不太顺利。”韦斯大声嘟囔着，有些紧张地笑了笑。

“可以看出，你们中的一些人还没有接受我们的使命。”莎拉评价着房间里的每个人，“好吧，就像我在全员大会上提到的，我们已有的技能不一定能满足我们想做的事情。作为领导者，我们需要弄清楚自己是否找到了合适的人选。我一定会通知史蒂夫的。我知道这次发布对他个人来说非常重要。”

听到史蒂夫的名字，克里斯难以置信地看着玛克辛，并用双手捂住脸。“**我可真会保持低调。**”玛克辛自言自语道。

“好了，莎拉，够了。”比尔说着站了起来，“让我们去通知史蒂夫这些问题，让团队想办法解决发布的问题。我们在这里只会碍事。”

“是的，史蒂夫需要听到这些。”她说。莎拉转身离开，但又回头看了看玛克辛：“我喜欢你能说出自己的想法。如果你本周有空，我们一起吃个午饭吧。我想更好地了解你。”

“**什么……**”玛克辛像被车灯照到的鹿一样僵住了。

“作为女性，我们真的需要团结在一起，不是吗？”莎拉眨了眨眼说。

玛克辛面带僵硬的微笑，说：“嗯……谢谢你……我，我很乐意。”她讨厌自己，在这么多人面前这么露骨地说谎太尴尬了。

“那就这么定吧。”莎拉带着温暖的微笑回答，“如果你需要有人指导，我很乐意。”她看着手机说：“是史蒂夫，他有事需要我的帮助。我就不打扰你们了。记住，我们都需要保持乐观。”

莎拉走后，玛克辛长出了一口气，她不太敢相信刚刚发生的事情。她知道拥有广泛的人脉有多么重要，这能帮助她找到对完成重要的事情有帮助的人。但是，不管莎拉有多大的影响力，能和她来往并没有让她特别兴奋。玛克辛对与谁来往很挑剔。

在接下来的 1 小时里，玛克辛听到了各个小组的发言，因为庞大的发布团队试图完全理解支持凤凰项目发布的必要条件。至少有 12 个技术栈需要部署，比玛克辛进行构建“考古工作”时估计的还要多。

她知道在 Windows 和 Linux 上的各种应用程序服务器，以及运行在 Web 端的前端应用程序，但是彻底遗漏了两个移动应用程序（一个是 iPhone 的，另一个是 Android 手机的），它们都要共同访问至少 10 个横跨整个业务的不同后端系统，而所有这些系统都需要变更以适配凤凰项目。

她还忘记了，当把运维团队合在一起时，团队的数量会翻倍，因为要让所有这些应用程序在生产环境中运行，需要服务器管理团队、虚拟化团队、云团队、存储团队、网络团队……

所有这些都在提醒玛克辛，之所以生产部署是任何技术组织中最复杂的活动之一，是因为这需要在组织中进行如此多部门之间的协调。雪上加霜的是，凤凰项目不是只部署就行了——它的设计目的是改变组织中几乎每个部分与客户交互的方式。

玛克辛听得越多，就感觉越糟。有这么多活动的部件，他们几乎不可能在第一次就把所有的事情都做对。获取一套环境就需要玛克辛新建几十张工单，而且还没有成功。她猜测部署凤凰项目将需要数百甚至数千张工单。

与她坐在一起的项目经理说：“我们难道不需要对防火墙做一些变更吗？不仅仅是外部通信。我不认为这些系统之间有过通信……”

玛克辛挑了挑眉毛。她听到了更多的抱怨声。“哦，太棒了。防火墙团队通常需要至少四周的时间才能通过变更请求。”玛克辛认识的一个叫帕蒂的女人说，“你认为我们的变更管理过程很慢吗？与信息安全相比，我们可是神速。”

突然，玛克辛听到身后的门砰的一声开了。帕蒂抬起头来："哈哈，正说着他们就来了。这是约翰，我们的首席信息安全官。好戏要上演了……"

约翰接近 40 岁的年纪。他大约超重 9 千克，但衣服仍然是松松垮垮的。就像老的西部片里一样，约翰的两侧站着一男一女两个人，这两个工程师看起来有点面熟。"终于找到你们了。"约翰冷笑着环顾四周，仿佛一位正在追捕一群亡命之徒的警长，"我来是为了阻止这个部署凤凰项目应用程序的疯狂计划。这种部署休想发生！"

约翰身后的女士突然显得很尴尬，好像她以前听约翰说过这句话。约翰继续说："凤凰项目有数百万行新代码，如果没有我的团队进行漏洞测试，就无法负责地部署它。我们刚刚与审计人员进行了一场非常有趣的会议。请相信我，如果我们在生产中投入了一些危及合规水平的东西，他们是不会接受的。

"我拥有**非常**高的权威，CIO 和 IT 运维副总裁刚刚因为一些不可容忍的合规审计结果而被解雇。"约翰继续说道，"这是对你们的一个警告，合规不仅是一种道德责任或一套合同义务……它也是法律。"

玛克辛不知道约翰排练了多少遍那句台词。但她承认，**这是一句很好的台词**。

柯尔斯顿在房间前面说："正如你们所知道的，凤凰项目上线的决定是直接由 CEO 史蒂夫·马斯特斯和零售运营高级副总裁莎拉·莫尔顿做出的。事实上，莎拉刚刚在这里提醒了我们这一点。发布定于明天 5 点开始，这样星期六早上商店开门时一切就都在线了。"

"这只是你的想法，柯尔斯顿。"约翰说，"我现在就去找史蒂夫谈。请放心，我一定会制止这种疯狂的行为。"

他转向韦斯："你也参加了与审计人员的会议——告诉他们事情有多严重，为什么明天不可能发布产品！"

韦斯很快回答道："不，别把我扯进来，约翰。火车已经离开车站了，牙膏也挤不回牙膏管里。我们唯一能做的，就是想办法不让火箭在发射台上爆炸，把我们都炸死。原谅这个复杂的隐喻吧。"他大笑着说，环顾房间四周，看看谁站在他这边。

"还是说这是个明喻？"韦斯突然问道，脸上带着困惑的表情。

约翰身后的女人面无表情地说："这是个隐喻，韦斯。说什么'是一堆废物'是隐喻，而说什么'像一堆废物'是明喻。"

"谢谢你，香农。"他笑着说，"我总是把这些搞混。"

约翰瞪着香农，然后生气地对韦斯说："我**不会**把你排除在外的，韦斯。停止本次发布是你的道德责任！”他转向整个房间：“停止发布是你们所有人的道德责任！你们都知道我的立场，就像我说的，你们休想进行这次发布！”

韦斯喃喃自语道：“我们总是可以抱有希望。”

当约翰和他的队伍离开时，玛克辛听到一些紧张的笑声。柯尔斯顿站了起来，看起来有点不自在：“好吧，我应该花点时间说一下，我们确实承诺在星期五部署凤凰项目。但是，如果你们当中有谁觉得自己有一种……道德责任……而不参与这次发布的话，请告诉我。”

韦斯打趣着说：“柯尔斯顿，沿着这条路走下去，几乎可以肯定是我职业生涯中所见过的最愚蠢的事情……但为了支持团队，我保证我们都会尽己所能。”他带着精疲力竭和无奈的神情继续说道：“让我们把它做完吧。”

玛克辛环顾四周，想着莎拉和约翰突如其来的离奇露面。她想起了约翰·斯卡尔齐和威尔·惠顿的《红衫军》，这是一本根据《星际迷航》类宇宙改编的有趣的书。这本书是从一名“红衫军”的视角来写的，这些无名的低级别人物在剧情的背景中游荡着，知道与舰桥上任何军官有交集都是坏消息。无论是谁被选中与军官们一起到星球上去，他们都注定要以一种奇怪的方式死去：变形血虫、精神病毒、食肉植物、行为不当导致的克林贡裂解枪爆炸。在书中，“红衫军”在每个地方都安装了传感器，以探测柯克船长或斯波克中校等人何时来到甲板下面，这样他们就可以躲起来。

令玛克辛沮丧的是，无极限零部件公司的高管，即舰桥长官，与该技术组织中“红衫军”的日常工作如此脱节。对莎拉来说，提醒大家要靠凤凰项目“拯救宇宙”是没有任何帮助的。约翰向他们呼吁“道德正确”也是没有用的。

“我们都知道公司面临的威胁是真实存在的。”她想。舰桥长官的工作是确保公司的战略切实可行，而不是提醒他们战略是什么或细致入微地管理每一个人。他们的工作应该是确保每个人都能完成工作。

这一切都是怎么发生的？

玛克辛拿着三明治回到办公桌前。她被没完没了的凤凰项目发布会议搞得筋疲力尽，周围的每个人也都被卷入了上线的旋涡之中。奇怪的是，她也看到一些人在办公桌前愉快地工作着，就好像这只是很平常的一天。

出于好奇，她询问其中一个人为什么看起来一点儿也不担心。那个人带着困惑的表情回答道："我是一个开发人员，工作是开发功能特性。我将它们交给 QA 和运维进行测试和部署，然后就可以进行下一个版本的功能特性的开发了。这让我很充实。"

玛克辛离开时还是对他的话感到很困惑。在职业生涯中，她从未把所有的测试和部署工作甩给别人去做。**"如果你无法获取关于如何使用程序的反馈，又怎能创造出有价值的东西呢？"**她想。

当她到达办公桌时，库尔特拿着一个黑色的三环活页夹在那里等着她。看到她，他露出了灿烂的笑容："我有个礼物送给你！"

这是一份长达 80 页、满是标签的文档。仅仅浏览段落标题就让她心跳加速——这是煞费苦心整理出来的凤凰项目构建说明，包含可以访问到文档、许可证密钥、入门教程，甚至一堆视频的链接。有一个标题是"让你的 uberjar 在我们（非常）疯狂、混乱的生产 Web 集群中运行的方法（8 分钟）"，另一个是"如何监控你的应用程序，尽管我们有运维部在（12 分钟）"。

她看到由激活码和许可证密钥组成的十六进制字符串（足足有 20 个字符），还有网络共享的用户名和临时密码。最重要的是，这里给出了具有管理访问权限的、到达四节点虚拟机集群的链接！这意味着玛克辛可以做任何想做的事情，而不用再填一张张服务台工单了！

她说不出话来，感觉自己在流泪。**再也不用许可证密钥了？**

她想了一会儿，自己是不是完全失去了对事物的洞察力？在被困在凤凰项目中之后，还有人真正关心她的需求……这是多么出乎意料，多么让人感激。

玛克辛想起了她和家人志愿帮助新难民家庭的那一天。她还记得当那家人哭着接受他们赠送的食物、肥皂和洗衣粉时，她 10 岁和 8 岁的孩子是怎样的反应。

雪中送炭是最有意义的事情。她需要帮助，并且得到了帮助。

玛克辛兴高采烈地翻着文档。她看到一长串需要设置的 Windows 注册表项。"别担心，玛克辛。"库尔特看出了她的情绪反应，殷勤地继续说道，"你的收件箱里有电子版，你可以复制粘贴所有东西。"

他眼睛里闪着光，补充道："还有一个 wiki 页面的链接，如果我们漏掉了什么，你可以在这里添加注释。有一群人真的很欣赏你的工作。我们几个月来一直在试图解开凤凰项目构建之谜！但是从来没能把全部精力放在这件事上。你的笔记帮助我们把所有碎片拼在了一起。这节省了我们几个月的工作时间！"

玛克辛挑了挑眉毛。她不知道库尔特在说什么，也根本不在乎："非常感谢！我无法形容这对我有多重要。我怎么才能报答你呢？”

库尔特笑着说：“只要能帮助其他努力工作的工程师提高工作效率就行。”接着，他又带着严肃的表情补充道：“尽管逆境和巨大的障碍通常会阻碍这样的壮举发生，但如果你想认识那些成就了这一切的人，今晚 5 点到码头酒吧来吧。我们每周四都在那里碰面。”

“等等，等一下。”玛克辛说，突然起了疑心，“如果一切都很好，那为什么不是每个人都在使用它呢？”

“这是一个好问题，但答案非常出人意料。”库尔特说，“简而言之，‘官方构建团队’并没有授权这些。他们似乎把我们的努力看作一件麻烦事，更糟的是，甚至看作竞争。在公司历史上规模最大、风险可能最高的应用程序上线前夕，这的确很奇怪，不是吗？

“但无论如何，如果你喜欢我们所做的，请随时与任何需要的人分享。我今晚会详细解释。拜托，5 点来加入我们吧——有一群人特别想见到你！”他说，“祝你的构建工作好运！”

玛克辛在她的笔记本计算机上打开一个终端窗口，开始按照库尔特给她的说明操作。当意识到这很可能是一套实际可用的开发环境时，她的情绪不断高涨。

登录并在命令行中输入 make 之后，她的屏幕上开始显示大量正常的输出，这让她非常兴奋。

她很高兴看到文件被编译、二进制文件被链接、程序被复制、构建工具被安装和运行……输出源源不断……

令人惊讶的是，构建一直在运行：10 分钟……15 分钟……30 分钟……构建一直没有出错，这让她松了一口气，但她又开始对凤凰项目构建的规模感到焦虑。这可真是个**大工程**。

45 分钟后，她已经憋不住要去洗手间了，但是非常害怕她走开后会错过什么。她匆匆地去并马上赶回来，看到构建没有失败，这才松了一口气。终端窗口仍然在生成无穷无尽的输出。

她翻阅历史信息，看看是否错过了什么有趣的东西。她决定不参加发布团队的下一次会议了，这样就可以盯着持续进行的构建过程。虽然这看起来有点不负责任，但她知道拥有一个优秀的构建过程是得到良好的代码部署和发布过程的关键。也许在这些神秘贡献者的帮助下，她即将最终征服凤凰项目的构建。

构建输出让人犯困却是有教育意义的，因为她第一次看到了凤凰项目的一些组件。这里有 Java 的 JAR 文件、.NET 的二进制文件、Python 脚本和 Ruby 脚本，还有许许多多 bash 脚本。

等等，这是一个远程 shell 和安装程序弹出框吗？她还没弄清楚是什么，窗口就不见了。玛克辛对凤凰项目构建越来越大的规模和多样化感到既敬畏又担心。

当她看到正在从某个地方下载 Eclipse 时，她想后退一下。“**这到底是怎么回事？**”她想。又过了 20 分钟，她发誓自己看到了 InstallShield 安装程序，但她知道自己累了，可能出现了幻觉。

说实话，在又看了 1 小时的构建输出后，她很难再把注意力集中到屏幕上。但是，她能清楚地看到在凤凰项目中工作的不同团队的个性和技术栈。她没想到会有这么多。

“**这也太疯狂了。**”她想，“**怎么会有这么多团队在凤凰项目中工作呢？**”她怀疑任何人都无法理解整个系统，尤其是当系统由这么多不同的技术栈组合而成的时候。

虽然玛克辛一般不喜欢严格的标准化，但她也不喜欢每个人都可以选择自己喜欢的东西。每个决策都是一种承诺，要支持好几年甚至几十年——这远远超出了某个团队的能力范围。

与大多数开发人员一样，她非常迷信地认为如果不再关注构建，项目就会失败。最终，在开始构建将近 3 小时后，她看到构建窗口停止了滚动输出。当她读到下面这条信息时，心都碎了：

> 构建器：错误：缺少文件：credentials.yaml

该死！她猜需要她并没有的一个登录凭证。

她发短信给库尔特，库尔特迅速回复：

> 啊，是的。为此你需要新建一张工单，让你的登录绑定到 ActiveDirectory 账号。只有苏珊可以处理。联系方式马上给你。

玛克辛并没有发送电子邮件给苏珊，而是走到苏珊的办公桌前。她了解到这个丢失的文件包含一个来自某个远端安全组的加密证书。苏珊查阅多年的电子邮件，终于搞清楚怎样才能获得一个新的证书。当她找到邮件时，玛克辛用手机把邮箱地址拍了下来。

她离得到一个凤凰项目的构建已经很近了！

第 5 章

9 月 11 日，星期四

凤凰项目的构建有了很大进展，玛克辛还沉浸在喜悦之中。她驱车 5 分钟来到码头酒吧停车场，准时参加库尔特的神秘会议。

她怀疑停车场里那辆闪亮的雷克萨斯 IS300 新车就是库尔特的。她停好车，拿不准停在旁边的是不是 Datsun 300。很奇怪，会议在码头酒吧举行。这不是技术人员常去的地方，但她知道这是很多工厂工人长期以来最爱来的地方。

那天下午，玛克辛问了别人一些关于库尔特的事。3 个人热情盛赞，描述了他的能力和曾给予过的帮助。她之前小组的一位开发经理称他是整个技术组织中最聪明的人之一。奇怪的是，一个同事给她发信息说：

> 库尔特？他可不是抽屉里最锋利的那把刀，这就是为什么他被困在 QA 团队里。他也很爱管闲事。你问这个干什么？

这让玛克辛感到更加好奇。**库尔特到底想干什么？**他把活页夹送给她，可能让她少等了几个月的时间。但他的动机是什么？很明显，他在满足人们需求方面有自己的优势。她很确定他没有盗用公司的资源——即使他这样做了，又为什么要给她呢？

她一走进门，马上就闻到了啤酒花的味道。她好多年没来过这里了。看到这里比记忆中更干净、更明亮了，她松了一口气。地板上不再有锯木屑，而且比从外面看起来要宽敞得多。

酒吧间里只坐了一半的人，但声音很大，水泥地面打扫得很干净。

看到她，库尔特微笑着把她带到房间深处靠近卡座的一组桌子旁："嘿，各位，认识一下玛克辛，反抗军的最新成员。她就是我一直跟你们提到的那个人。"

她立刻认出了在凤凰项目环境状态会议上支持她的那个暴躁脾气的开发人员，并惊讶地看到了今天早些时候与约翰在一起的名叫香农的娇小女人。这里还有一个快40岁的男人，旁边坐着一个50多岁的人，后者身着一件保龄球衫，看起来与这里格格不入。再旁边是布伦特，她也在凤凰项目的发布会议上见过。他和香农是在座最年轻的人了。

每个人面前都有一台打开的笔记本计算机。她马上觉得自己要是也带着计算机就好了。最近她改掉了带着计算机到处走的习惯，因为几乎没有什么事可做。

"还记得戴夫吗？"库尔特指着那个暴躁脾气的开发人员说，"他是一名开发团队负责人。虽然经常抱怨，但他大张旗鼓地倡导偿还技术债务，让我们的架构、平台和实践更加现代化。"

库尔特笑着说："戴夫这么棒的原因就是他从不等别人的许可！"

"暴躁的戴夫"对玛克辛露出难以察觉的微笑，仿佛笑会让他感到疼痛一样，同时举起酒杯，喝了一口啤酒。在近距离下，他看起来比她年纪要大。"在这里，违反规定是人们能够完成任何事情的唯一途径。"他抱怨道，"没有20次会议，什么都做不了。""暴躁的戴夫"停顿了一下，"你知道，这是库尔特给我的最好的夸奖。你可能已经注意到了，他在公司内部经营着自己的黑市，对吧？"

库尔特笑了，显然不介意他这样说："我只是想解决大家的问题。如果要说我有什么罪过的话，那就是我太在乎凤凰项目的成功，甚至是整个公司的成功了。我不允许官僚作风扼杀它！如果这是犯罪，那我认罪！遗憾的是，没有人会因为我们所做的伟大工作而给我们颁发奖章。看来帮助别人获得的满足感就是足够的回报了，是吗？"

每个人都在叹息，桌子对面的一个人喊道："说得好，库尔特。"

库尔特没有理会这个玩笑，指着那个30多岁、穿着一件有趣的供应商T恤的男人说道："这是亚当，我的一个测试工程师。但是不要被他的头衔骗了，他本质上是一名开发人员，也是我见过的最好的基础架构人员之一。

"你可以感谢他提供了那么多虚拟机和预制容器——所有这些都是他做的。但这只是亚当所做工作的一小部分，他的日常工作是帮助我们把从外包商那里继承来的大量遗留测试套件自动化。"

亚当羞怯地笑了笑。"实际上，布伦特做了大部分工作。"他说，"他是基础设施方面的高手。一年多来，我们一直在努力实现环境创建的自动化。因为这不是官方批准的，所以是一条艰难的道路，要用晚上和周末的时间工作。尽管碰到过许多困境和死胡同，我们仍然为已经取得的成就感到自豪。

“你的构建笔记太棒了，玛克辛。布伦特翻阅那些文档的时候差点晕倒。几个月来，他一直在试图把这些内容拼凑起来。”亚当说。

布伦特对着玛克辛微笑道：“那真是了不起的探索工作，玛克辛。记录所有这些环境变量非常有用！”

“跟我们说说环境工作得怎么样。”亚当继续说道，“想通过正常渠道从运维部获取东西是一件很痛苦的事情，所以我们汇集了足够多的硬件来构建一个足够大的集群，从而支持几个团队。现在你可以根据需要获取一套环境，而不需要新建工单。”

玛克辛脱口而出：“哇，真的感谢你。环境可以工作了！我花了 3 小时构建凤凰项目，直到它因为缺少证书而失败。”

“哇！这太棒了。”布伦特说。

“那么，这些硬件如果不是来自运维部的，又是从哪里来的呢？”玛克辛问道。

亚当笑了起来：“库尔特有他自己的方式——从这里找一些，从那里凑一点儿，知道吧？库尔特一直说，最好不要问它们是从哪里来的……我一直怀疑，如果检查起来，很多人可能丢失了整个服务器集群。”

库尔特装出一副受伤的表情。“囤积服务器是个大问题，”他说，“因为运维要花很长时间才能给我们一些东西，所以人们提出的请求总是比真正需要的更多。这使得运维的工作更加困难，并且延长了其他人的交付时间，从而加重了短缺！可以说，我们正在创建一个二级市场，以确保那些未被使用的环境能够被用到最需要它们的地方。你知道，这是为了改善供需之间的不平衡。”

“暴躁的戴夫”嘟囔：“他又开始了。”当库尔特像教授一样长篇大论时，他使劲儿翻着白眼。

亚当补充道：“但戴夫是对的——库尔特**确实**在经营一个黑市。”

“别理他们，玛克辛。”库尔特继续说，“这位是香农，她是一名安全工程师，致力于构建自动化的安全工具。在此之前，她在数据仓库团队工作了近 5 年。她目前正在与布伦特合作，尝试一些机器学习和数据可视化的工具包，并在建立一些大数据架构，试图提前让我们知道即将到来的营销计划。你可能还记得去年她参加的红队全面演习。”

玛克辛笑了。这就是为什么她看起来那么面熟。她记得很清楚，那是她第一次成为没有任何限制的渗透测试的目标。他们通过物理访问制造工厂来试图植入恶意软件、发送带有恶意链接的电子邮件、冒充公司高管，甚至冒充某个最重要的供应商。

她对此印象深刻。“**做这类演练需要非常大的勇气。**”玛克辛想。她还记得有一个人曾因为尝试做这类事而被解雇，因为他让一群人感到难堪。

香农抬起头说：“很高兴认识你，玛克辛。我记得你的小组。你们属于全公司准备得最充分的人。令我印象深刻的是，无论电子邮件中的链接看起来多正式，你们部门的每个人都知道不去点击。一定有人出色地培训了所有人。”

玛克辛带着敬意点了点头说：“很高兴见到你，香农。我们花了几周时间来解决你们发现的问题。干得漂亮。”

香农低头看了看她的笔记本计算机，敲了些东西。突然，她抬头看着每个人说：“哦，顺便说一句，抱歉约翰上午闹了那一出。他就是那样的人，但再怎么说他还是我的上司。”

大家都笑了，还有几个人模仿了今天早些时候香农的表情。

“下一位是前面提到的布伦特，他对基础设施有关的一切都能上手。”库尔特继续说，“只要有东西能连接上交流电源，布伦特可能就能驾驭它。网络、存储、计算、数据库。他不仅擅长使用螺丝刀，还一直处在自动化的前沿。不幸的是，他实在太能干了，似乎每个人都把他的电话设置成了快速拨号。他收到的呼叫太频繁了，我们正在努力解决这个问题。”

布伦特只是耸了耸肩。突然，他手机上的闪光灯闪了起来，各种通知占满了屏幕。他拿起手机，喃喃自语道：“该死，又是崩溃呼叫。我可能需要马上处理。”他喝完剩下的啤酒，开始打电话。

“是的，这真是个问题。”库尔特说，然后目送布伦特走开，“我们必须给他的工作生活带来一丝理智。他很聪明，但由于人们总是把事情推给他，他已经有好几年没办法清净地度个假了……”

他停顿了一下。“最后介绍一下同样重要的道恩。”库尔特指着在座年龄最大的那个人说。他不仅穿着和别人不一样，笔记本计算机也不一样——这个庞然大物有着巨大的屏幕。“他是运维部的资深数据库和存储工程师，是他把布伦特带进了这个小组。他们一直在策划着，寻找更好的方式来管理基础设施。”

玛克辛笑了笑。对于凤凰项目的大多数人来说，集中化的运维部门仅仅是工单另一头的那些人，是每个人总在抱怨的那些人。但很明显，库尔特和这群形形色色的人有着不同的工作方式，他们绕过了正常的组织沟通途径，尽管是非正式的。

道恩隔着桌子把手伸过来："很高兴见到你，玛克辛。"

玛克辛意识到，道恩穿的是一件真正的保龄球衫，上面缝着他名字的首字母 DM，旁边还有一块褪色的芥末污渍。

"多年来，道恩一直在尝试推动自动化方案，但他和布伦特一直没能成功。"库尔特继续说，"所以，他们一直在帮助亚当建设我们自己的基础设施。他几乎认识运维部的每一个人，而且通常能说服他们做任何事情。就像本周早些时候，我们需要在两个内部网络之间打开防火墙端口，道恩就搞定了。"

"都是日常的工作。"道恩友好地笑着说，"但公平地讲，库尔特才真正是能搞定不可能完成的事情的大师……我只是在向他学习！"

玛克辛确信道恩是在夸大其词。道恩看起来 55 岁左右，他能从库尔特这样的年轻人身上学到多少东西呢？

库尔特向后靠在椅子上，摊开双臂："玛克辛，你破解凤凰项目构建的工作给我们留下了深刻的印象。我们对你表现出的技术和社交能力感到敬畏，你成功捕获了几乎所有的环境碎片，这需要惊人的毅力、专注，以及从不接受'不'的答案！"

玛克辛困惑地环顾四周，但她看到每个人都在向她点头，他们真的对她的工作印象深刻。库尔特继续说："我们邀请你加入反抗军的核心圈子。我们正在招募组织中最优秀、最聪明的工程师，秘密地进行培训和准备，为在正确的时机推翻这个古老、强大、秩序不公、绝对需要被颠覆的帝国进行准备。"

大家都笑了。"暴躁的戴夫"举起酒杯，大笑着喊道："敬推翻帝国！"

玛克辛困惑地环顾着桌子。这些人来自开发、QA、安全以及运维部门，是一群不太参加社交活动的人，更不用说在一起做事了。她还注意到，每个人的笔记本计算机上都贴着《星球大战》中反抗军同盟的小贴纸，就像 X 翼战斗机飞行员头盔上的一样。看着他们精巧、有颠覆性的团结标志，玛克辛笑了。

看到玛克辛空着手敬酒，库尔特弹了起来："你想喝点什么？"

"请给我一杯黑皮诺葡萄酒。"

库尔特点了点头，朝吧台走去。但他还没走到，一个高个子、身材微胖、头发花白的男人就走向他，给了他一个大大的拥抱。他声音洪亮地说："库尔特！很高兴再次见到你，我年轻的朋友。你需要什么？"

看到库尔特的小组从酒保那里得到如此关注，玛克辛猜他们一定经常来这里。她笑了。自从她转到凤凰项目之后，这是她第一次觉得自己跟志同道合的人在一起。

“你们到底是谁？为什么你们会在这儿？你们到底想做什么？”当库尔特还在吧台时，她一连串地问道。

每个人都笑了。道恩说：“你知道，我们是 Kumquat 数据库的大客户，我起步的经验就是从这里获得的。但我现在想让我们尽可能迁移到 MySQL 和开源数据库，因为我厌倦了每年向一个不怎么样的供应商送去数百万美元。我们正在想办法以自己的方式实现这个目标。”

环顾四周，他对所有人说：“其他公司已经这样做了。我认为，任何仍在支付 Kumquat 数据库维护费用的人都太笨，他们不知道怎么迁移。”

玛克辛点头表示同意：“很聪明的想法！我原来的部门就是这样做的，并且节省了数百万美元，现在我们可以把这些钱花在创新和其他业务需求上。而且这很有趣。但为什么要把精力投入到开源软件上呢？”

“我来告诉你为什么。”亚当说，“当我还在运维部的时候，差不多有 5 年，我的团队总是在凌晨 2 点收到所使用中间件的告警。几乎每一次都是由他们的数据库驱动程序导致的。我就是那个不得不生成二进制驱动程序补丁的人！在做了所有这些工作之后，问题在 6 个月后再次出现，因为供应商发布补丁时，没有将我的补丁集成到他们的代码中。接下来，如你所料，我们都要在凌晨 2 点爬起来，把同样的事情再做一遍。”

玛克辛很钦佩。**亚当的本领也很高强，这里的每个人都一样。**

“暴躁的戴夫”皱起眉：“我在无极限零部件公司工作了近 5 年，无法相信公司里现在怎么满是官僚主义和职能筒仓。如果没有事先说服一群指导委员会和架构师、填写一堆表格，或者与三四个各有自己优先事项的团队合作，你就无法开展任何工作。一切由委员会说了算。没有人能够做出决定，即使是最小的事情也需要所有人一致同意。我要做的几乎每一件事，都必须向上汇报两级、跨越两级、再向下两级，就为了和一个工程师同事交谈！”

“像个正方形！”亚当喊道，大家都笑了。

道恩插话道：“在运维部，我们通常不得不走回头路——向上、跨越、向下，然后再向上、跨越、向下，直到两个工程师最终能够一起完成某些工作。”

“我想回到过去的日子，那时的开发人员可以为在乎这个产品的人创造价值，而且简单快捷。”“暴躁的戴夫”说，“我想构建和维护一些长远的东西，而不是拖着所有这些技术债务发布‘当天的功能特性’。”

“暴躁的戴夫”继续说道：“这家公司是由一群对技术一无所知的高管，以及让我们遵循一套晦涩流程的项目经理管理的。下次谁再让我写产品需求说明书，我就骂谁。”

“PRD[①]！”每个人都笑着喊。玛克辛扬起眉毛。这些在几十年前是有意义的，当时需要在浪费大量开发人员的时间之前把做事的理由写清楚。但现在你可以在编写一页 PRD 所花的时间内就把大部分功能特性原型化。现在一个团队可以构建过去需要数百人才能完成的东西。

库尔特坐在玛克辛旁边，把一杯葡萄酒放在她面前：“我们就像《星际迷航》里真正把工作做完的‘红衫军’。”

“我之前也是这么想的。”玛克辛笑着说。

“是吧？你已经亲眼看到了舰桥长官的真实情况。”库尔特说，“他们知道凤凰项目很重要，但是组织大家来实现它的方法糟透了。他们把 IT 外包出去，又拿回来，外包一部分，也可能是两部分，然后再来回调整……在很多领域，我们的组织方式就好像仍然在外包一样，没有三四级管理层的许可，什么事都做不了。”

“库尔特说得对。”“暴躁的戴夫”说，“我们只是另一个成本中心，一部大机器上的小齿轮，可以很容易地外包到全球随便哪个角落。我们被认为是可替换和可替代的。”

“这就是我来这里的原因，玛克辛。”香农说，“我们可以建立一个世界级的技术组织，创造一种工程师文化。这就是我们生存并为客户创新的方式。我的梦想是每个人都是公司数据的保管人。这不是某一个部门的工作。

“在全员大会上，史蒂夫谈到了我们是如何正在与时代脱节的，以及我们需要如何与电子商务巨头竞争。”她说，“我们只有通过创新和理解我们的客户才能取得成功，而只有掌握数据才能做到这一点。我认为我们正在建设的能力是公司的未来。”

每个人都举杯欢呼。

大家互相敬酒之后，道恩转向库尔特问道：“那么，你和老大谈得怎么样了？你说过要劝威廉资助一个自动化测试的试点。”

---

① PRD 是 Product Requirements Document 的缩写，即产品需求说明书。——编者注

每个人都凑了过去。

“你们懂的，我真的以为他会去做这件事。我已经从两个开发经理和一个产品负责人那里得到了关于自动化测试有多棒的评价，其中一条是：‘如果没有自动化测试，我们写的代码越多，测试花费的钱就越多。’哈！我真以为这样会把威廉吓个半死！”玛克辛能感觉到围坐在桌旁的人情绪低落。

“别卖关子，库尔特。他说了什么？”道恩问道。

“‘孩子，让我给你解释解释。’”库尔特说，他很形象地模仿着威廉，“‘你还年轻，显然不明白游戏规则。我们是 QA。我们保护组织不被开发人员带偏。听起来你和他们混得太久了。不要相信他们，不要和他们亲近。开发人员会得寸进尺。’”

玛克辛因库尔特逼真的模仿而发笑。

“‘孩子，你是一个很好的 QA 经理，有 50 万美元的预算。’”库尔特继续说道，“‘如果你把工作做好，就可以像我一样拥有 300 万美元的预算。如果我把工作做好，就会升职并拥有 2000 万美元的预算。你到处去把 QA 工作自动化，预算就会减少而不是增加。我并不是说你傻，孩子，但你看起来确实不明白游戏规则。’”

玛克辛和其他人一起笑了。她确信库尔特模仿得夸张了。

“威廉就像一个工会领袖，而不是业务领导。”香农说，“他只关心增加工会会费，而不关心什么对企业来说是正确的。你在运维部甚至信息安全部也能看到同样的事情。”

道恩和蔼的脸上掠过一丝愁容：“相信我，运维部的情况更糟。至少开发部被视为利润中心。我们运维部则是成本中心。为基础设施提供资金的唯一途径是新的项目。找不到新的资金来源就完蛋了。如果你不把所有的预算都花光，他们明年就不会给了。”

“啊，按项目提供资金的模式……这是无极限零部件公司的另一个大问题……”库尔特说。每个人都叹息着表示同意。

“那么，你现在的计划是什么，库尔特？”道恩问道。

“别担心，道恩。我有另一个计划。”库尔特自信地说，“我们将保持低调，继续做我们正在做的事情，寻找新的潜在客户和新成员。我们时刻保持警惕，等待机会。”

“哦，这是一个伟大的计划，库尔特。”道恩翻着白眼说，“我们在酒吧闲聊，抱怨，喝啤酒。这真了不起。”

道恩向玛克辛靠过来，解释道：“其实也没那么疯狂。这就像电影《巴西》中的剧情一样，头号逃犯是一个侠盗空调修理工，他从天而降给人们修理空调，因为中央服务机构根本不搭理他们。这就是我们。我们一直在寻找可以提供帮助的地方。这是结交朋友和为反抗军寻找潜在新成员的好方法。”

“什么？”她难以置信地说，“这行不通吧？”

“我们就是这样把你弄到这儿来的，不是吗？”道恩笑着说。

“我在尝试所有的办法。”库尔特继续说，“我甚至想问问威廉，能否和他以及他的上司克里斯开个会。我会告诉威廉，让克里斯听到我的提议对我来说真的很重要，我希望他能来。”

“**哇。**”玛克辛想，“**这相当大胆，也许是明智的，但也可能是致命的。**”

“我会持续给你们反馈的。”库尔特说，“好吧，谁有新的信息或情报要分享？”

香农向所有人提供的信息关于她曾经合作过的一个新兴的市场部数据分析小组，以及如何安排他们与库尔特的会议。“他们正在做一些项目来提高客户推广的转化率，而且真的需要帮助。他们甚至没有用版本控制！他们正在跟基本的数据工程问题较劲，仍然试图从数据仓库人员那里得到需要的东西。”她说着，显然被他们的困境所困扰。库尔特迅速在他的笔记本计算机上调出一张组织结构图。

他问她：“又一个数据分析项目？谁出资的？他们有多少预算？谁是领导？”然后把她说的内容都记录了下来。

轮到道恩时，他说：“我有个坏消息。凤凰项目的发布让运维部的每个人都大吃一惊，因为直到上周才有人注意到这件事。之前并没有分配预算来支持发布。每个人都在仓促地寻找足够的计算和存储基础设施。这是我们近 20 年来规模最大的一次上线，我们需要的一切都不够。这很糟糕。”

“天啊！”亚当说。

“是的。”道恩说，“几个月来，我一直在试图告诉每个人，但没有人在意。好吧，现在他们明白了，每个人都放弃了一切来支持凤凰项目的上线。今天，我听说有人试图与采购部门合作，这样就可以打破规则，在年度订购流程之外下订单了。”

“**尽管有危机，精打细算的人还是会精打细算。**”玛克辛想。

“每个人都在为明天的发布仓促地进行着环境的准备。”道恩说，“谁都没有任何开发和运维双方都认可的构建规范。我把我们写的东西给他们，他们就立刻拿走并开始使用了。但是，这次发布还是会变得非常糟糕，很快我们就能看到了。”

“我想你是对的。”玛克辛说，“我真的、真的很擅长这类工作，然而我花了将近一周的时间也没能让凤凰项目的构建运行起来。如果不是库尔特给我的环境，我现在还在原地打转呢。发布团队今天才开始工作，明天就要上线，他们有大麻烦了。”

库尔特身体前倾，一脸严肃："告诉我更多信息吧。"

突然，玛克辛意识到她为什么受到邀请了，库尔特毕竟不是傻瓜。

在接下来的 20 分钟里，玛克辛一边翻阅工作日记，一边描述她的经历。她可以通过手机访问这些日记，但还是再次在心里责备自己没有带笔记本计算机。每个人都在做笔记，尤其是布伦特回来以后。他和亚当不停地问她问题，好像她是一名被捕的特工，正在接受中央情报局的审问。每个人都很感兴趣她是如何比其他人更快地拼成凤凰项目的构建这张拼图的。他们问了很多问题，比如她跟谁沟通过、他们在哪个团队、难住她的地方，等等。

"这真是令人印象深刻，玛克辛。""暴躁的戴夫"说，"几年前，我组建了一台构建服务器，我的团队每天都可以使用它。但那是凤凰项目只有两个团队的时候，现在已经有 20 多个了。这完全超出了构建团队的能力范围，那个团队的人，我很遗憾地说，没有足够的经验成为应用程序开发人员。"

亚当说："我们现在真的快成功了。我认为我们只剩下一张用于支付处理服务的签名证书没有搞定了。"

"他说得对。"布伦特说，"玛克辛，能给我看看构建日志吗？我敢打赌，我们可以自己创建证书——它实际上并不会有效，但对于开发或测试环境来说已经足够了。"

玛克辛在心里骂了一声，想象着她的笔记本计算机还在自己的桌子上。"明天的第一件事就是给你看这个。"她叹了口气。

"大家都太棒了。我们仍然需要的有：我们需要一种自动化的方式来创建环境和执行代码的构建；"库尔特边说边用手指数着，"我们需要一些方法来自动化这些测试，并把这些构建以自动化的方式部署到生产环境中；我们需要构建，这样开发人员才能真正地完成他们的工作。"

"那么，谁自愿贡献一些时间来帮助玛克辛进行凤凰项目的构建呢？"库尔特问道。令玛克辛惊讶的是，所有的人都举了手。

"玛克辛，你能在这些志愿者的帮助下领导这项工作吗？"库尔特问。

玛克辛被这些人给予的突如其来的支持搞得不知所措。上周，她无法从任何人那里得到帮助，已经在考虑去其他地方面试了。突然，她不那么肯定要这么做了。

她让自己平静下来，然后说："好的，我很乐意。谢谢大家，我期待着与你们所有人一起工作。”

玛克辛很兴奋。她真的很惊讶于这个小组所做的事情，以及她被选中来提供帮助。**“我终于找到同类了。”**她想，**“这就是有效的人际网络的意义所在——你可以召集一群积极的人来解决一个大问题，即使这个团队看起来一点也不像官方组织。”**

“我很肯定，与同莎拉共进午餐相比，这个团队能让我学习到更多的东西，取得更大的成就。”她想。她怀疑自己是否心胸狭窄、太小家子气了。她仍然在想自己是否应该去会面，或者干脆等着莎拉把她忘掉。

“太好了！如果你们需要我做什么，请告诉我。”库尔特对大家说。他又对玛克辛说：“我们尽量每周碰面。我们通常只有两个议题。首先，我们分享一些情报，包括有谁需要帮助以及潜在可以招募到的新成员。然后，我们通常会分享一些最近学到的东西或者我们认为可以改变公司现状的一些新技术。我建议增加第三个议题，就是讨论凤凰项目构建的进展，好吗？”

每个人都点了点头。

库尔特看了看表：“各位，结束之前还有一件事。我要打一个赌：发布团队什么时候可以让凤凰项目应用程序在生产环境中成功运行起来。”

最乐观的赌注来自“暴躁的戴夫”，他猜测星期六凌晨 1 点，即在部署开始的整整 8 小时后。其他大多数的赌注分散在凌晨 3 点和上午 9 点之间，玛克辛赌的是 6 点。

“毕竟，”她说，“店内销售系统需要在星期六早上 8 点之前启动。”

让所有人吃惊的是，道恩赌的是星期日晚上：“你们这些人根本不知道我们对这次发布是多么没有准备——这将被载入史册。”

发件人：艾伦·佩雷斯（运营合伙人、韦恩-优科豪马权益合伙人）

收件人：迪克·兰德里（无极限零部件公司 CFO）、莎拉·莫尔顿（零售运营高级副总裁）

抄　送：史蒂夫·马斯特斯（无极限零部件公司 CEO）、鲍勃·施特劳斯（无极限零部件公司董事长）

日　期：9 月 11 日，下午 3:15

主　题：最大化股东价值**机密**

莎拉和迪克：

感谢你们今天的电话，让我了解了你们的战略和凤凰项目。我同意，目前所有零售商都需要一个全渠道的战略才能生存，特别是考虑到电子商务的威胁。而且，以较低的销售成本销售内部生产的产品也很有吸引力。

然而，我担心的是，在过去 3 年里，你们把那么多现金（2000 万美元）从制造转移到了零售，却没有明显的回报。问题是，如果你们把这些钱投资到其他地方或者直接返还给股东，会得到多少回报？就目前而言，投资彩票可能更有经济意义。

关于创新和全渠道的故事固然不错，但董事会需要的不仅仅是故事和幻灯片。

祝凤凰项目明天的发布好运。我知道很多事情取决于它。

艾伦

第 6 章

9 月 12 日，星期五

玛克辛的星期五在头昏脑涨中一分一秒地过去了，紧急发布的准备工作仍在继续。当开发人员、QA 和运维人员为了完成部署而将数百个活动部件排列起来时，她看到了无穷无尽的混乱。她觉得**道恩是对的**，但现在要把赌注改到星期日已经太晚了。

下午 5 点，发布准时开始。有传言说这次上线将在最后一刻被叫停，因为哪里都找不到威廉、克里斯和比尔。然而，这些希望都破灭了。莎拉和史蒂夫发来一封电子邮件，明确表示将按计划发布产品。

玛克辛晚上 10 点还在办公室。此时，大家确实有一种恐慌的感觉，觉得事情正在变得非常、非常糟糕。简直糟糕得一塌糊涂，甚至连凤凰项目发布赌局中最悲观的道恩也对玛克辛抱怨："情况比我想象的还要糟糕。"

玛克辛此时真的感到害怕了。

到午夜，很明显，数据库迁移将花费 5 小时而不是 5 分钟才能完成，而且无法停止或重新启动。玛克辛试图提供帮助，但对凤凰项目系统不够熟悉，不知道在哪里才能帮上忙。

形成鲜明对比的是，四面八方都在找布伦特，几乎每个问题都需要他，从正在崩溃的巨大数据库到帮助人们修复他们的配置文件。看到这一点，玛克辛组织了一个团队充当"守门员"，保护布伦特不受干扰，以及拦截本不需要找他的问题。

玛克辛还注意到了其他一些事情。大约有 200 个人共同负责发布，但其中大多数人负责的工作量其实只需要 5 分钟就能完成。他们为了完成自己的那一小部分，不得不在这个乏味、漫长、复杂和危险的操作过程中等待数小时。他们剩下的时间都花在观望和等待上了。

即使在这场危机中，人们也只是坐在那里，等待着。

到了凌晨2点，每个人都意识到了一个非常现实的风险：他们将破坏近千家门店中的所有零售终端（POS 机），把无极限零部件公司打回石器时代。加上这段时间的市场推广，门店里将会挤满无法购买促销商品的愤怒顾客。

布伦特邀请玛克辛加入一个特别行动小组，以解决数据库查询缓慢的问题。考虑到早上门店开门时需要处理的预期负载，现在的速度需要加快近1000倍。

在这几小时里，她打开 IDE 和浏览器，与一群凤凰项目的开发人员和运维 DBA 们一起工作。当发现单击产品目录的下拉框会让数据库遭到8000个 SQL 查询"轰炸"时，他们都震惊了。

他们还在想办法解决这个问题，韦斯突然探出头来："布伦特，我们有麻烦了。"

"我很忙，韦斯。"布伦特在笔记本计算机上埋头工作，说话时甚至没有抬起头。"不，这很严重，"韦斯说，"在电子商务网站和移动应用上，我们有至少一半产品的价格消失了。在应该显示价格的地方，要么什么都不显示，要么显示 null。截图在聊天室的#发布频道。"

玛克辛脸色苍白，打开截图。"**这比缓慢的数据库查询严重得多。**"她想。

布伦特盯着屏幕看了好一会儿，说："该死，我敢打赌，这是定价团队的又一次错误上传。"当布伦特打开各种管理界面和产品表时，玛克辛俯下身来——有一些是凤凰项目内部的，还有些是她不认识的系统上的。

布伦特调出日志文件，对生产数据库运行 SQL 查询，接着调出各种应用程序中的更多表，玛克辛做着笔记……只在他打开终端窗口并登录到服务器时，玛克辛才问："你现在在做什么？"

"我需要检查他们上传到应用程序中的 CSV 文件。"他说，"我想可以在一个应用服务器的临时目录中找到。"玛克辛点点头。

当布伦特眯起眼睛盯着屏幕看时，玛克辛也眯起了眼睛。这是一个用逗号分隔的文本文件，第一行是列名——产品 SKU、批发价、标价、促销价、促销开始日期……"看起来没问题。"布伦特咕哝道。

玛克辛表示同意。她说："你能把那个文件复制到聊天室里吗？我想看看。"

"好主意。"他说。她将文件导入 Excel 和其他几个她喜欢的工具中。看起来没什么问题。

韦斯试图与一个开发经理通电话，布伦特则尝试找出问题出在哪里。差不多 30 分钟后，他开始咒骂："我简直不敢相信。这是一个 BOM!"

看到玛克辛困惑的表情，他说："一个字节顺序标记!"

"不会吧。"玛克辛喃喃自语，再次打开文件，但这次是用二进制文件编辑器打开的。她盯着屏幕，惊讶地发现自己刚才确实没有注意到。BOM 是一种不可见的字符，一些程序将其放入 CSV 文件中作为第一个字符，以指示这是大端序模式还是小端序模式。她以前就踩过这个坑。

几年前，一位同事给了她一个从 SPSS 统计分析应用程序中导出的文件。她花了半天时间尝试找出为什么她的应用程序无法正常加载它。最终，她发现该文件中有一个 BOM，被当成了第一列名称的一部分，这导致所有的程序都无法加载。"**几乎可以肯定就是这个问题了。**"她想。

理解这个特殊谜题带来的精神上的满足感很快消失了。她问布伦特："以前发生过这种问题吗？"

"你可不知道，"布伦特翻着白眼说，"每次都有不同的问题，这取决于是谁生成的文件。最近最常见的问题是长度为零的文件，也就是文件中没有内容。不仅仅是定价团队，到处都有这样的数据问题。"

玛克辛很震惊。她马上要做的第一件事就是编写一些自动化测试，以确保所有导入文件的格式都是正确的，并且文件中实际的行数也对得上，防止有问题的文件破坏生产数据库。

"让我猜一猜。你是唯一知道如何修正这些错误上传的人？"玛克辛问道。

"是的，"她听见韦斯在身后说，"条条大路通布伦特。"玛克辛记下了更多笔记，决定事后调查一下这件事，再做点什么。

将近 2 小时后，定价表才被更正。根据布伦特所说的，玛克辛又对文件进行了仔细检查，确信它缺失了大量产品条目。但定价团队并不是发布团队的一部分，没有人知道如何在半夜（或者已经是凌晨）找到他们。玛克辛在她的清单上增加了一些今后自己坚持要做的事情，这样就不会再发生类似的事情了。

早上 7 点，玛克辛再次加入数据库团队。他们仍在努力提高查询速度，但为时已晚。有消息说，东海岸的门店即将开门。

凤凰项目的发布还远未完成。“我们启动上线已经 14 小时了，但导弹还卡在发射管里。”道恩闷闷不乐地说。

玛克辛不知道是该苦笑还是认输——导弹卡在发射管里是一种非常危险的情况，因为此时导弹已经装备好了，过于危险而无法靠近。

早上 8 点。他们还需要几小时才能准备好可以工作的 POS 机系统。莎拉和她的团队不得不培训每个门店经理使用复写纸压印，而一些门店被迫只接受现金或个人支票。

星期六剩下的时间里，玛克辛也是在头昏脑涨中度过的。她不能回家。凤凰项目的首次亮相不仅仅是一次壮观的停机事件……也是玛克辛所经历的最惊人的生产数据丢失案例。

不知何故，他们居然破坏了接收到的客户订单。数以万计的客户订单丢失，同样数量的客户订单则被复制了——有时甚至复制了三四次。数百名订单管理人员和会计人员被动员起来，对数据库中的条目与通过电子邮件或传真从门店发出的纸质订单进行核对。

香农给反抗军的每个人都发了信息，她吃惊地发现成批的客户信用卡号码正在被明文传送——但从大局来看，这只是凤凰项目灾难中的又一个小插曲。

下午 3 点，库尔特发信息给大家：

> 我不忍直视这堆烂摊子了，但道恩赢得了赌注。祝贺你，道恩。

道恩回复：

> 不值得！混蛋……

他发了一幅轮胎熊熊燃烧的图片。

到星期六晚上，玛克辛终于设法回家睡了 6 小时，然后回到办公室。“道恩是对的，”她闷闷不乐地想，“这件事会被载入史册。”

星期一早上，玛克辛看到镜子中的自己，感到很震惊。她看起来很颓废，就像周围的人一样——眼袋突出，头发打结。她那精心熨平的西装早就不见了。现在她穿的是牛仔裤和皱巴巴的夹克，用来盖住同样皱巴巴的衬衫上的污渍。她今天看起来不太优雅，和其他所有人一样，像刚从宿醉中恢复过来，醒来时还穿着昨天的衣服。

从星期六上午开始，他们的电子商务网站在前所未有的访问流量下持续崩溃。在一次状态更新会议上，莎拉对市场营销部为凤凰项目所做的宣传工作大加赞赏，然后要求 IT 部门尽职尽责。

“她真的很荒谬。”香农喃喃道，“整个灾难都是她造成的！有人想就此给她打电话谈谈吗？”玛克辛只是耸了耸肩。

真是一场令人难以置信的惨剧。大多数店内系统仍然处于不可用状态——不仅仅是 POS 机，而是几乎所有支持店员的后台应用程序。

让人困惑的是，出于某些原因，连公司的网站和电子邮件服务器也都出现了问题。这进一步妨碍了向需要的人提供关键信息的能力——并不是每个人都可以访问开发人员的聊天室。

在这种情况下，技术故障在整个组织中蔓延，就像海水不断涌进一艘正在沉没的潜水艇一样。

为了保持头脑清醒，玛克辛去茶水间拿了更多的咖啡。正好道恩也在那里。他们互相点点头。道恩说：“你听说了吗？我们有好几百人因为门禁卡故障连自己的大楼也进不了。”

“什么？!”玛克辛叫道，尽管她已经筋疲力尽，但还是笑了。“我刚刚在和一个人谈话，他想弄明白为什么一堆批处理作业不能运行。他甚至说工资发放可能会再次延迟……我还是把这个问题留给别人去解决吧。”她笑着总结道。

“嗯。”他若有所思地说，“我想知道我们是否把一个 HR 应用程序的接口破坏了。这也许可以解释这些奇怪的错误。我们把一切都搞砸了。”

在努力恢复的过程中，她整天听到这样的问题：为什么所有这些交易都失败了？它们是在哪里失败的？它们是怎么进入那种状态的？在这三个可能解决问题的思路中，我们应该尝试哪一个？这会使情况变得更糟吗？我们以为已经解决了问题，但问题真的被解决了吗？

所有这些系统之间的相互纠缠再次让玛克辛的认知力大打折扣。孤立地理解系统的任何部分都是很困难的。

有时发生的情况很难不让人感到恐慌。当天早些时候，无极限零部件公司电子商务网站似乎遭到了很活跃的窃取信用卡号的外部攻击。1 个多小时后，香农和安全团队发送了一封电子邮件，得出的结论是这是一个应用程序错误——如果有人在错误的时间刷新了购物车，就会显示一个随机客户的完整信用卡卡号和 3 位 CVV 码。

好消息是，这不是外部黑客行为。坏消息是，这是一起真实的、可能成为另一个头版新闻的持卡人数据泄露事件。社会媒体上铺天盖地的关注和嘲笑只会增加每个人的压力。

休息了一会儿，玛克辛走回她的办公桌。她看到了上周那个对发布漠不关心的开发人员。他穿着干净的衣服，看起来休息得很好。

“我猜这个周末不太好过吧？”他对玛克辛说。

玛克辛盯着他，说不出话来。他仍在为下一个版本开发新的功能特性。对他来说唯一的大变化就是他所有的会议都被取消了，因为大多数人被卷入了凤凰项目的危机。

他转身面向屏幕，继续在属于他的那个拼图碎片上工作，丝毫不关心这些碎片是否真的拼在了一起。他也不关心整个拼图在周末都着火了，连房子和整个小区都烧着了。

发件人：艾伦·佩雷斯（运营合伙人、韦恩-优科豪马权益合伙人）

收件人：迪克·兰德里（无极限零部件公司 CFO）、莎拉·莫尔顿（零售运营高级副总裁）

抄　送：史蒂夫·马斯特斯（无极限零部件公司 CEO）、鲍勃·施特劳斯（无极限零部件公司董事长）

日　期：9 月 15 日，上午 8:15

主　题：凤凰项目发布**机密**

莎拉和迪克：

我一直在看凤凰项目发布的新闻头条。这不是一个好的开始。再说一次，我质疑无极限零部件公司是否有能力开发软件。也许我们可以考虑外包？

莎拉，你提到你已经签约了许多开发人员来提供帮助。他们要多久才能充分做出贡献？当你扩大一个销售团队时，新销售人员需要不少时间才能承担全部的配额。新开发人员真的能够快速上手并做出改变吗？还是说我们只是在浪费钱？

谨致问候！

艾伦

发件人：莎拉·莫尔顿（零售运营高级副总裁）

收件人：所有 IT 员工

抄　送：所有公司高管

日　期：9 月 15 日，上午 10:15

主　题：新产品变更策略

感谢大家的辛勤工作，帮助我们把凤凰项目交付给我们的客户。这是我们在市场上迎头赶上而急需迈出的关键一步。

然而，由于 IT 组织某些成员的错误判断，造成了一些意料之外的问题，对我们的客户造成了伤害。因此，所有的生产变更都必须得到我以及克里斯·阿勒斯和比尔·帕尔默的批准。

未经批准而做出变更将受到纪律处分。

谢谢！

莎拉·莫尔顿

玛克辛读了莎拉的电子邮件。凤凰项目中出现了新的甚至是险恶的动态变化。在每一次崩溃处理和危机管理会议上，高层领导似乎都在竭力摆出自己如何努力工作而其他人却没有完成他们工作的姿态，有时难以察觉，有时则昭然若揭。

玛克辛观察到，当红衫军在奋力抢救威胁到整艘船的猛烈引擎大火时，舰桥上的军官们还在继续掩盖着自己的错误。有些人甚至利用这次灾难为自己谋取政治利益，经常是为了惩罚那些被认定有失职行为的工程师或整个部门。

很显然，在 IT 领导层中没有人是安全的。玛克辛听到传言说，作为开发和运维的负责人，克里斯和比尔都有被解雇的危险，而且有传言说所有的 IT 工作都将再次被外包出去。然而，大多数人认为威廉作为 QA 部门的负责人最有可能被解雇。

“这是一派胡言。”玛克辛想，“**威廉在发布前不到 24 小时才被任命负责发布团队！没有人会因为试图避免灾难而被解雇，对吗？**”

“这就像电视节目《幸存者》。”香农说，“所有的技术高管都在努力想多撑一集。每个人都吓坏了。史蒂夫被降职了，而莎拉正在试图说服每个人她能拯救公司。”

下午晚些时候，布伦特邀请玛克辛参加一场会议：“我们的数据库中有近 6 万个错误或重复的订单。我们必须修正它们，这样财务人员才能得到准确的收入报告。”

玛克辛和参会的所有人就如何解决这个问题争论了 1 小时。最终他们达成了一个解决方案，但是一个市场营销经理说：“这超出了我的职级范围。莎拉现在对变更非常敏感，我必须得到她的批准。”

啊，像正方形一样，就像“暴躁的戴夫”描述的那样。但是现在，那些原来只需要“向上并跨越一级”的决策现在必须“向上并跨越两级”。现在，所有的产品经理都需要通过莎拉来管理一切。有人低声说：“不要期望太高——她从来不会马上回应。”

“这下可好了，”玛克辛想，**“莎拉让在座的每个人更没法工作了。”**

整整一天，所有的决定和向上升级都很快陷入了停滞，连紧急事件也是如此，这让玛克辛始料不及。她发现了原因：每个经理都坚持成为沟通计划的一部分。为什么？因为他们希望首先听到任何坏消息，这样就不会显得脱离大众，并且可以对任何消息进行粉饰。

玛克辛与库尔特分享这一观察结果时，他的电话响了。看到他苦着脸，她问：“怎么了？”

“是莎拉。”他说，“她说从韦斯和我这里得到的关于损坏订单的数据相互矛盾。我正有两件紧急的事情要处理，还得花 30 分钟向她解释。”

她甚至还没来得及祝库尔特好运，他就怒气冲冲地走了。玛克辛摇了摇头，信任的缺乏和太多嘈杂的信息让事情进展得越来越慢。

星期二，玛克辛参加了由韦斯发起的一场会议，主题是更加神秘的、电子商务网站和 POS 系统的间歇性中断。

莎拉一直在发电子邮件，有时全部用大写字母，以提醒大家这有多么重要。但每个人都已经知道这有多重要了——处理订单是任何零售商最重要的功能之一。

尽管这是一次严重性为 1 级的崩溃，但会议室几乎空无一人。

很显然，每个人都不得不抱病回家。凤凰项目的发布迫使大家不分昼夜地长时间在一起工作，几乎没有时间睡觉。现在大家纷纷倒下了。需要参加这场会议的人，没有一个身体健康到可以待在办公室里。事实上，只有两个人的健康状况可以支撑远程参加会议。

玛克辛抬起头，因为听到莎拉在大喊大叫："你们能对此做什么？谁能解决这个问题？我们的门店经理们需要我们的帮助！难道大家没有意识到这有多重要吗？"

玛克辛难以置信地盯着莎拉，注意到她看起来很疲惫，而不是平时那样完美无瑕。即使是莎拉也没能毫发无损地逃离凤凰项目的惨剧，尽管她有特氟龙[①]般的隔绝能力。在无极限零部件公司任职的 3 年时间里，她几乎没有因为任何事情而受到过指责。

韦斯举起双手："我们能做什么呢？什么都做不了。整个应用程序支持团队都集体请病假了。布伦特已经生病回家，DBA 们也都请病假了。尽管我们这里有超级能干的玛克辛，但她和我一样，对这些服务了解不足，除了重启系统外什么都做不了，而且支持团队已经在这么做了。"

玛克辛发现韦斯也病了——鼻塞而且看起来很糟糕。红红的眼睛和下垂的眼袋、嘶哑的声音……她突然怀疑自己是否看起来和他一样糟糕。

"这样不行，韦斯。"莎拉说，"业务依靠我们，门店经理依靠我们。我们需要做些什么!"

"好吧，当你提议推进凤凰项目的上线时，我们就曾警告过你这些风险，但你在电子邮件中说我们'需要打碎一些鸡蛋来做煎蛋卷'，对吧？我们正在尽我们所能，但除非你想帮助重启一些服务器，否则我告诉你，我们无能为力。"

韦斯继续说："但是有个问题我们应该讨论一下：如何让我们的员工保持足够健康，这样他们才能真正做好自己的工作？我们如何让他们足够开心，这样他们就不会离开？克里斯说他有 2 位核心工程师上周辞职了。我们运维这边也少了 2 个人，而且很有可能还会再失去 3 个。谁知道还有多少人正在积极地找工作呢?

"当这种情况发生时，我们真的会陷入困境，因为我们就只能一直开这种没人来的会议了。"韦斯勉强挤出些笑容，然后又咳嗽起来。

他拿起自己的笔记本计算机开始往外走。临走前，他说："莎拉，我知道你觉得很奇怪，我们没有替补的人来解决这个重要的问题，但事情就是这样。如果你想帮忙，

---

① 特氟龙是聚四氟乙烯的别称，这种材料的产品一般统称为"不粘涂层"。——编者注

可以学习成为一名医生或者学习一些中间件。与此同时，不要插手，因为我们已经尽力了。”

玛克辛喜欢韦斯这种硬核的方式。他无所畏惧，总是想说什么就说什么。

她铭记在心，一定要问问反抗军有没有招募韦斯。

想到反抗军，她突然意识到这个组织有多重要。对她来说，它就是希望的灯塔。玛克辛知道，她可能因为缺乏睡眠而变得狂躁和迟钝，但反抗军已经聚集了公司里最好的一些工程师，他们可以把所有人从……从……这一切中解放出来。

“我们需要把反抗军团结在一起，让这些重要的工作继续下去。”她想。

她马上给库尔特发信息：

> 我们无论如何也不能取消星期四的码头酒吧会议。

她立刻收到了他的回复：

> 英雄所见略同。事实上，我有一个惊喜要给大家。两天后见！

到星期四，局势已经基本稳定了。凤凰项目最明显的缺陷和性能问题已经得到解决。客户流量也大幅降下来了。毕竟，谁会想去访问无法接受订单的门店和网站呢？结果就是，人们不再需要彻夜工作了。玛克辛今天睡懒觉到早上 10 点。她开车去上班的时候，意识到自己是多么期待晚上的码头酒吧会议。

正如库尔特所承诺的，他发消息给反抗军的每个人：

> 我会晚一点儿到。请道恩和玛克辛执行标准议程，包括凤凰项目环境的构建。我将带来一位非常特别的客人。

玛克辛很确定今晚每个人都会去。

虽然补充了睡眠，她还是感觉不舒服。她迫切地期盼着自己没有患上让同事们都倒下的任何疾病。尽管如此，她还是很高兴能继续为凤凰项目的构建工作。

那天晚上，当玛克辛到达码头酒吧见到大家的时候，她十分兴奋。她想知道如何得到笔记本计算机上的反抗军贴纸，以及如何分享战斗的故事。她惊讶地发现每个人看起来都既生气又沮丧。

她把夹克扔到椅背上，快乐地说："大家好！是什么事让大家这么不高兴？"

道恩看着她说："看看刚才的邮件，他们解雇了威廉。"

发件人：克里斯·阿勒斯（应用开发副总裁）

收件人：所有IT员工

日　期：9月18日，下午4:58

主　题：人事变动

即日起，彼得·基尔帕特里克（前端开发经理）将离开公司，威廉·梅森（QA总监）将开始休假。我们特别感谢他们所做的一切贡献。

请将所有前端开发的邮件发送给兰迪，所有QA相关的邮件发送给我。

谢谢！

克里斯

玛克辛读着这条信息，重重地坐下。排除异己的行动已经开始了。亚当生气地摇了摇头："我不是威廉的忠实粉丝，但把一切都归咎于他是不对的。"

克里斯在邮件中没有提到他在凤凰项目灾难中的过失。玛克辛本就不相信惩罚或找替罪羊有用，把所有都归咎于技术组织，而没有业务或产品的人被追究责任，就更加不公平了。

"暴躁的戴夫"从手机上抬起眼来，憎恶地说："彼得也一样——他只是按照业务经理的要求行事。真是糟糕的一幕啊。"

"这真是大错特错。"香农喃喃自语，"虽然我觉得不会有什么帮助，但还是想写一份请愿书或别的什么东西。你知道的，就是对他们的解雇提出抗议。"

亚当说："真正相关的人根本不负责任！我们应该……"

他突然住口，呆呆地望着玛克辛身后。"天啊……"他终于说。亚当身边的每个人都对她身后的一切感到震惊。

玛克辛转过身，看见库尔特正从门口进来。

他旁边的人正是项目管理总监柯尔斯顿。

"我的天！"玛克辛听到亚当说。他看起来很害怕，边关掉计算机边站起来，好像要逃离现场。

“哦，拜托，坐下吧，亚当。”玛克辛说，“这不像秘密警察露面，我们谁也没有做错什么事——保留点尊严吧。”

“暴躁的戴夫”紧张地笑了，但和其他人一样，他已经关掉了计算机，好像有什么要隐藏似的。

柯尔斯顿穿着一件昂贵的西装，比玛克辛平时穿的商务休闲装高出 2 个档次，比桌边其他工程师穿的连帽衫、T 恤和保龄球衫高出整整 4 个档次。酒吧里的人都盯着看，显然想知道是谁邀请管理层来的。

玛克辛知道她在码头酒吧显得有点与众不同，但是，哇！柯尔斯顿看起来更加格格不入。她就像是一位资深的法律合作伙伴，开车经过时轮胎瘪了、手机也坏了，不得不进来寻求帮助。

库尔特环顾四周，微笑着说：“如果还有人不认识柯尔斯顿，我再介绍一下，她领导着项目管理团队。尽管他们经常与我们技术人员打交道，但无疑是无极限零部件公司最值得信赖的组织。”库尔特笑着说，“公司所有最重要的举措都要经过柯尔斯顿和她的项目管理团队的批准，她会定期向我们的 CFO 迪克 · 兰德里汇报工作进展情况。”

“确实是这样。”玛克辛想。柯尔斯顿是真正掌管秩序和纪律的女祭司。她对组织每个主要的举措给出红色、黄色或绿色的分数，这可能会导致相关参与人员职业生涯的跃升或终结。除了莎拉和销售副总裁，柯尔斯顿是 CFO 在全员大会上提到最多的人。

柯尔斯顿坐下来，从桌子上的扎啤杯给自己倒了一杯啤酒，然后又给库尔特倒了一杯。库尔特把每个人介绍给柯尔斯顿，然后指向玛克辛：“玛克辛是我们反抗军精锐部队的最新成员。作为工资发放事故的惩罚，她被流放到了凤凰项目。当然，从那以后，她巨大的才能完全被浪费了。也就是说，直到我们招募她来帮助推翻冷漠、古老、强大的现有秩序……哦，嗯……”库尔特突然显得很尴尬，意识到柯尔斯顿也是现有秩序的一部分。“当然，在场的人除外。”他最后说。

柯尔斯顿只是举起酒杯作为回应。

库尔特继续说：“结果是，玛克辛在无聊和寻找有意义的事情的过程中，开始致力于创建可重复的凤凰项目构建，这是凤凰项目团队一年多来一直在回避的事情。我们相信有许多伟大而有益的事情，而有件事是我们都赞同的，那就是让构建重新运行起来。这是我们现在最迫切需要的、最重要的工程实践之一。一旦我们可以持续构建，就能进行自动化测试。有了自动化测试，我们就可以更快、更有信心地进行变更，而不必依赖数百小时的手动测试。我相信，这是让我们更安全、更快、更幸福地交付更佳价值的关键第一步。

“没有持续构建，我们就像一个没有装配线的汽车制造商，任何人都可以做他们想做的一切，而不管工厂的目标是什么。”他继续说，“我们需要在构建或测试过程中发现问题，而不是在部署期间或生产环境上。

“我想做这件事情已经有一年时间了，但是我的上司，呃，更确切地说，我最近离职的前上司，认为这无关紧要。所以，我一直在秘密地从我的团队中抽调人来解决这个问题，并在公司中寻找有意愿并且能够提供帮助的最好的工程师。而且，玛克辛在这么短的时间内就提供了巨大的帮助。”他补充道。

库尔特停顿了一下，然后说：“嗯，让我们来为威廉干一杯。虽然他和我有分歧，但他当然不应该为整个凤凰项目的惨败承担责任。”

玛克辛和其他人一样举起酒杯，和桌旁的每个人碰杯。

她看着柯尔斯顿，说：“虽然听起来很疯狂，柯尔斯顿，但我真的认为这个小组可以带来很大的改变。我曾见过开发人员为了获取一个开发环境而等待数月。缺乏环境和集中的构建让我们在许多方面慢了下来。事实上，大多数开发团队最终会放弃等待环境或构建，只是独立地编写代码，而不关心它们实际上能否与整个系统一起工作。”

玛克辛继续说道：“看看上周凤凰项目的发布都发生了些什么。更好的工程实践可以避免其中许多问题。真是浪费……”

“我们都赞同玛克辛的话。”“暴躁的戴夫”说，“但是，柯尔斯顿，呃，你到底来这里做什么？”

柯尔斯顿笑了：“我一直怀疑公司管理技术的方式行不通。这不仅仅是凤凰项目的灾难。看看我们在凤凰项目中需要获得的那些东西，现在仍落后于项目计划很多年。

“几个月以来，库尔特一直在告诉我反抗军在做什么。但让我顿悟的是，库尔特指出，我们已经在某种程度上创建了一个系统，其中如果没有大量沟通和协调，数百名工程师连简单的事情都无法完成。”她解释道，“当然，保护公司最重要的项目是我们的工作。但最理想的是，每个人都能在没有我们帮助的情况下完成工作。不知何故，我认为项目管理已经变成了一支只知道处理文书的队伍，因为复杂的依赖关系而被拖入每一项单独的任务中。

“我们跟踪了近 300 个人在凤凰项目各个部分中的工作。但是，真实的工作量甚至更大。”她继续说，“你会以为我们有 30 个 10 人的团队，每个团队都能独立完成任务。但有时，就好像我们只有一个 300 人的团队……或者是 300 个单人团队。无论哪种情况，都肯定有什么地方出了大问题……”

她转向库尔特。“你用的那个词是什么？西瓜项目？外面是绿色的，里面是红色的？如今，我们的每一个 IT 项目都是如此。”柯尔斯顿讽刺地说。

她继续说道：“我在公司已经 15 年了，我们一直在玩 IT 外包和内包的游戏。如果你敢相信的话，上一次 CIO 宣布无极限零部件公司‘不再是人力企业[①]’，并将一切外包。我们最终把大部分工作又带回了公司内部，但拿回来的一切都比以前更糟糕了。而且，我们已经失去了自己做一些最基本的事情的能力。去年，我们不得不对数据仓库进行一个简单的模式变更。我们向常规供应商清单中的外包合作伙伴发出了请求。他们花了大约 3 周时间才把评估结果给我们，说这项工作大约需要 1 万小时才能完成。”她说，“在我们将 IT 外包之前，这是我们在几小时内就能完成的事情。”

玛克辛心算了一下。根据她做咨询工作的经验，她知道一个满负荷的工程师每年大约工作 2000 小时。也就是如果不休假的话，每周 40 小时，每年 52 周。她爆发出笑声：“那就是 5 个全职工程师花一年的时间，只是为了进行一个数据库列的变更？！这是我在 15 分钟内就可以做到的事情！”

“是的，”库尔特苦笑着说，“数据仓库的变更需要两三个外包商的工作。你需要召集每个团队的客户经理开会。每个客户经理都需要一笔变更费用和一份可行性研究报告。要让所有技术人员都同意一项变更计划需要几周的时间，即便在那之后，工单也会在几周内来回流转。要想真正完成变更，需要付出巨大的努力。”

道恩大笑道：“你认为这很糟糕吗？其实没有什么！我们所有的制造工厂过去都有 3 台网络交换机。一台用于工厂内部运营，一台用于员工和访客的 Wi-Fi，最后一台用于我们所有的设备供应商，他们需要跟总部联系。

“几年前，可能是在做预算的时候，某个会计人员看到有 3 个网络供应商，于是决定把他们合并到一台交换机上。有点道理，对吧？”他继续说。”

“他们谁也没问，就直接这样做了。不仅仅在一家工厂，而是在许多工厂里都这样做了。他们用一台更大、更强的交换机取代了原来的 3 台，然后把工厂的所有流量都转移到了上面。”道恩说，“但他们不知道的是，有 3 个独立的外包商管理着这 3 个网络。所以原来在各自独立的交换机上工作的 3 个外包商，现在只能在一台交换机上

---

① 人力企业（people business）是指那些员工成为公司重要资源的企业。——编者注

工作，而且总是突然相互影响。

“不到一周，其中一家工厂的整个网络就瘫痪了——工厂内部无法与外界进行任何通信。没有人能收到工厂的调度信息，没有人能发出补货订单，设备不能得到维护更新……所有的接口都死了！”道恩继续说，显然仍然对事故的规模感到畏惧。

“唯一管用的是传真机。所有部门的每个人都得排队等着把诸如每周生产报告、原材料订单之类的东西发给管理层……”

玛克辛哈哈大笑：“我记得这件事，简直不可思议。我们不得不为了几个连接不上网络打印机的系统，从当地的办公用品商店购买了一些 USB 打印机。这就像是回到了 20 世纪 70 年代，而且持续了将近一周。”

亚当在桌子对面嘟囔：“是的，就像我们这个周末对店内系统所做的那样。”

道恩又喝了一口啤酒，靠在椅背上，很享受大家的关注：“你们可能想知道为什么要花一周才能恢复服务。在整个过程中，没有人对这件事情负责。这 3 个外包商都否认是他们造成的问题，甚至当我们向他们提供日志文件，清楚地显示其中一个外包商已经禁用了其他所有人的账户时也不承认。显然是有人厌倦了自己的变更被其他人踩在脚下，所以干脆就把他们锁在了门外。”

每个人都哈哈大笑，玛克辛却瞠目结舌。

道恩继续说：“整个星期，所有 3 个外包商都在互相指责，网络瘫痪了好几天。然后一直升级到了史蒂夫那里，是的，CEO 那里。即使他把 3 个外包商的 CEO 召集在一起开了个电话会议，仍然花了将近 24 小时才把网络恢复。”

当所有人都在哂笑时，玛克辛慢慢地说：“这太有趣了。合并网络交换机本身并不是个坏主意。在此之前，有 3 个团队能够在他们自己的网络上独立工作。当他们都被转移到一台网络交换机上、突然连接在一起时，反而无法独立工作了。这就必须进行沟通和协调，以免互相干扰，对吧？”

她语气严肃地继续说：“你知道，在他们被迁移到一台交换机上之后，我敢打赌那些团队需要创建一个包含所有工作的主时间表。我甚至敢打赌，他们需要引入项目经理，但之前可能并不需要。

“唉，”玛克辛没有停顿，接着说，“他们这样做是为了降低成本，但可以肯定，对所有人来说，最后反而成本更高了。我敢打赌，每个人都要花更长时间来完成他们的工作，每个人都要与项目经理沟通、协调、获得批准，所有的工作都要重新安排。

“哦，我的天。就像凤凰项目一样！”她惊叫起来。

桌旁一片寂静，每个人都怀着恐惧和恍然大悟的复杂情绪盯着玛克辛。

“你是说凤凰项目所有的问题都是我们自己造成的？”香农问道。

柯尔斯顿看起来心神不宁、眉头紧锁，但什么也没说。“是的，”玛克辛说，“我想是我们自己造成的。”

“你说得对，玛克辛。你就快理解即将到来的挑战是什么量级和规模了。”玛克辛身后传来一个声音。

第7章

9月18日，星期四

让玛克辛惊讶的是，发出这个熟悉声音的是上次在码头酒吧见过的酒保。

他把一托盘酒放在玛克辛旁边的桌子上，友好地拍了拍库尔特的后背。然后他转向柯尔斯顿说："哦，这不是芬格尔女士吗！好久不见！欢迎来到码头酒吧，反抗军萌芽的指挥部。"

"天啊！"柯尔斯顿盯着他说。

"呃，你们认识吗？"库尔特问道，他平常那种自信的语气消失了。

柯尔斯顿笑了："这是埃瑞克·里德博士。你们可能不知道，史蒂夫和迪克几个月来一直在尝试邀请他加入无极限零部件公司的董事会。他在这家公司工作了几十年。事实上，埃瑞克是20世纪80年代初版MRP首次发布时的一分子，然后他帮助制造工厂采纳了精益原则和实践。我们是第一批拥有自动化MRP系统的公司之一，他是制造队伍中真正的英雄。"

"他吗？"库尔特难以置信地说，用手指了指酒保。

玛克辛也很惊讶。毕竟，她多年前就接手了令人惊叹的、自主研发的MRP系统的持续开发和运营工作。令她印象深刻的是，它不仅形成了一种能极大促进流动性的精妙工作方式，还使生产线工人和工厂经理能够不断学习。

"不要相信你听到的这些事。"埃瑞克轻哼道。

玛克辛快速打量了一下他。他看上去有55岁以上，大概符合MRP系统创始人的年龄。他身材魁梧，过去肯定身材很好。他留着齐肩的灰白头发，让她想起了电影《谋杀绿脚趾》里绰号“督爷”的家伙。但埃瑞克可没有那种懒洋洋的酷样，他看起来敏锐且专注。

他带着狡黠的微笑转向玛克辛：“我代表制造部门的每一个人，感谢你对MRP系统如此关照。你帮助我们创建并维护了兼顾简单性和局部性的杰出软件。你不仅出色地实现了业务目标，而且创建了一个工程师小团队能够高效、独立工作的系统，还煞费苦心地出色隔离了其中的各个组件，而不是任其交织成巨大、丑陋、棘手的一团乱麻。

“一个真正伟大的工程和架构壮举！”他笑着说，“你赋能给开发人员的生产力完美证明了优雅的简单性。更让人印象深刻的是，你把坚决消除技术债务作为日常工作的一部分。很高兴终于见到你了！”

玛克辛讶异地看着埃瑞克。**“并不是每天都能遇到酒保赞扬你多年辛苦编写和管理的代码。”**她想。

“谢谢你，我一定会把你的赞扬告诉团队的。”她有点不知所措，但无法掩饰内心的自豪。

“呃，交织是什么意思？”库尔特问道。

埃瑞克回答：“交织（complect）是一个老词，被里奇·希基先生重新提出，意思就是把简单的东西变成复杂的东西。

“在紧耦合和交织的系统中，几乎不可能改变任何东西，因为你不能只改变代码的一个区域，而是必须改变100个甚至1000个区域。即使最小的变更也会在系统的远端造成难以预料的影响，也许是你从未听说过的影响。

“希基先生会说：‘想想4根独立悬挂的纱线——这是一个简单的系统。现在把同样的4根纱线编在一起。那么你已经让它们交织了。’这两种纱线的结构可以实现相同的工程目标，但其中一种比另一种更容易变更。在简单的系统中，你可以独立地改变一个字符串，而不必触及其他。这样就很好。”

埃瑞克笑着说：“然而，在交织的系统中，当你想改变1根纱线时，就必须改变另外3根。事实上，很多你想做的事情根本做不到，因为所有的事情都是紧密联系在一起的。

“当这种情况发生时，”他继续说道，“你已经把自己困在一个再也不能轻松解决实际业务问题的工作系统里了。你不得不每天解谜，试图找出该如何进行你的小变更，而交织的系统会阻碍你的每一步。你必须安排与其他团队的会议，试着说服他们为你改变一些东西，将其升级到他们的经理那里，也许还要一直向上升级。

“你所做的一切都与你试图解决的实际业务问题越来越遥远。”他说，“另外，道恩，这正是在工厂切换路由器时每个人所发现的问题。以前有 3 股分开的缆线，团队可以独立工作，但是需要维护 3 台网络交换机。

“当把他们都转移到一台交换机上，就交织了其价值流，现在他们之间有了相互依赖，而这在以前都是不存在的。他们必须不断地沟通、协调、排期、调度、排序以及化解工作冲突。他们现在有着极高的协调成本，这延长了前置时间、降低了质量。在你的故事中，这些导致了一周的灾难，严重损害了业务，一直向上升级到史蒂夫那里。”埃瑞克幸灾乐祸地说。

“在软件交付中，前置时间也是非常重要的，就像尼科尔·佛斯格伦博士[①]和杰斯·亨布尔在他们的研究中发现的那样。”埃瑞克说，“代码部署前置时间、代码部署频率和问题解决时间是软件交付、运营效能和组织绩效的预测指标，它们与职业倦怠和员工敬业度等很多因素相关。”

“简单性很重要，因为它促成了局部性。代码中的局部性使系统保持松耦合，使我们能够更快地交付功能特性。团队可以快速而独立地开发、测试，并把价值传递给客户。在我们的组织中，局部性允许团队在不必与团队之外的人进行沟通和协调的情况下做出决策，而不需要获得远离工作的远端权威或委员会的批准，因为他们没有做出正确决定的相关基础。”他显然很反感地说。

“你应该能够通过改变一个文件、一个模块、一个服务、一个组件、一个 API 调用、一个容器、一个应用程序，或其他任何东西来创造价值！这就是为什么将横切关注点放在一个地方如此重要，比如日志记录、安全性或重试策略。你只需要集中修改一个地方就可以了。”他说，“要是你构建一个功能特性时，必须由 UI 团队、前端团队、后端团队和数据库团队一起做更改，难道不是很荒谬吗？”

“有意思。”玛克辛说，“代码和组织中的局部性确实令人向往，但我们现在还做不到，到处都是散乱的代码！”

“是的，没错。散乱！”埃瑞克说，“成就这种伟大并不是免费的。它需要对日常工作中的**改进项**给予关注和提升，甚至超过日常工作本身。如果没有这种坚决的关注，

① 尼科尔·佛斯格伦博士（Dr. Nicole Forsgren）是 DevOps Research and Assessment（DORA）联合创始人、CEO，与杰斯·亨布尔和吉恩·金合著有 *Accelerate: The Science of Lean Software and DevOps*。——编者注

每一个简单的系统都会随着时间的推移而退化，越来越深地被埋在技术债务的冻土之下。只要看看凤凰项目构建系统的灾难就明白了。”

玛克辛皱起眉头：“你是说凤凰项目过去很简单，但现在已经复杂到难以辨认了。你是说凤凰项目曾经有一个很棒的构建流程，但多年来都被忽视，让位于功能特性，所以最终完全被淘汰了。”

“正是这样。”埃瑞克说，“构建的职责从开发人员转移到 QA，再转移到实习生。像 Facebook、亚马逊、奈飞、谷歌和微软这样的科技巨头，只把开发生产力的责任交给最资深和最有经验的工程师。但在无极限零部件公司，情况恰恰相反。”

道恩笑着说：“至少我们的构建不再外包了。不久之前，每执行一次构建都要花费 85 美元。”玛克辛和其他人都难以置信地大笑起来。

柯尔斯顿说：“我总是听到工程师们抱怨技术债务，除了听起来就很糟，它究竟是什么？”

埃瑞克笑着说：“有很多定义，但我最喜欢的是沃德·坎宁安在 2003 年对它最初的定义。他说：‘技术债务是你下次想要做出变更时感觉到的。’人们把很多事情称为技术债务，但它通常是指我们需要清理的东西，或者我们需要在哪些地方创建或恢复简单性，以便快速、自信、安全地对系统进行变更。

“有时，当一个构建和测试系统不能给开发人员快速反馈，或者完全停止工作时，这就是一种技术债务。”他继续说，“有时，当简单的组件相互交织，如果不付出巨大的努力或承担巨大的灾难风险，就无法再理解或变更。有时，当决策过程或组织结构失去了局部性，即使很小的决策也要被迫升级处理，这就是臭名昭著的‘正方形沟通’。

“我已经开始把所有这些情况都称为‘复杂性债务’，因为它们不仅是技术问题，而且是业务问题。总是要做出选择的。”他说，“你可以选择开发新的功能特性，也可以选择降低复杂性债务。当一个傻瓜把所有时间都花在功能特性上时，不可避免的结果是，即使是简单的任务也会变得困难重重，并且需要更长的时间来执行。不管你们怎么努力，不管有多少人，最终都会积重难返，被迫从头再来。”

他看着玛克辛说：“这就是为什么你对 MRP 系统所做的工作如此卓越。你的团队能够以让整个凤凰项目团队羡慕的速度添加功能特性。只有把偿还技术债务作为日常工作的一部分，这才有可能实现。这就是第一理念的完美范例，即代码和组织中的局部性和简单性。干得好，玛克辛。”

埃瑞克站了起来：“今晚我人手不够。回头见，很高兴见到你，柯尔斯顿！

“哦，还有一件事。”他转过身来说，“考虑一下技术员工与其他业务人员的敬业度评分，并琢磨一下其中的差异，尤其是在凤凰项目上的。”

玛克辛目送埃瑞克返回吧台时，听到每个人都开始议论。

玛克辛说：“我没明白刚刚发生了什么。”她看着柯尔斯顿和库尔特问道：“那是怎么回事？他所说的第一理念是什么意思呢？”

“我也不知道。”库尔特摇着头说，“我认识埃瑞克一年多了，但是完全不知道他跟公司有什么关系……”

道恩对库尔特说：“有件事我从来没有告诉过你，因为觉得不太重要。有一天晚上，他问我是否知道如何配置 Kubernetes 集群。现在想想好奇怪。”

“这是很奇怪。”香农说，“现在我想起来了，我曾经和他争论过，为了遵守 PCI 数据安全标准，应不应该完全隔离持卡人的数据环境。他甚至给我发了标准中具体章节的链接。他似乎很有学问，甚至是一位专家。我还以为是因为这家酒吧支持信用卡付款呢……”

“我听说他和 IT 运维部的新副总裁比尔·帕尔默有过很多交流。”柯尔斯顿补充道，“比尔告诉过我埃瑞克是如何教他‘三步工作法’和‘四种工作类型’的。”

“我从来没听说过这些。”玛克辛说，“他只提到了第一理念……不知道还有多少其他的理念？”

“另外，他所说的敬业度评分是什么意思？”库尔特问道。

“我不知道，”柯尔斯顿说，“但我知道的是，我们的员工满意度得分是业界最高的……除了 IT 部门……我认为 IT 是负 27 分。”

“这个分数很糟吗？”道恩问道。

柯尔斯顿看起来有些尴尬：“非常糟糕。”

玛克辛并不感到惊讶。然而，有些事情困扰着她。在全员大会上，史蒂夫谈到他是多么关心员工的敬业度。看到负责公司最具战略性的项目的部门很糟糕时，他会怎么想？这难道不会让他忧心吗？

当埃瑞克端着满满一杯啤酒走过时，玛克辛起身冲过去追上了他：“再次感谢你的溢美之词，埃瑞克。你刚才提到了第一理念，一共有多少个？分别是什么？”

“哈！我们应该一步一步来。”埃瑞克笑着说，“事实上，我已经让比尔·帕尔默到处去看看，尝试找到所有四种类型的工作。不过……也许可以让你们先开始。”

埃瑞克和玛克辛走回桌旁。“有五大理念。”埃瑞克开始说。整个桌子的人都把注意力转向了他。“我已经告诉过你们关于局部性和简单性的第一理念。我们需要做好设计，使系统以及构建它们的组织具有局部性。此外，做任何事情都需要简单性。我们要把复杂性控制在内部，无论是在我们的代码中、组织中，还是在流程中。外部世界已经够复杂的了，所以我们不能容忍复杂性存在于自己可以控制的事物中！我们必须让我们的工作变得容易。”

玛克辛坐下来，打开她的笔记本计算机（很欣慰这次她记着带来了），然后开始做笔记。

“第二理念是专注、流动和快乐。这是关于我们日常工作的感觉。我们的工作是以无聊和等待别人为我们做事为标志吗？我们是否盲目地在整体系统的一小块上工作，只有在部署的时候才看到工作的结果，而这时一切都会崩溃，随之而来的是救火、惩罚和筋疲力尽？还是说，我们小批量地工作——理想情况下是单件流——可以快速且持续地得到工作反馈？这样我们就能保持专注和流动，不断挑战、学习、发现，精通自身领域，甚至变得快乐。”

他满脸得意地环视着桌子：“这就是你们现在能得到的。等你们准备好了，我再分享另外三个理念。”

“你在开玩笑吧？”玛克辛说，“你是在给我们表演尤达大师或宫城先生[①]的某种套路吗？来吧，至少告诉我们其他理念的名字吧！”

“你们真幸运，年轻人，我没有时间争论，酒吧里都排起长队了，我需要去处理。”他说，“第三理念是改进日常工作。反思丰田安灯拉绳教给我们的东西，必须重视对日常工作的改进，而不是日常工作本身。第四理念是心理安全，我们要让谈论问题变得安全，因为解决问题需要预防，预防需要诚实，而诚实需要摆脱恐惧。在制造业，心理安全与人身安全同样重要。最后，第五理念是以客户为中心，我们要无情地质疑某样东西对客户是否真的重要，比如他们是否愿意付钱给我们，还是只对我们的职能筒仓有价值？”

埃瑞克喝完啤酒，微笑着说：“祝你们好运。下周见。”

---

① 尤达大师和宫城先生分别出自电影《星球大战》和《龙威小子》，都是良师的形象。——编者注

“等等，等等，就这些？”玛克辛说，但埃瑞克已经走了。玛克辛低头看着快速记下的笔记：

第一理念——局部性和简单性

第二理念——专注、流动和快乐

第三理念——改进日常工作

第四理念——心理安全

第五理念——以客户为中心

玛克辛凝视着这份清单——所有的理念听起来都很美好，但究竟该如何利用它们来改变凤凰项目的发展轨迹呢？

“这太奇怪了。”库尔特说出了所有人的想法。

“暴躁的戴夫”补充道：“刚才提到的第四理念正中要害。一种人人都害怕分享坏消息的恐惧文化。我们正是这样。”

“埃瑞克说得对。”亚当说，“没有人谈论真正的问题。大多数人没有足够的勇气说出他们的想法或做正确的事情。无论同意与否，他们只会说‘是’。但这也许创造了一个机会。现在组织结构图中有一些重要的职位空缺，”他对库尔特说，“你应该选一个，然后把你的名字写进去。甚至可能是威廉的位置？”

大家都转过身来看着亚当和库尔特，桌上一片寂静。

“这是个好主意，库尔特。你可以在 QA 组织中做出巨大的改变。你知道我们所有人都会很高兴的。”香农说，在座每个人都低声附和着。

“也许吧，”库尔特慢慢点了点头，“但你们知道，如果我们真的想有所作为，还有另外一个办法。我在考虑告诉克里斯，我想得到彼得的位置。”

玛克辛听到桌旁有人倒吸了一口凉气，然后“暴躁的戴夫”大笑起来：“你是对的，库尔特。如果你接管了一个开发团队，肯定会做出更大的改变。我们都知道需要改变 QA 做测试的方式，但最好是从改变开发做测试的方式开始。这就需要你成为一名开发经理，但是也会带来一些小问题……他们永远不会给你这个职位的，库尔特。”他说，“你懂的，因为你‘只是个 QA 经理’。”

玛克辛皱起了眉。“暴躁的戴夫”表达了一种开发人员对 QA 人员非常普遍的偏见，这让她很尴尬。QA 通常被视为下层阶级，但至少他们高于运维。**“所有这些都是瞎扯。”**玛克辛想。毕竟，她在高中的时候就开始了运维生涯，那时她负责更换备份磁带。后来，在她读研究生之前，又做过一段时间的 QA 工作——如果没有那段经历，她就不会成为今天的自己。技术领域仍然常常有等级制度。

亚当对库尔特说：“你知道我是你的忠实粉丝，我喜欢和你一起工作——你是一位出色的领导者——但我同意戴夫的看法。一群开发经理不可能让一个 QA 经理得到这个职位。也许你应该接受威廉以前的角色。毕竟，必须有人带领 QA 走出石器时代，将自动化测试带到凤凰项目的其余部分。”

“我不得不同意你朋友的看法，库尔特。”柯尔斯顿说，“你和我都知道威廉从来不是你的拥趸。他从来没有在会议上高度赞扬过你。他们可能会从外面找一个人。”

库尔特咧嘴一笑，似乎对柯尔斯顿的观察并不在意。他模仿着威廉的声音说：“‘是的，柯尔斯顿，你是对的。虽然库尔特表现出了一些潜力，但我很清楚他并不了解测试的游戏规则。也许再过几年他就能成熟地管理 QA 组织了。’”

每个人都笑了。库尔特继续用他正常的声音说：“各位，这正是我们做出改变的机遇。但我不认为我们可以在 QA 组织里做到这一点——质量保证工作正在发生变化。我们不能一直在事后再进行测试。我们需要参与到游戏中去，这意味着我们应该进入开发团队。开发团队实际负责交付功能特性，但也要对结果的质量负责。其他任何事情都是在浪费我们的时间。”

他继续说道：“实际上，如果我们能够接管彼得的团队，我的目标便是证明我们能够超越凤凰项目中的任何其他开发团队。在座的各位都是公司里最好的技术人才，我们已经创建了可以带来一些很棒的技术实践的基础设施。”

库尔特身体向前倾：“如果我能让克里斯给我这个机会，你们愿意加入这个团队来证明我们可以改变凤凰项目的发展轨迹吗？”

“当然愿意，库尔特。算上我一个！”“暴躁的戴夫”说。玛克辛很惊讶他是第一个自告奋勇的人。

玛克辛紧随其后。“还有我。这就是我想做的。我知道我们可以轻易超过其他团队，我已经看到比赛临近了。”她笑着说。

桌旁的每个人都加入了进来，为这个潜在的机会兴奋不已。“暴躁的戴夫”说：“好吧，我们都加入，库尔特。但坦率地说，我并没有屏息以待。亚当是对的——你很难找到一个开发团队。”

柯尔斯顿说："库尔特，我同意你的直觉。如果你愿意，我可以给克里斯写一封推荐信。"

"那太好了，柯尔斯顿。"库尔特满脸笑容地说，显然对柯尔斯顿的提议感到惊讶和感激。在那一刻，玛克辛意识到库尔特实际上一直在没有任何领导层支持的情况下进行运作。"**他可能会因为离经叛道而被解雇。**"她想。

"我很乐意帮忙，"柯尔斯顿说，"不过我得说清楚。我愿意写信支持库尔特的想法，但我真的不能和你们一起公开露面，至少现在还不行。大家需要看到我是公正的。"

"哦，你愿意给我们一个冒险和被解雇的机会，而自己却想安全地躲在一边？""暴躁的戴夫"半开玩笑地说。柯尔斯顿只是向戴夫举起了酒杯。

第二部分

9 月 23 日～11 月 9 日

第 8 章

9 月 23 日，星期二

下个星期的星期二，玛克辛来上班时看到库尔特喜气洋洋。“我得到了这份工作。”他兴奋地说。

“真的吗？开发工作吗？”玛克辛问道。

“是的，开发工作！”他说，似乎自己也不太相信。“没有柯尔斯顿的支持，我不可能得到这份工作。我加入了数据总线团队，而且你要和我一起去。”

“太棒了！”玛克辛兴高采烈地说，“你是怎么让兰迪同意重新调配我的工作的？”

“嗯，他不太高兴失去你。他不停地说你是这里有史以来最棒的员工，但是……好吧，我有我的办法。”库尔特狡猾地笑着说。

玛克辛跟他举手击掌。

他环顾四周，低声说：“所有的经理都在谈论一件非常奇怪的事情。显然，本周早些时候，技术高管们与史蒂夫进行了一次非正式的会面，他们达成的一项共识是冻结一个月的功能特性。显然，他们实际上是在通过减缓功能特性交付，偿还我们多年来积累的所有技术债务！”

“真的吗？！”玛克辛很震惊。

“他们意识到需要修复所有已经开发完成的垃圾。”他说，“运维部门正在停止所有与凤凰项目项目无关的工作，以便偿还技术债务，实现自动化。开发和 QA 也将停止所有功能特性方面的工作来偿还他们的技术债务。

“是我们大显身手的时候了。这是我们向大家展示什么是伟大工程的绝佳机会。”

当天晚些时候，一封电子邮件公布了库尔特的新角色。玛克辛并不想扫库尔特的兴，但她很确定他得到这份工作的真正原因是没有其他开发人员想接手这份工作。数据总线被很多人传为凤凰项目发布期间和之后灾难性崩溃的“根源”。在玛克辛参加的一次会议上，克里斯甚至点名批评了他们，她认为这很不公平。

让数据总线团队为凤凰项目的部署背黑锅，就像在无端指责一架失事飞机后排的乘客没有把安全带系紧一样。

她知道为什么指责数据总线如此轻而易举。这是该公司最不具吸引力的技术部门之一。数据总线是庞大、乏味的消息总线系统的一部分，后者深受玛克辛喜爱，因为它是大多数应用程序和记录型系统相互通信的地方，包括产品数据库、定价数据库、库存管理系统、订单执行系统、销售提成系统、公司财务和近 100 套其他核心系统，其中许多是几十年前的老系统。

玛克辛向来不喜欢有 3 个库存管理系统——2 个用于实体店（1 个被收购后一直保留至今），1 个用于电子商务渠道；以及至少 6 个订单输入系统——3 个支持实体店，1 个用于电子商务，1 个用于 OEM 客户，还有 1 个用于服务站渠道销售。

玛克辛并不讨厌复杂烦琐的流程，就像儿科医生并不讨厌生病的孩子一样，即使是她也对数据总线需要与这么多系统进行对接感到惊讶。

玛克辛对数据总线的研究越多，就越感到困惑。数据总线看起来根本不应该是凤凰项目的一部分。毕竟，数据总线的大部分是 20 多年前编写的，那时候还远没有凤凰项目的概念。

显然，数据总线曾是以往分散在公司各处的小型应用程序的集合。有些是在财务部门里与 ERP 系统相关的应用程序，有些在制造业务部门里，其余的在克里斯领导的开发团队中。

当凤凰项目开始运转的时候，新的需求多得令人难以置信，而团队根本就没有足够的人手来应对。由于数据总线中其他业务的优先级更高，凤凰项目的大量新功能特性被搁置。很快，凤凰项目的功能特性就被一个月接一个月地不断推迟了。

最后，作为企业重组工作的一部分，所有这些组件都被整合到了一个称为数据总线的新团队中，并安排在凤凰项目下，以确保凤凰项目的优先级总是排在第一位。现在，每个人都在指责是数据总线的过错。

星期三上午，玛克辛、“暴躁的戴夫”和库尔特一起参加了数据总线工程师的第一次会议。“暴躁的戴夫”也能如此迅速地加入数据总线团队，这让玛克辛很惊讶。她问他是如何做到的。

“暴躁的戴夫”只是笑着说：“得益于我永不服输的性格——没有哪个经理会把机会让给别的团队。这让我可以去想去的任何地方。”

她站在“暴躁的戴夫”旁边，其他 5 名数据总线工程师则聚在会议室中间。

他们要么与她同龄，要么刚从大学毕业，中间没有其他年龄段的人。她怀疑高级开发人员从一开始就在团队中，年轻的工程师则会很快离开去做更有趣的工作，并被其他大学毕业生取代。

克里斯清了清嗓子：“大家早上好。请欢迎库尔特·雷茨尼克，他将接替彼得。”

库尔特似乎对这简短的介绍感到有些惊讶，但仍高兴地说：“大家好。或许大家也知道，这是我接手的第一个开发团队。我相信我的工作并不复杂：请记住，我会竭尽所能帮助大家成功，并且扫除工作中的一切障碍。”从每个人平淡的表情中可以明显看出，他们很清楚库尔特在管理团队方面还是一只“菜鸟”。

库尔特继续说：“我已经和许多内部客户谈过了，他们告诉我数据总线有多重要。但他们也告诉我，我们常常是整个企业及凤凰项目所需变更的瓶颈。大家都清楚，当我们的服务中断时，凤凰项目也会中断。我已经安排在本周晚些时候召开一次会议，通过头脑风暴探讨如何让我们的服务更可靠、更有韧性。”

一位资深开发人员说：“将凤凰项目的延误归咎于数据总线和彼得简直是一派胡言。”

“我完全同意你的意见，汤姆。”库尔特说，“请放心，我将努力纠正其他部门对数据总线的这种错误印象。”

库尔特继续说：“我真的很感激彼得愿意在我上任之前与我见面。他告诉我，他多年来一直要求增加高级开发人员的数量，因为业务需求一直在不断增长，尤其是在凤凰项目集成方面。他建议我继续努力尝试。”

库尔特将手伸向克里斯：“我向你们保证，我会继续游说克里斯增加人手。”

“我还会继续游说史蒂夫。”克里斯回答道，紧抿着嘴笑了笑。库尔特也笑了：“与此同时，我还带来了两位自愿加入团队的高级开发人员。玛克辛是 MRP 团队中最资深的开发人员，戴夫是凤凰项目后端服务器团队中的资深开发人员。他们是我最信任的两位开发人员。”

数据总线的开发人员看着他们，对她和“暴躁的戴夫”加入团队颇感惊讶但也由衷地高兴。

“克里斯很快就会下达一个关于功能特性冻结的指示，这样我们就可以集中修复影响客户的缺陷，并修复代码中有问题的部分。”库尔特说，“但请大家不要一味等待通知。你们的首要任务是修复你们认为应该修复的部分，也就是修复任何你们认为有助于提高生产效率或使数据总线更加稳定的东西。我将处理我们接到的一切投诉。”

玛克辛对数据总线工程师们勉强接受的表情微微一笑。

作为新加入团队的工程师，“暴躁的戴夫”和玛克辛很快融入了数据总线团队的日常工作。他们参加每日站会，而且迅速、主动地为团队提供帮助。

玛克辛与较为年长的开发人员汤姆搭档，就是他曾对团队为凤凰项目的失败背黑锅而鸣不平。汤姆年近 50，戴着眼镜，穿着牛仔裤和 T 恤。她坐在他的办公桌前，打开笔记本计算机，听他介绍自己当前的工作内容。

在谈话中，玛克辛认识到数据总线是几十年来累积下来的技术的大杂烩，包括一大堆在 Java Servlet 上运行的代码、一些 Python 脚本和她认为是 Delphi 的东西，甚至还有一个 PHP Web 服务器。

她不会评判或否定任何技术栈——毕竟，它已经成功地为企业服务了几十年。这可能不是她见过的最优雅的软件，但对于已经投入使用 20 多年的软件而言已实属不易。软件就像一座城市，在不断地变化，需要翻新和修复。然而，她承认数据总线并不是最时髦的。毫无疑问，招聘那些希望学习和使用最热门、最受欢迎的语言和框架的大学毕业生绝非易事。

但至少数据总线的状况比凤凰项目构建系统要好得多。凤凰项目构建系统就像不适合居住的、有放射性的超级基金[①]治理场所，或者战区的废墟。

玛克辛坐在汤姆的办公桌前，听他解释自己的工作内容。“我正在处理一个紧急的缺陷。数据总线有时会产生错误的交易提示，并且在高负载下崩溃。这种情况在店

① 超级基金是美国国会 1980 年颁布的一项法律的一部分，该法律对燃料和处理危险化学品的行业征税，并授权政府在危险废物可能或已经排放到环境中需要清理时采取行动。——编者注

内员工把服务站应用程序中的客户维修工作标记为完成时就会时有发生。”他说。他看起来有些尴尬，继续说道：“我花了几天时间来研究这个问题，最终创建了一个半复制的测试用例——它发生的概率是 10%。我确信这是竞态条件所导致的。”

玛克辛想：**“这就是被抛入深渊的感觉。”**但她喜欢挑战，并确信当他们解决问题时，会给整个团队留下非常积极的印象。毕竟，竞态条件是所有分布式系统和软件工程中最棘手的问题之一。如果把和中学生一起工作比作空手道的黄带挑战，那么汤姆所描述的问题足以把最有经验的十级黑带选手逼到绝望和疯狂的地步。

令玛克辛印象深刻的是，汤姆甚至可以重现这个问题。有人曾把这些问题称为“海森堡 bug”，指的是观察行为改变了现实本身性质的量子物理现象。

这种类型的工作非常不同于电影中描绘的编码工作：一个年轻的男性程序员疯狂地敲打着键盘。当然，他穿着连帽衫，但奇怪的是，他还戴着墨镜（她在现实生活中从未见过开发人员戴墨镜）。他打开了许多不同的窗口，所有窗口里的文本都在快速滚动。在他身后，一群人正焦急地注视着他。几秒后，程序员喊道：“我搞定了！”所有人都欢呼起来。解决方案创建好了，功能特性交付完毕，或者世界得到了拯救。场景结束。

但在现实中，当开发人员工作时，他们通常会全神贯注地盯着屏幕，试图理解代码的作用，这样就可以安全、精确地修改代码，而不会破坏其他一些东西，或产生不希望看到的副作用，尤其是在处理一些关键任务的时候。

汤姆向她描述问题的来龙去脉。“当同时处理多个修复交易时，有时其中一个交易会得到错误的客户 ID，有时数据总线会完全崩溃。”他说，“我试过在客户对象周围上一个锁，但这大大降低了整个应用程序的速度，显然不是一个好办法。我们遇到的性能问题已经够多了。”

玛克辛点了点头，因为汤姆正在证实她长期以来的信念，即多线程错误是人类能够理解的极限，特别是因为大多数主流编程语言，如 Java、C#和 JavaScript，鼓励共享状态的突变。

玛克辛认为，**如果程序的其他任何部分都可以随时更改你所依赖的数据，那么预测程序的行为几乎是不可能的。**但是她很确定她知道如何解决这个问题。

“我们可以再排查一遍代码路径吗？”玛克辛问道。在排查时，玛克辛通过脑海中的检查单来证实她的假设。有一个处理传入消息的线程池。确认。服务记录可以由多个并发线程处理。确认。线程分发对象，而对象在其方法被调用时发生突变。确认。

假设被证实了。“**问题几乎肯定是状态突变出错了。**”她想，“**就像在中学里那样。**”

“你是对的，这绝对是一个竞态条件。”玛克辛说，“我很确定我们可以解决这个问题，不需要在整个客户对象上加一个锁。我能告诉你我的思路吗？”

当他点头时，玛克辛建议使用函数式编程原则重写代码路径，就像指导中学生时那样。汤姆的测试用例有很多 mock 和 stub 来模拟生产环境：一台配置服务器、一个数据库、一条消息总线、一个客户对象工厂……

她抛弃了所有这些，因为这不是她想测试的系统区域。相反，她将所有输入/输出和副作用推到一边，并围绕如何处理传入的修复订单消息、如何转换客户数据和发送哪些传出消息创建单元测试。

她让每个线程创建自己的客户对象副本。它们将每个对象方法重写为一系列纯函数——其输出完全依赖于输入，没有副作用、突变或全局状态访问。

当玛克辛向汤姆展示一个 100%重现问题的单元测试，以及现在 100%工作的、完全线程安全的修复时，汤姆惊讶地瞪大了眼睛：“这……这……简直不可思议。”

她知道他为什么被折服了。她的代码非常简单，很容易理解并测试其正确性。最后，他对着屏幕惊叹道：“我简直不敢相信你把它简化了这么多。它怎么能和之前那样复杂的一团乱麻实现相同的效果呢？”在下午余下的时间里，他不断问问题，显然是想向自己证明，玛克辛的测试用例捕捉到了问题的本质，重写是正确的。最后他说：“我不敢相信，但我认为你是对的。这肯定管用！”

玛克辛对汤姆的反应付之一笑。又一个事实证明函数式编程原则是更好的思考工具。而且他们已经把代码改进得比他们发现时好得多了——更安全，更容易测试，更容易理解。“**这太奇妙了。**”她想，“**这是第一理念‘局部性和简单性’的一个好例子。**”

“好吧，让我们把这个修复合并进来！”他边说边打开终端窗口，输入了一些命令。他转向玛克辛：“恭喜你！你刚刚修复了第一个缺陷，并检入了你的第一个变更！”

玛克辛热情地与他击掌，脸上露出灿烂的笑容。她第一天就搞定了一个竞态条件错误，真是超级棒。“太好了！让我们测试一下并投入生产。”一想到门店经理感激不尽的样子，玛克辛就兴奋不已。

“呃……那个……”汤姆停顿了一下说，“测试要到星期一才行。”

玛克辛顿时觉得心灰意冷：“我们不能自己测试吗？”

“之前可以，在我们被重组进凤凰项目之前。”他若有所思地说，“后来 QA 小组接手了测试。当他们与不同的团队同时使用测试环境时遇到了一些麻烦，于是取消了所有人的访问权限。现在，他们是唯一可以登录的人，更不用说运行测试了。”

“等等，”她说，“我们编写测试，却不能运行它们？”

他笑着说：“不，不。他们编写测试。他们甚至不再让我们看到测试计划。”

玛克辛失望透顶，她知道这意味着什么：“我们不能把它推送到生产环境吗？”

汤姆又笑了：“不能，现在也办不到了。我们以前也能做到，但现在有人替我们部署了。他们告诉我们：‘管好你自己的事。’”他耸了耸肩。玛克辛很确定她认识这个说“管好你自己的事”的人。那一定是克里斯。

此刻，玛克辛解决这个问题时所获得的喜悦已经彻底消失。毕竟，专门针对功能特性修改代码只是整个工作的一小部分。直到客户可以使用他们所写的内容，才算大功告成。即便到那时，它可能仍然是一个正在进行的工作，因为关于如何帮助客户最好地实现其目标，我们总是可以了解更多。

“混蛋。”她喃喃地说。**“我回到了起点，离第一理念还有很长的路要走。”**玛克辛想，**“实际上我自己仍然什么都做不了。”**她还得依赖他人来创造客户价值。

汤姆笑了，并顺手打开了一个新窗口：“还不算太坏。我们只需要进入工单系统，把这个问题标记为‘已完成’。这样 QA 团队就知道需要进行测试，从而可以将其发布到生产环境中。”

汤姆看了看手表，然后转身对她说：“还不错。我们今天做了很多事。还想解决另一个缺陷吗？”玛克辛勉强挤出微笑，点了点头。玛克辛认为**这太糟糕了**。她喜欢有始有终，而不是半途而废。

玛克辛整天都在和汤姆一起工作，选择下一个最紧急、最需要修复的缺陷。汤姆再次赞美了玛克辛对问题的看法。她编写的单元测试可以在不需要复杂集成测试环境的情况下运行，这给他留下了深刻的印象。

但还是有一些局限性——数据总线的工作是将系统彼此连接起来。在一台笔记本计算机上能模拟的东西只有这么多。**“如果能重新设计数据总线，那就太好了。”**玛克辛想。

尽管她喜欢学习数据总线及其相关的业务部分，但所有这些工作中有一些是让她非常不悦的。

她想到了埃瑞克的第二理念：专注、流动和快乐。当汤姆告诉她，他们只完成了创造价值所需的一小部分工作时，她感到所有的欢乐都烟消云散了。这对她来说还不够好。在她的 MRP 团队中，任何开发人员都可以测试自己编写的代码，甚至自己将代码部署到生产环境中。他们不必等上几个星期才让别人完成自己本可以搞定的工作。能够测试并将代码部署到生产环境更有助于提高产能和客户满意度，而且有助于程序员提升对代码质量的责任感，同时使其工作变得更令人愉悦、更有价值。

玛克辛开始考虑如何引入反抗军创建的一些工具。她想：“**我们至少需要标准化的开发环境，这样我就可以在我的计算机上进行构建了。**”下次的码头酒吧会议有更多事情要谈了。

她继续埋头苦干，帮助汤姆完成分配下来的工作。他们一起修复了两个缺陷，然后处理了一个碰撞优先级的功能。现在，将围绕延保计划创建一些业务规则。因为这些规则非常重要，所以免受功能特性冻结的影响。

“为什么这件事的优先级如此之高？”玛克辛边看工单边问汤姆。

“因为这是最赚钱的业务。”汤姆解释道，“利润率最高的产品之一就是这些新的长期担保计划。客户很喜欢试点担保计划，特别是针对像轮胎这样的部件。现在，店内员工需要一种调取这些信息的途径，这样就可以进行修复工作，并向第三方保险公司提出索赔。”

汤姆继续说：“这对客户和我们都有好处，第三方保险公司承担了所有的财务风险。”

“真棒！”玛克辛说，精神为之一振。这类功能特性支持史蒂夫在全员大会上所说的一切。玛克辛已经有很长一段时间没做过创收方面的工作了。

在重拾积极乐观的态度后，玛克辛和汤姆开始研究这个功能特性，试图弄清楚启用这个重要的业务功能需要什么。她尽量不去想下一步如何推进，即使他们今天完成了这项工作，也只能等着 QA 团队来测试。

第二天早上，汤姆和玛克辛聚在白板前，列出了他们为延长担保所需要变更的所有系统。随着范围的不断扩大，又有 2 名工程师加入了他们。然后他们意识到还需要和其他 2 个团队的工程师沟通。玛克辛估计还不得不把另外 6 个团队拖进来，因为这几个业务系统将受到影响。

玛克辛感到沮丧，因为需要参与进来的团队数量不断增加。这又一次与第一理念

“局部性和简单性”背道而驰。此时此刻，需要进行的变更不是局部的，而是分散在许多团队中。这并不符合亚马逊著名的“两个比萨团队”原则——用两张比萨可以喂饱的团队就能创建出功能特性。

玛克辛一边看着汤姆在白板上画另一组方框，一边想：**“我们需要整整一卡车的比萨才能交付这个功能特性。”**

库尔特把头探进会议室：“嘿，抱歉打扰了。运维部门的同事和渠道培训管理应用程序的经理在开电话会议。他们所有的客户登录都失败了。他们说连接器坏了？”

“又来了。”汤姆说，“自从凤凰项目部署以来，身份验证一直很脆弱。我们正在处理……”

“收到。”库尔特边说边在手机屏幕上操作着什么，“我刚刚为大家创建了一个聊天频道，这个主意不错吧？”

玛克辛跟着汤姆回到他的办公桌前。当汤姆打开另一个浏览器窗口并输入一些内容时，一个登录错误出现在了屏幕上。

“好吧，的确是哪里出了问题。让我们看看能不能找出原因……”汤姆自言自语道，“我怀疑其实不是数据总线连接器的问题。更有可能是企业客户认证服务或网络的问题。”

玛克辛点点头，随着数据总线逐步完全进入视野，她不断做着笔记。她将信将疑地说：“难道不能马上排除网络和身份验证吗？如果这两种方法都失败了，我们甚至无法登录网站，而身份验证失败将导致所有服务瘫痪……”

“言之有理……”汤姆说，“不过，最大嫌疑还是网络……最近我们遇到了一大堆问题。上周，网络的那些家伙不小心屏蔽了一些内部 IP 地址，给我们带来了麻烦。”

“网络。总是网络的那些家伙，对吧？”她笑了，“但如果总是网络那边的问题，他们为什么打电话给我们？”玛克辛问道。

“是啊，好吧，用户知道的只是他们无法连接到数据总线。”他说，“我们总是解释说不是我们的问题，是我们需要连接到的其他东西出了问题。但他们根本不在乎。”

当玛克辛看到汤姆打开运维工单系统并创建一张新工单时，她问道：“这是做什么用的？”

“我们需要数据总线及其连接器的生产日志，以查看它们是在处理流量还是崩溃了。”他回答，同时填写了许多字段。

“我们不能直接访问生产日志吗？”玛克辛问道，她有些害怕得到答案。

“不能。运维人员不允许我们这样做。”他边说边打字填表。

“所以，必须有人响应工单并帮我们从服务器上复制日志？”她难以置信地问道。

“是的。”他边说边继续打字，显然很习惯填写这些表格。他用 Tab 键在字段之间切换、打字、用鼠标选择下拉菜单、单击提交按钮，却发现还有一个必填字段需要填写。

玛克辛震惊了。他们正在开发的数据总线应用程序就像运行在外太空或一座深井底部。他们不能直接访问它，也不能掌握它的运行状态。他们能够了解实际情况的唯一方法是通过工单系统与运维人员沟通。

她想知道这张工单是否会到她在服务台的朋友德里克那里。

汤姆终于成功地提交了工单。他满意地说：“现在我们等着就行了。”

“通常需要多长时间？”玛克辛问道。

“对于严重程度为 2 级的事故而言？不算太糟，我们可能在半小时内收到回复。如果与崩溃无关，可能需要几天时间。”汤姆回答。他看了看时钟：“我们在等的时候应该做些什么呢？”

即使在数据总线团队，她也无法逃脱等待。

4 小时后，他们检查完了生产日志，确认问题不来自数据总线。2 小时后，所有人都认同了。正如汤姆所怀疑的，是内部网络的变化导致了这个问题。

接着，又一轮激烈的相互指责席卷了业务运营、市场营销和技术部门内部。最终，莎拉也被卷入其中，并要求有人承担严重后果。

“啊，哦。”汤姆从桌子的另一端看向玛克辛的计算机屏幕，说，“情况不妙。”

发件人：韦斯·戴维斯（分布式技术运维部总监）

收件人：所有 IT 员工

日　期：9 月 25 日，晚上 7:50

主　题：人事变动

即日起，网络工程师查德·斯通从公司离职。请把所有电子邮件发送给他的经理艾琳·库珀或我。

真的拜托你们，请不要再犯错误了，这样我就不用写这些愚蠢的邮件了。

（如果他们解雇我，请把电子邮件发送给 IT 运维副总裁比尔 · 帕尔默。）

谢谢！

韦斯

最后，一天结束了，码头酒吧的另一场会议即将开始。他们邀请了整个数据总线团队加入。玛克辛宁可把网撒得大些，也不愿意漏掉一个有价值的人。汤姆和其他 3 个工程师也来了。玛克辛很高兴他们出席。在过去几天之后，她迫切地希望通过头脑风暴的方式来找到最大程度提高数据总线团队开发人员工作效率的办法。

看到每个人都很开心，玛克辛注意到，这是一群喜欢一起相处的人。库尔特站起来对大家讲话。

“大家好，新的反抗军成员们！让我来一一介绍一下。”库尔特说。他介绍了所有的旧成员，就像之前为玛克辛和柯尔斯顿做介绍时那样：“现在你们已经听说了，为了把欢乐带回给无极限零部件公司的工程师们，我们正在做一些颠覆性的事情。如果你们不介意的话，能告诉我们一些可以让你们的生活更轻松的事情吗？”

汤姆的两位同事先介绍了自己，并分享了他们的背景。一个像汤姆一样，在数据总线团队工作了近 10 年，但是他没有想到任何要抱怨的事。他说：“生活还不错，非常感谢你们请我来喝酒。”

当他显然没有什么话要说时，汤姆开口了：“和我的同事一样，我在数据总线团队工作了很长时间。那时候它被称为‘章鱼’。我们这样叫它是因为它连接了 8 个应用程序，而现在它连接的应用程序已经超过 100 个了。

“我和玛克辛进行了一次非常棒的结对编程，我仍然不敢相信我们修复了一个竞态条件 bug！我很喜欢她获取所有人都可以使用的数据总线开发环境的想法。”他继续说，“我对此并不感到自豪，有几次我们雇用了新的开发人员，而 6 个月后，他们仍然不能在自己的机器上进行完整的构建。”他摇着头说，“之前事情并不总是这样的。在我刚入行的时候，工作并没有这么复杂。但是多年来，我们写死了一些本不应该写死的东西，这里更新一点儿、那里更新一点儿，却从来没有完整地记录下来……结果现在呢？就是一团糟。”

他抬起头，对桌子周围的同事苦笑着说：“你们知道开发人员‘它在我的笔记本计算机上没问题’的这个笑话吗？在数据总线，我们甚至无法让它在大多数人的笔记本计算机上运行。”

每个人都笑了。地球上的每个开发人员或许都遇到过类似的问题。这种情况通常发生在最糟糕的情况下，比如某个产品在生产环境中崩溃，但在开发人员的笔记本计算机上一切正常。玛克辛记得有无数次不得不费心劳神地寻找开发人员的笔记本计算机和生产环境之间的不同之处。

“我的痛点？”汤姆沉思着，“是我们的环境。我们过去在这方面做得很好，但是后来加入了凤凰项目。他们迫使我们使用他们集中式环境团队创建的环境。

“这太疯狂了。我们跟凤凰项目的其他部门比起来微不足道。现在要运行数据总线，我们必须安装大量完全无关的依赖项。”他继续说道，“搞清楚如何让所有东西运行起来需要很长时间，而且很容易不小心弄坏些什么。不是开玩笑，我每天都会备份我的工作笔记本计算机，因为担心我的构建会停止工作，那样我将不得不花上几周的时间来弄明白如何修复。”

汤姆笑着说：“10 年前，我丢失了 emacs 配置文件，而且找不到最近的备份。我实在找不到重新写一个的动力了。最后还是放弃了，更换了编辑器。”

每个人都笑了起来，接着分享了他们自己不得不放弃最爱工具的失落、痛苦和悲伤的故事。

汤姆转向玛克辛：“我愿意花几天时间来探索如何创建一个所有人都能在日常工作中使用的开发环境。如果我们有一个虚拟机镜像或 Docker 镜像，任何新的团队成员都可以在任何时间、在任何机器上进行构建。那将是无与伦比的。”

“你和我一定会配合得很默契。”玛克辛笑着说，“我们需要开发人员能够将他们最佳精力集中在构建功能特性上，而不是试图让构建工作起来。我对这项工作充满激情，希望你们能帮助我。”

“太棒了。”库尔特说，“我们都知道环境有多重要。从现在开始，你可以把一半时间花在这上面。我会在计时系统里把它隐藏起来。”

晚上晚些时候，柯尔斯顿出现了。她从桌子上的扎啤杯里倒了一杯啤酒给自己，笑着说：“我错过了什么？”

“当然，只是在策划对现存秩序不可避免的颠覆。”库尔特说。当柯尔斯顿落座时，新来的数据总线团队成员瞪大了眼睛盯着她。

库尔特问："柯尔斯顿，反转项目进展如何？功能特性冻结了吗？我听说比尔·帕尔默说服史蒂夫暂时搁置了所有的工作，这样每个人都能偿还技术债务。"

"已经证实了。"她说，"莎拉·莫尔顿气疯了，她抱怨'所有闲散的开发者'都在破坏公司已经向客户和华尔街做出的承诺。我还是不敢相信她还不明白这会对她多有帮助。但反转项目已经展开了：在 30 天里，运维团队除了支持凤凰项目以外什么都不做。"

"他们不是在开玩笑。"布伦特说，"比尔太棒了。他明确地告诉我，让我只做与凤凰项目有关的事情。他把我从几乎无休止的呼叫中解放了出来。他甚至把我从每个收件人列表中删除，让我关掉每个聊天室的通知，告诉我不要接任何人的电话。最重要的是，他说绝对不要接听任何与崩溃相关的电话。如果我不照做，他就会解雇我。"

听到这些，玛克辛很震惊。比尔会解雇布伦特？想到最近所有被解雇的人，玛克辛想不出布伦特为什么还在笑。

"这简直太棒了。"布伦特说，甚至看上去眼泛泪光，"比尔告诉我，他不能解雇业务部门的高管，也不能告诉他们该怎么做。他说他唯一能做的就是确保我不会在这些事情上浪费时间。据说他告诉了任何试图联系我的人，如果我给他们回电话，就会被解雇。"

布伦特笑了，显然很高兴，喝完啤酒后又给自己倒了一杯："他指派韦斯来检查我所有的电子邮件和电话，并骂走任何试图缠着我的人。生活太奇妙了！真的，没有比这更美妙的了。"

玛克辛微笑着。在职业生涯中，她曾多次看到工程师如何成为障碍。成为一切事物的中心可能很有趣，但肯定是不可持续的。沿着这条路走下去，等待你的只有无尽的叫醒电话、疲惫、愤世嫉俗和精疲力竭。

柯尔斯顿也微笑起来："这个办法很有效。布伦特的名字出现在了更多重要的工作项目上。比尔告诉每个人，他们的目标必须是保护他的时间。

"在开发方面，克里斯承诺，在 30 天内，所有与凤凰项目相关的团队都不得在任何新功能特性方面花费精力。"柯尔斯顿从她的手机里读着，"所有团队都需要修复高优先级的缺陷，稳定代码库，并为避免下一个灾难性的版本发布进行任何有必要的重构。"

玛克辛听到桌旁响起了许多兴奋的窃窃私语声。玛克辛知道这样的指令是必要的，这可能是反抗军的一个绝佳机会。

“在克里斯的直接下属中，关于如何执行这一方案仍有很多分歧。”柯尔斯顿继续说道，“他们花了这么多时间来决定什么应该做、什么不应该做，我们已经为此浪费了一周的时间。很多团队仍然在开发他们的功能特性，一切按部就班。在这个问题上，我们需要领导层更加明确地表态。按照这个进度，整个月都将过去，我们的技术债务即使不会增加，也会和以前一样多。”

“我很惊讶没有人提及自己在环境、自动化测试或缺乏生产遥测方面的所有问题。”库尔特说，“我们已经实现了一些惊人的功能，可供其他人使用。但我们不能把解决方案兜售给那些还不知道自己有问题的人。”

库尔特看起来有些沮丧和为难。

“我真的很想在这方面帮忙。”香农举起手说，“我和一帮凤凰项目的成员一起工作过。我可以明天去一一拜访他们，问问他们遇到了哪些障碍，顺便了解一下他们对如何克服这些障碍有什么想法。”

“很好，很好。”库尔特说着，在笔记本上记录下一些内容。

“我也很乐意帮忙，香农。”玛克辛说，“但是汤姆和我星期一有点忙，因为星期一是测试日。QA 人员终于要测试我的变更了。除此之外，我会鼎力相助！”此时满满一托盘扎啤和两杯葡萄酒被端了上来。

他们很快就开始深入讨论技术债务和如何利用反转项目。玛克辛转过身来，看见埃瑞克坐到了她旁边的座位上。

他自然地加入了谈话，好像一直在谈话中一样。“伴随反转项目，你们所有人都开始了一段伟大旅程。每一家科技巨头几乎都被技术债务压垮了。你能说出它们的名字：Facebook、亚马逊、奈飞、谷歌、微软、易趣、领英、Twitter，等等。就像凤凰项目一样，他们被技术债务拖累，无法再满足客户的需求。”埃瑞克说，“后果可能是致命的——对于幸存者而言，也有像诺基亚这样从最高处跌落，死于技术债务的公司。

“技术债务是生活的一部分，就像最后截止期限一样。业务人员理解最后截止期限，但常常完全忘记技术债务的存在。技术债务本质上谈不上好坏——它之所以发生，是因为我们在日常工作中总是在做出权衡取舍的决定。”他说，“为了赶工期，有时我们会走捷径，或跳过编写自动化测试，或为某个非常具体的情况将代码写死，即便我们知道长期这样是行不通的。有时我们可以容忍每天的应急措施，比如手动创建环境或手动执行部署。在没有意识到这对我们未来的生产力有多大影响时，我们就犯了严重的错误。”

埃瑞克环视着桌子周围，很高兴每个人都在认真地听他说的每一个字。

“所有科技巨头，在其历史上的某个时候，都曾冻结过功能特性来大规模重构他们的系统。以 21 世纪初的微软为例。那时计算机蠕虫经常破坏互联网，最著名的是红色代码和尼姆达。当然还有 SQL Slammer，它在不到 10 分钟的时间内感染并摧毁了全世界近 10 万台服务器。当时的 CEO 比尔·盖茨非常关心这个问题，他给每个员工写了一份著名的内部备忘录，说如果开发人员必须在实现功能特性和提高安全性之间做出选择，他们必须选择后者，因为这关系到公司的存亡。由此开始了影响微软所有产品的著名安全大停工。有趣的是，微软现任 CEO 萨蒂亚·纳德拉仍然持有这样一种观点：如果开发人员需要在开发功能特性和提高其工作效率之间做出选择，那么他们应该始终选择后者。

“回到 2002 年——当年，亚马逊 CEO 杰夫·贝索斯给所有技术人员写了一份著名的备忘录，声称必须重新设计他们的系统，使所有的数据和功能都通过服务提供。他们最初关注的是编写于 1996 年的 OBIDOS 系统，它包含了几乎所有的业务逻辑、显示逻辑和功能，是亚马逊平台出名的关键所在。

“但随着时间的推移，它变得过于复杂，让团队无法独立工作。亚马逊在接下来的 6 年里花费超过 10 亿美元重构了所有的内部服务，使之彼此解耦。结果是惊人的。到 2013 年，他们在每天实现近 13.6 万次部署。有趣的是，我提到的这些 CEO 都具备软件背景，不是吗？

“这与诺基亚的悲剧形成了鲜明对比。当诺基亚的市场被 Apple 和 Android 搅乱时，他们花了数亿美元雇用开发人员并投资推广敏捷方法。但是他们这样做的时候并没有意识到真正的问题所在：以架构形式存在的技术债务，使得开发人员无法提高生产力。他们缺乏重建软件系统基础的信念。就像在 2002 年的亚马逊一样，诺基亚的每个软件团队都无法构建他们需要的东西，因为他们被塞班平台束缚住了手脚。

“2010 年，里斯托·西拉斯玛还是诺基亚的一个董事。当了解到生成一个塞班版本需要**整整 48 小时**的时候，他说感觉就像有人用铁锤敲了他的头。”埃瑞克说，“他知道，如果需要 2 天时间才能判断一个变更是否有效或者是否需要重来，那么他们的架构中就存在一个根本性的致命缺陷，制约住了短期的盈利能力和长期的生存能力。他们即便增加 20 倍的开发人员，速度也不会更快。”

埃瑞克停顿了一下，说：“这难以置信。西拉斯玛先生知道，工程组织给出的所有希望和承诺只是海市蜃楼。尽管内部无数次尝试过摆脱塞班系统，但总是被高层拒绝，直到为时已晚。

“业务人员可以看到功能特性或应用程序，因此为其筹集资金并不困难。”他继续说，“但是他们看不到底层起支撑作用的庞大架构，它将系统、团队和数据紧密连接在一起。底层的架构至关重要：关乎开发人员在日常工作中使用的系统是否高效。

“好笑的是：科技巨头把他们最好的工程师分配到底层，这样每个开发人员都能从中受益；但是在无极限零部件公司，最优秀的工程师在顶层开发功能特性，除了实习生之外，没有人在底层负责开发生产力。”

埃瑞克继续说：“所以你们的任务很明确。每个人都被告知要偿还技术债务，这将帮助你们意识到关于局部性和简单性的第一理念，以及关于专注、流动和快乐的第二理念。但几乎可以肯定的是，你们必须掌握改进日常工作的第三理念。”然后他起身离开，就像最初加入时那样迅速。

每个人都目送他离开。然后柯尔斯顿问：“他还回来吗？”

“暴躁的戴夫”举起双手：“在诺基亚发生的事情也在这里发生了。2 年前，我们可以在 2 ~ 4 周内实现一个重要的功能特性。我们交付了大量高品质的功能特性。那些日子仍记忆犹新！如果你有个好主意，我们就可以实现它。

“但现在呢？同样的功能特性需要 20 ~ 40 周。10 倍的时间！难怪大家都对我们这么生气。”“暴躁的戴夫”大叫，“我们聘用了更多的工程师，但感觉我们完成的工作越来越少。速度变慢还不算，做出那些改变是极其危险的。”

“有道理。”柯尔斯顿说，“以几乎任何标准衡量，生产效率都是持平或下降的。功能特性的截止日期绩效[①]大大下降。自从上次会议以来，我做了一些研究——我要求我的项目经理抽样调查几个功能特性，并搞清楚需要多少团队来实现它们。需要的平均团队数量是 4.2 个，令人震惊。然后他们告诉我，很多时候必须有 **8 个以上的团队**。”她说，“我们从未正式统计过这些，但我的大多数同事认为，这些数字肯定比 2 年前高。”

玛克辛简直惊掉了下巴。她意识到，**如果始终必须与其他 8 个团队合作，那么没有人能完成任何一项工作**。就像她刚刚开始与汤姆合作时的扩展担保功能特性一样。

“反转项目是我们解决这些问题的机会，也是我们走出困境的办法。”库尔特说，“香农将搞清楚凤凰项目需要哪些帮助。那我们呢？如果有人给我们权力，给我们一

---

① 截止日期绩效（due-date performance）是指项目在不超过截止日期方面做得如何。——编者注

个月的无限资源，我们该怎么做？”

玛克辛在听到人们飞速提出的建议时，脸上露出了微笑。他们开始列清单：每个开发人员都使用一个公共的构建环境；每个开发人员都将获得持续构建和集成系统的支持；每个人都可以在类生产环境中运行他们的代码；构造自动化测试套件以取代手动测试，解放 QA 人员去做更有价值的工作；解耦架构以解放功能特性团队，以使开发人员可以独立地交付价值；把团队需要的所有数据都放在容易使用的 API 中……

香农看着他们生成的列表，也笑了。“我明天去拜访凤凰项目的团队成员后会把更新的列表贴出来。这太令人兴奋了。”她说，“这就是开发人员想要的，尽管他们无法清楚地表达出来。这正是我可以帮助他们的地方！”

“这是一个超赞的列表。”玛克辛心想。每个人的热情都显而易见。

“这确实是个超赞的列表，香农。这可能会极大地改变工程师的工作能动性。”埃瑞克说着，并再次坐在柯尔斯顿旁边。玛克辛环顾四周，不知道他是从哪儿来的。他指着柯尔斯顿，继续说道：“但是考虑一下反对的力量。整个项目管理办公室的目标是保证项目按时、按预算进行，遵守规则并执行很久以前制定的承诺。看看克里斯的直接下属们是如何行动的——尽管有反转项目，但他们还是继续在功能特性上投入精力，因为他们害怕错过先前定下的截止日期。

“为什么？一个世纪以前，当大规模生产使工业发生革命性变化时，领导者的角色是设计和分解工作，并证实工作由大量可互换的工人正确完成。这些工人靠手工劳动而不是脑力劳动来换取报酬。工作被原子化、标准化和优化了。工人们几乎没有能力改善他们所在的系统。

“这很奇怪，不是吗？”埃瑞克若有所思地说，“创新和学习发生在边缘，而不是核心。必须在第一线解决问题，因为那里每天的工作是由世界上最频繁面对这些问题的前沿专家来完成的。

“这就是为什么第三理念是改进日常工作。正是这种能动性让我们通过学习来改变和改进我们的工作方式。正如斯蒂芬·斯皮尔博士所说：‘无知是所有问题的根源，唯一能克服它的是学习。’

“人们研究得最多的学习型组织案例是丰田。”他继续说道，“著名的安灯拉绳只是他们用来学习的众多工具之一。当遇到问题时，任何人都应该在任何时候寻求帮助，即使这意味着让整个装配线停止运转。其他人也会感激他们这样做，因为这是一个改进日常工作的机会。

“这样，问题很快就能被发现、鉴别、解决，然后这些知识就会被广泛传播，所有人都能从中受益。”他说，“这就是创新、卓越和超越竞争对手的原因。

“与第三理念相对的是那些看重流程合规性和墨守成规的人。”他笑着说，“他们常说：‘我们一直都是这样做的。’这是一个巨大的图书馆，里面有大量规章制度、流程和程序、审批和关卡，还不断有新的规则加入进来，以防止最近的灾难再次发生。

“这些可能体现为项目计划死板、采购流程不够灵活、架构审查委员会过于强势、低频的发布排期、审批流程冗长、职责严格分离……

“每一项都增加了我们做事的协调成本，并且抬高了延迟成本。由于决策制定和工作执行的距离越来越远，我们的工作成果质量越来越差。正如爱德华兹·戴明先生曾经说过的：‘一个糟糕的制度每次都会击败一个好人。’

“你可能不得不改变那些不再适用的旧规则，改变组织员工和设计系统的方式。”他继续说道，“对领导者来说，这不再意味着监管和控制，而是指导、赋能和消除障碍。斯坦利·麦克里斯特尔将军对联合特别行动小组的决策权进行了大规模的分散，最终击败了基地组织。在那里，延误的代价不是用金钱来衡量的，而是用生命和他们负责保护民众安全来衡量的。

“这不是仆人式领导，而是**变革型**领导。”埃瑞克说，“需要理解组织的愿景，能够对实施工作的基本假定提出质疑，具备富有感召力的沟通能力、个人认可和支持性领导力。”

“有些人认为，这是说领导者要友善。”埃瑞克哈哈大笑，“胡说。它跟追求卓越、实现使命的紧迫性、对现状的持续不满，以及帮助组织服务对象的热情有关。

“这就引出了第四理念‘心理安全’。没有人会在恐惧文化中冒险、实验或创新，人们害怕告诉老板坏消息。”埃瑞克笑着说，“在这些组织中，新奇的东西会受到打压。出现问题时，他们会问是谁惹的麻烦，并且指名道姓地指责、羞辱那个人。他们会建立新的规则、更多的审批流程、更多的培训。如果有必要，他们会干掉那个‘害群之马’，欺骗自己说问题已经解决。

“第四理念主张我们需要心理安全，即任何人都可以安全地谈论问题。谷歌的研究人员在氧气项目上花费了多年时间，发现心理安全是卓越团队最重要的因素之一：团队有信心，不会因为有人发言而尴尬，受到否决或惩罚。

“出现错误时，我们会问‘是什么原因导致的’，而不是‘是谁导致的’。我们承诺尽一切努力让明天比今天更好。正如约翰·奥斯帕先生所说，每个事故都是一次学习的机会，一次未经同意的计划外投资。

“想象一下这样的场景：你所在的组织中，每个人都可以做决定，每天都在解决重要的问题，并把他们学到的东西教给其他人。”埃瑞克说，“而你的对手却只有最高层领导才能做决定。谁会赢？毫无疑问，肯定是你。

“领导者很容易谈论创造心理安全、赋能和给一线员工发言权等陈词滥调。”他说，“不过只是重复这些陈词滥调是不够的。领导者必须每天不断地以身作则，指导并积极强化这些期望的行为。心理安全很容易悄然消失，比如当领导者表现出事无巨细的微管理行为，不会说‘我不知道’或者表现得像个无所不知、骄傲自大的蠢货的时候。其实不只领导者，同事之间也是一样。”

一个酒保走到埃瑞克面前，对他耳语了几句。埃瑞克咕哝：“又来了？”他抬起头说，“我马上就回来。有件事需要处理一下。”然后和酒保一起走开了。

他们目送埃瑞克走开。道恩终于开口说：“他说的第三理念和第四理念千真万确。我们能对周围的恐惧文化做些什么呢？看看查德，他想做正确的事却被解雇了！我讨厌查德的理由可能比你们任何一个人都要多——那些日复一日的网络故障快把我逼疯了。但是解雇查德并不能降低故障发生的可能性。

“我四处打听，想知道究竟发生了什么。”道恩继续说，“很明显，查德为了支持门店的现代化计划，除了白天工作之外，还连续工作了 4 个晚上。当我问起为什么时，他告诉我，他不希望门店的团队因为他而在状态报告上遇到问题。”

柯尔斯顿扬起眉毛。道恩继续说道：“经理一直劝他回家，他终于在星期三准时回家了。但午夜时分他又上线了，因为不想让门店的发布团队失望。由于担心所有在工单上和聊天室里堆积起来的工作，他晚上就没能再好好睡过一觉。

“因此，他周四早上很早就来上班了。虽然熬夜加班让他疲惫不堪，但他还是需要进行一项紧急的内部网络调整。”道恩说，“他打开笔记本计算机，系统弹出了大约 30 个终端窗口。他在一个终端窗口输入命令，然后按下回车键。结果输错了窗口。

“简直是噩梦！大多数 2 级业务系统变得不可访问，包括数据总线。”道恩说，“第二天，他就被解雇了。你觉得这样对吗？公平公正吗？”

“哦，天啊！”玛克辛脱口而出，她吓坏了。这种感受她非常清楚。在她的职业生涯中，同样发生过几次这样的事情。输入命令，按下回车键，然后马上意识到自己犯了一个天大的错误，但为时已晚。她误删过一个客户数据库表，因为把它当成了测试数据库。她不小心重新启动过一个错误的生产服务器，导致订单输入系统瘫痪了一下午。她还删除过错误的目录，关闭过错误的服务器集群，禁用过错误的登录凭证。

每一次，她都感觉自己的血液凝固了，恐慌随之而来。在职业生涯的早期，当有一次不小心删除了生产源控制存储库时，她简直想钻到桌子下面。因为操作系统的关系，她**知道**没有人会知道那是她犯的错。尽管害怕告诉别人，但她还是告诉了经理。这是她作为一名年轻工程师曾经犯过的最可怕的错误之一。

“那真是太糟了，道恩。”布伦特说。“这也可能是我……说真的，每周我都可能犯同样的错误。”

玛克辛说：“这可能是我们中的任何一个人。系统在这里是紧密耦合的，即使很小的变化也会产生灾难性的后果。更糟糕的是，当查德明显需要帮助的时候，他却不能寻求帮助。没有人能承受如此超长的工作时间。如果睡不着觉，有谁不会开始犯错呢？”

“是啊！”道恩惊呼，“我们是如何陷入这种境地的呢？有人过度加班，连续工作了 4 个晚上。有人需要休假时却一天也不能休息，公司设定的是什么样的期望呢？当兢兢业业的回报是被解雇时，公司传递的是什么样的信息呢？”

“说得好，道恩。”玛克辛听到埃瑞克说道，他再次回到桌边，“你会惊讶地发现，史蒂夫与这种不公平的感觉有多么深刻的共鸣。如果在生产车间工作过，你就会知道这一点。”

“怎么会这样？”玛克辛问道。她之前花了很多时间和工厂的工作人员一起工作。

“你知道吗？当史蒂夫出任 COO 兼制造副总裁时，他将零工伤定为公司的目标。几乎所有人都认为太可笑了，不仅是董事会，工厂的员工甚至工会的领导也都在笑他。”埃瑞克笑着说，“人们认为他很天真，甚至有点头脑混乱。可能是因为‘真正的商业领袖’都希望以盈利能力或截止日期绩效来衡量自己。也有可能是质量。但是谁会以安全作为标准呢？

“有传言说，乔布斯对当时的 CEO 鲍勃·施特劳斯说：‘如果你指望不了制造业的劳动力安全生产，你为什么要相信我们定的质量目标？或者说我们赚钱的能力？安全是一切工作的前提。’”

埃瑞克停顿了一下：“即便是在开明的日子里，领导者也很少说这样的话。史蒂夫仔细研究了保罗·奥尼尔先生的工作。奥尼尔是 20 世纪八九十年代美国铝业公司的传奇 CEO，他把工作场所的安全放在首位。董事会最初认为他疯了，但在他担任 CEO 的 15 年里，公司净收入从 2 亿美元增加到 15 亿美元，市值从 30 亿美元增加到 270 亿美元。

“尽管在经济方面的表现令人印象深刻，”埃瑞克继续说，“奥尼尔先生谈论得最多的还是他留下的安全‘遗产’。数十年来，美国铝业公司一直是安全生产领域无可争议的领导者。当他加入时，美国铝业有理由为自己高于平均水平的安全记录感到自豪。但是每年，9 万名员工中还是有 2%会受伤。如果你整个职业生涯都在美国铝业工作，那么有 40%的概率在工作中受伤。

“美国铝业的工作环境比你们的制造厂危险得多。”他说，“在制铝行业，你必须应对高温、高压、腐蚀性化学物品，以及成吨最终产品的安全运输……

“奥尼尔先生曾经说过两句非常有名的话：‘每个人都必须对自己的安全和队友的安全负责。如果你看到什么东西可能会伤害到别人，就必须尽快修复。’他告诉每个人，解决安全问题永远不应该被预算限制——去修复就是了，以后再想办法为它买单。”埃瑞克继续说道，“他把自己家的电话号码给了工厂所有的工人，告诉他们如果看到经理行动不够迅速或者没有认真对待安全问题，就给他打电话。

“奥尼尔先生还讲到了他遇到的第一起在工厂发生的人身伤亡事故。”埃瑞克接着说，“在亚利桑那州，一个年轻人死了。他跳进一台挤压机，试图清理一块废料。但正当他清理时，随着轰隆一声，机器运转了起来，他当场毙命。

“这个年轻人的妻子已经怀孕 6 个月了。”埃瑞克说，“当时有两个督导员目睹了一切。奥尼尔先生说，他们眼睁睁看着那个年轻人那么做，也许他的操作方法就是他们两个培训的。

“最后，奥尼尔先生告诉工厂的每个人：‘是我们害死了他。是我们所有人害死了他。是我害死了他。因为在强调工作安全方面，我明显做得不够好。在某种程度上，人们可能认为受伤很正常。但是我们必须对保护自己和他人的安全负责。’

“就像他后来说的：‘美国铝业非常关爱员工。每次有人受伤，他们都会感到痛心惋惜，但他们不理解自己负有责任。他们对伤亡已经习以为常。’”

埃瑞克停下来擦去眼中的泪水：“史蒂夫采取的首要措施就是在无极限零部件公司生产车间的方方面面执行奥尼尔先生的**零工伤**指导方针。他上任后首先制定了一项政策：每一次工伤事故都必须在 24 小时内直接向他汇报，同时还必须有补救计划。这是第三理念‘改进日常工作’和第四理念‘心理安全’的一个值得赞扬的例子。”

埃瑞克出了一会儿神，玛克辛突然意识到为什么史蒂夫在每次全员大会上都会谈论工伤问题。“他知道自己不能直接影响每个人的日常工作。然而，史蒂夫可以强化和塑造他想要的价值观和规范，而他也有效地做到了。”玛克辛意识到。

玛克辛回望向埃瑞克。她甚至从来没跟史蒂夫说过话。她怎么才能按照埃瑞克的建议去做呢？

发件人： 克里斯·阿勒斯（应用程序开发副总裁）

收件人： 全体开发人员；比尔·帕尔默（IT 运维副总裁）

日　期： 9 月 25 日，晚上 11:10

主　题： 反转项目：功能特性冻结

即日起，作为反转项目的一部分，凤凰项目将进行功能特性冻结。我们将尽最大的努力在 30 天内提高凤凰的稳定性和可靠性，以及所有支持系统的稳定性和可靠性。

我们将暂停所有的功能特性工作，以便修复缺陷和有问题的代码区域，并偿还技术债务。这样做，我们将实现更高的开发效率和更大的功能特性吞吐量。

在此期间，我们还将暂停凤凰项目的所有部署，紧急变更除外。我们运维部门的同事将致力于使部署更快、更安全，并增强生产服务的韧性。

我们相信，这样做将有助于公司实现最重要的战略目标。如果你们有任何问题，请发邮件给我。

谢谢！

克里斯

发件人： 艾伦·佩雷斯（运营合伙人、韦恩-优科豪马权益合伙人）

收件人： 莎拉·莫尔顿（零售运营高级副总裁）

日　期： 9 月 27 日，下午 3:15

主　题： 战略选择 **机密**

莎拉——密件

很高兴昨天和你会面，也很高兴有机会与你分享我创造股东价值的哲学：一般而言，比起“增长”，我们更看重“价值”和操作规程。我们通过投资无极限零部件这样的公司创造了巨大的回报。我的计划将以超乎大多数人想象的速度创造丰厚、持续的现金流。在其他公司，我们为投资者（和公司高管）创造了可观的财富。

我承诺过，将向你介绍我司投资组合中你可能感兴趣的几位 CEO。你可以询问他们，我们是如何帮助其公司增加股东价值的。

谨致问候！

艾伦

P.S.：现在凤凰项目在进行“功能特性冻结”，我理解得对吗？这不是让你们更加落后了吗？现在你要怎么安排上次提到的那些新开发人员呢？他们要做些什么呢？

第 9 章

9 月 29 日，星期一

星期一，玛克辛迈着轻快的步伐走进大楼。不是因为码头会议，而是因为今天是测试日！她的代码最终将被测试并推送到生产环境中。

她带着来时在汪达尔甜甜圈店买的 5 盒甜甜圈，其中还有一些特色“羊角甜甜圈”。这是羊角面包和甜甜圈的一种疯狂组合，是她的最爱。

她自我感觉非常好，甚至怀疑这 60 个新鲜出炉的甜甜圈散发的香味让她血糖升高了。“**这真是与测试代码的人破冰的好办法。**”她想。当你带着美味的食物时，结交新朋友总是更容易。

无论她走到哪里，都有人问她：“是给我的吗？”

她高兴地回应：“不，是给测试日的！”

她把所有的甜甜圈放在办公桌旁边的一张小桌子上，然后把包挂在椅子上。汤姆已经来了，在打开的编辑器里不停地打着字。

“万岁！今天是测试日！”玛克辛高兴地宣布，“这一天终于来了。”

“你真奇怪。”汤姆看着显示器说，连头都没有抬。他闻了闻：“哇，是汪达尔甜甜圈吗？”

“是的，为了庆祝测试日！”她报以灿烂的微笑，“我认为最终看到我们所有的变更是否真的奏效是一件非常令人兴奋的事。”玛克辛说：“那么，他们什么时候开始呢？我们能去看吗？”

汤姆转向她，看了看表：“我想他们可能今天就开始了。但不仅仅是我们的变更。

他们正在测试对凤凰项目所有其他大组件的变更——我们的只是其中的一小部分。他们今天甚至可能测不到我们的变更。"

"什么?!"玛克辛非常震惊，打断了汤姆的话。她整个周末都在等这个!"能看看我们排在第几位吗？我们可以帮忙吗？QA 人员坐在哪里？我给他们买了这么多甜甜圈!"

汤姆看起来很惊讶："好吧，我见过他们中的一些人——有些在海外，有些就在这里，但我已经很长时间没有和他们直接交谈了。我们通常在下周末与 QA 经理见面，届时他们会展示测试结果。"

"下个星期？下个星期?!"玛克辛瞠目结舌，"在这段时间里，我们该做些什么呢？嘿，在他们工作时，我们能同步得到消息吗？我们的功能特性工单会收到通知，对吧？"

"嗯，不完全是。"汤姆皱着眉头说，"QA 团队使用不同的工单系统。该系统上有他们的进度和报告，并管理所有测试用例。我们没有权限，至少像我们这样的非管理人员没有权限。两周后，他们将向我们发送一个电子表格，列出他们发现的所有缺陷，并标注上我们的工单号。我们要仔细浏览，把这些信息复制到我们的工单系统中，然后修复所有需要修复的地方。"

"……然后呢？"玛克辛问道，担心得到最坏的答案。

"QA 会汇集每个人的补丁并再次测试。"汤姆回答。

"那么，假设我们所有的变更都非常完美，客户最快什么时候才能真正用上我们开发的系统呢？"她问道。

汤姆开始掰着手指数数："再一轮 2 周的测试周期。然后他们向运维提交工单，请求将变更部署到生产环境中。有时他们需要一些时间将其塞进自己的日程，可能需要再加 3 周的时间。"他看着自己的手指说："从现在算起，还要 7 周时间。"

玛克辛瘫倒在桌子上，额头贴着桌面，双手抱头发出一声叹息。

"我太天真了。"她想。她头也没抬地问："在这段时间里，我们只需要处理更多的缺陷？"

"是的。"她听到汤姆说，"玛克辛，你没事吧？"

"嗯，我很好。"她说，努力不让自己感到沮丧。**"这与第二理念恰恰相反。"**她想，**"我们只是一个愚蠢的功能特性工厂，生产客户可能关心、也可能不关心的小部件。工作并不像我认为的那样充满乐趣和欢乐。没有功能特性的流动，没有反馈，当然也**

什么都了解不到。”

她听到汤姆问：“那个，我可以吃一个甜甜圈吗？”

“不行。”玛克辛回答道。然后她有了一个主意。她抬起头，微笑着看向汤姆：“但你可以帮我把它们交给 QA 的人。”

找到 QA 人员比她想象的困难得多。汤姆已经一年多没有和他们在同一个房间待过了。他与 QA 人员之间主要是通过正式程序互动的——他提交代码并等待返回的缺陷列表，然后修复并重复该步骤，直到团队收到正式通知，表示该版本已经准备好进入生产环境。

当然，事情并不会这样一帆风顺。由于存在分歧和问题，开发和 QA 管理链上将会出现各种各样的升级。这个缺陷的优先级是 1 还是 2？当开发人员不能重现问题时，他们会关闭缺陷，留给 QA 之后重新打开。如果 QA 也不能重现，它又将被退还给开发。

玛克辛和汤姆在库尔特的办公桌前停下来，把自己艰巨的任务告诉了他。“有很多甜甜圈。这是一个交朋友的好方法。”库尔特说。“你也跟着去吗？”他问汤姆。

“当然，”汤姆回答，“我一直想知道我们的工作完成后会去哪里。总是感觉就像冲厕所一样——你把代码放进马桶里，按一下冲水按钮，它就消失不见了……”

库尔特不屑地说：“考虑到我们在凤凰项目看到的代码质量，你的比喻似乎很恰当。罗伊是负责数据总线的 QA 经理。他至少还要再忙 90 分钟。趁他有事，去 7 号楼送甜甜圈吧。我帮你联系夏洛特，她是，或者说曾经是，威廉的助手。对于所有的 QA 人员来说，她就像鸡妈妈一样。”

库尔特打完了字。“她在等你。我认为 3 盒甜甜圈就足够数据总线团队吃了。问问夏洛特如何最巧妙地分配剩下的 2 盒甜甜圈吧。”他笑着补充道。

“她会给你准备一间会议室，并把数据总线的 QA 团队带来。”库尔特说，“你将有机会见到他们所有人。也许你会找到一些需要帮助的人。”

玛克辛笑了。这正是她寻求的支持：“谢谢你，库尔特。我们去交朋友了。事实上，不如我们午餐的时候叫点比萨外卖，这样就有借口跟他们相处更长时间了。”

“完美。”库尔特说，“告诉夏洛特在我原来在 QA 部门的经费里扣。威廉走后，他们肯定需要一段时间才能取消它。我们要好好利用。”他笑着补充道，“在你走之前……我能吃个甜甜圈吗？”

“不行。对不起，这是给我们的QA新朋友的。”玛克辛说。

玛克辛和汤姆带着甜甜圈穿过院子，来到7号楼。他们向保安问好。当玛克辛把她的工卡放在大门外的电子读卡器上时，红灯依旧亮着。

玛克辛一遍又一遍地刷卡，还是红灯。玛克辛叹了一口气。她没有料到自己进不去那栋大楼。

“真有趣，开发人员不能进入QA大楼。”汤姆说，“这是否意味着QA人员不能进入开发大楼？”

正要打电话给库尔特时，玛克辛听到门开了。一位神采飞扬、活力四射的女士向他们问好。几乎同时，玛克辛就发现她特别招人喜欢。

“你一定是玛克辛吧？另一位是汤姆？库尔特跟我说了很多你们的事！进来吧，我确定你的工卡不能在这栋楼里用。库尔特的工卡不能用也只是时间问题。我们都为他感到高兴——嗯，我们大多数人。很多人都知道，他注定要做更大、更重要的事情，而不是管理一个QA团队。”

夏洛特的评论“注定要做更大、更重要的事情”让QA听起来像在公司底层。玛克辛想：**“就像库尔特逃离了某个贫民窟一样。”**

“为QA举办聚会真是个好主意！我不确定以前有没有人这么做过。每个人都会喜欢的。我预定了一间最大的会议室，可以用一整天。我还为每个人点了比萨，就放在餐厅。”玛克辛对夏洛特如此迅速地处理好每一个细节深感佩服。在会议室里，玛克辛看到夏洛特已经在白板上写了：“感谢QA!!!”还在字的两边画了两颗爱心。

看了一小会儿之后，玛克辛问她能否做些改动。

“当然。”夏洛特热情地说。

玛克辛改了一下，变成：“感谢我们的QA团队成员!!!”

然后，她在最下面加上了汤姆、她自己、库尔特和数据总线开发团队其他5名成员的名字。

“好主意!”玛克辛听到汤姆在她身后说，“我想我们也应该邀请所有的数据总线开发人员共进午餐吧？要我给他们发电子邮件吗？”

玛克辛很快表示同意，并补充道：“我们需要更多比萨……”

“没问题，我会处理的。”夏洛特笑着说。

在接下来的几分钟里，QA 团队的成员开始相继进入会议室。玛克辛向每个人做了自我介绍。她注意到 QA 人员在年龄结构上与开发人员略有不同。没有 20 多岁的人。玛克辛怀疑是不是因为大学毕业生喜欢申请开发人员职位。

“那么，这个聚会是为了庆祝什么呢？”一位带印度口音的女士问道。

“为了测试日！”玛克辛笑了，很高兴有人这么问，“我们几个星期以来一直在做的功能特性即将得到测试，我很激动。我想办个聚会会很有趣，这样我们就能见到从事这项重要工作的人，并让大家知道我们很乐意提供任何帮助。”

“天啊，你们真是太好了。”那位女士边说边对玛克辛回以微笑，“我不确定以前是否发生过这种事。”

夏洛特在房间的另一头大声喊道：“我在这里已经 7 年了，从来没见过这样的事情。真是个好主意，玛克辛。让我介绍一下。普尔娜是 QA 总监之一，这些是她的团队成员……”

接下来是一片沉默。玛克辛想知道是否每个人都在等她发言。作为聚会的发起人，也许她应该这么做。

“呃，再次感谢大家。我们的午餐是比萨外卖，到时数据总线的开发人员也会加入进来。”玛克辛说，“这些天你们都在忙什么？”这总是一个很好的开场白。

大家纷纷告诉她正在做的项目。然后她问大家在测试过程中最让他们沮丧的是什么。

话题打开了。他们的痛点和故事对她来说太熟悉了：等待环境，环境没有得到完全清理，发生故障时接连不断出现的问题，无法确定问题是由代码中的错误还是环境中的错误引起的。

突然之间，她和汤姆有了许多共鸣，也有了许多事情可以谈。毕竟，每个人都喜欢抱怨工作。玛克辛开始做笔记。就这样，聚会开始了。

90 分钟后，玛克辛清楚地认识到，实际上不是开发和 QA 之间存在问题，而是凤凰项目的业务需求经常变化，总是需要紧急修改代码。这减少了可用的测试时间，导致质量变差。凤凰项目最近的灾难就是证明。

每个人都知道变化是生活的一部分，但凤凰项目似乎不适合这种快节奏的变化。每个人都对凤凰项目的质量下降和可能的后果表示了担忧。有人说道：“在全员大会上，史蒂夫谈论了需要我们做到什么。我们只是没能交付所需要的东西——而且当我们发现问题时，没有足够的时间来解决。”

人们对功能特性冻结非常感兴趣，尽管冻结的具体内容并不明确。人们感到兴奋的是，这表明高层的价值观发生了真正的转变，而且绝对在向更好的方向转变。然而，许多经理相信，他们在某种程度上可以免于冻结。

最后，聚会转移到了餐厅，15 块各式各样的大比萨摆在餐桌上。这种味道让玛克辛饿了——吃了那么多甜甜圈让她感觉有点紧张，她心跳加速，甚至有点冒冷汗。马上就要低血糖了，她需要尽快补充一些蛋白质，否则会头痛且血糖骤降。

到目前为止，已经来了几十名 QA 人员。玛克辛并不知道谁负责支持数据总线、谁不负责，但她也不在乎。今天的目标是交朋友。门口的保安要是知道，肯定会过来阻止的。

玛克辛吃完她的第二块意大利香肠比萨，把纸盘扔进了垃圾箱。她仔细洗过手后，跟着普尔娜走到了她的办公桌前。普尔娜很乐意向玛克辛展示她是如何完成日常工作的。玛克辛看到这里的桌子排列得比开发人员区更紧密，但还是比不上她见到德里克时所在的帮助台。

普尔娜的办公桌上有两台大显示器、她和孩子们的照片，还有一瓶 8 年的纯麦芽苏格兰威士忌。玛克辛指着威士忌说：“你的最爱？”

普尔娜笑着说：“那可算不上，不过对于庆祝活动来说已经足够好了。参与凤凰项目需要它。”她在屏幕上移动窗口，向玛克辛展示她在 QA 工单工具中创建的发布项目。

“终于。”玛克辛心想。她一直迫切地想看到 QA 团队的工作流。当玛克辛看到这个工具时，她立刻大吃一惊。

“那是 IE6 吗？”玛克辛迟疑地问道。她最后一次看到这个版本的浏览器是在 Windows XP 上。

普尔娜笑了，好像她已经习惯了向人们解释这些：“是的。我们已经使用这个工具超过 10 年了，现在必须在旧的 Windows VM 中运行客户端。它包含我们所有的测试项目，并运行着一些自动化功能测试。10 多年来，我们用它完成了成千上万的测试计划。”

“但是 IE6？”玛克辛问道。

“供应商有一个支持现代浏览器的升级，但需要同时升级服务器。”普尔娜说，“我们最终拿到了预算，但仍在等待运营拨付启动资金。”

这并不是玛克辛第一次看到人们不得不使用旧版本的浏览器。在她过去的工作岗位上，有一些工厂支持系统的供应商很久以前就倒闭了。他们设法成功地从这些系统中迁移了出来，但有一个例外。他们必须为关键任务服务器创建一个完全隔离的网络，称为 6.6.6.6。它运行在 SunOS 上，这个版本非常脆弱，完全无法修补。

“真是段美好的时光。”她想。

当普尔娜带她参观时，玛克辛发现 QA 工作流应用程序虽然已经很老了，但组织得很好，功能也很强大。

普尔娜调出一个网络共享，其中有 200 多个包含测试计划的 Word 文档。当玛克辛问起时，她随便打开了几个。一些描述了测试给定用户场景的测试过程：转到这个 URL，用这些值填写表单，单击这个按钮，再转到另一个 URL 验证正确值……另一些描述了输入验证的测试计划，以确保每个表单中的每个字段都拒绝任何不符合要求的输入。

读到这些，玛克辛回想起了几十年前的往事。毕竟，她的第一份工作就是软件 QA。优秀的 QA 需要一种反常的、有时甚至是残酷的直觉，知道什么会导致软件爆炸、崩溃或无休止地挂起。

玛克辛曾经听过一个笑话：“一个 QA 工程师走进一家酒吧。点了 1 杯啤酒。点了 0 杯啤酒。点了 999 999 999 杯啤酒。点了 1 只蜥蜴。点了 –1 杯啤酒。点了 1 个 sfdeljknesv。”

众所周知，优秀的 QA 人员善于破坏别人的代码。他们会用成千上万的字符、不可打印的 Unicode 字符和表情符号填写表单，在日期字段输入负数，还会做出其他出乎意料的事情。结果就是，程序崩溃或严重故障，通常会导致开发人员不知所措，对可怕的测试用例感到不可思议。

黑客可以利用一些注入错误获得完全的访问权限，并可能从整个系统获取所有数据。正是这导致了历史上最严重的几起个人可识别信息（PII）盗窃事件。

找到这些错误和漏洞非常重要。玛克辛对于普尔娜及其团队必须手动执行这些任务感到难受。在接下来的两周内，他们要做多少次这样的事呢：清理以前的测试，调出一个新的凤凰项目应用程序状态，进入正确的 URL，在字段中输入相同的信息……

普尔娜展示了用于检查功能特性是否按设计工作的其他测试。通常，这意味着将其与集成测试环境中的其他业务系统连接起来。这些测试环境经过精心设计，与当前在生产环境中运行的系统类似。

玛克辛一直在思考，这些了不起的测试中有多少是可以自动化的。这会将 QA 团队从冗长、耗时、容易出错的工作中解放出来，并释放他们的才能，从而找到更多破坏代码的方法。

此外，这些自动化测试将在开发人员每次检入代码时运行，向玛克辛和其他开发人员提供他们想要的快速、即时的反馈。他们可以立即发现错误，而不是日复一日、周复一周地犯同样的错误。

玛克辛并没有把这些大声说出来。QA 人员最不想从刚见面的开发人员那里听到的就是关于如何自动化其工作的想法。

将近 1 小时过去了，玛克辛仍然在忙着记笔记。普尔娜非常亲切，但玛克辛有点不耐烦了。她来这里是为了看到自己的代码运行，并帮助 QA 团队确保它是正确的。

普尔娜转向她说："好了，这些大致就是我们所有能做的。QA1 环境仍然未被重置。我们正在等待数据仓库团队的客户测试数据集，而且凤凰项目开发团队还没有开始合并……在完成这些之前，我们真的无能为力。"

"开发人员还没有开始合并？"玛克辛的心一沉，她问，"那要花多长时间？"

普尔娜说："我们通常会在两三天内收到……我知道他们已经尽最大努力了……"

玛克辛叹了口气。在短暂的凤凰项目任务中，她经历了工单交接的方方面面。为了让凤凰项目的构建顺利运行，她创建了一堆工单，感觉就像提交给了半个 QA 和运维部门。在他们努力获取她需要的东西时，她只能无助地等待。

她喜欢处理数据总线开发工单，因为它们代表客户需要的东西。他们将工单标记为"准备测试"并提交给 QA，而现在她在和 QA 打交道时，感觉 QA 人员是在等待开发人员完成工作。

QA 人员还在等待其他人腾出他们需要的测试环境。他们在等待运维人员提供服务器，以升级测试管理系统。他们在等待数据仓库团队更新测试数据。这种令人崩溃的等待什么时候才能结束?!

"你们到底需要从数据仓库团队得到什么？"玛克辛问，她想起了布伦特在凤凰项目发布时遇到的数据问题，那时香农则讲述了她在凤凰项目令人沮丧的 5 年。

"哦，每个人都在等他们。"她说，"他们负责从公司几乎所有部门获取数据，并对数据进行清理和转换，使其可以用于业务的其他部分。我们等匿名客户数据已经等了将近一年，但仍然没有得到包括最近产品、价格和促销活动的测试数据。我们总是被推下优先级列表，所以我们的测试数据已经是多年前的了。"

“真有趣。”玛克辛想。数据总线实际上是数据仓库团队接收大部分数据的途径。

“在肉眼能及的范围内，依赖关系越来越多。”她想，**“在这个混乱的系统中，没有任何地方可以让你完成任何事情。”**无论是创建工单、处理工单、等待工单还是完成工单，都一样。都是一样的。你被困在这个充满依赖的网络中，完全无法完成任何工作，无论你在哪里。

“太糟糕了。”玛克辛最后大声叹息道，“我只是讨厌就这样等待……”

普尔娜说：“实际上，这比以前好多了。”这让玛克辛感觉更糟。

普尔娜盯着玛克辛。玛克辛觉得需要解释一下自己感到沮丧的原因：“我很生气开发没有把他们的‘垃圾’准备齐全。我们必须做得更好。”玛克辛终于脱口而出。

“我知道有时候也有我们的问题。”普尔娜说。

“哦，太好了。”玛克辛想，**“除此之外，我们还患上了斯德哥尔摩综合征。”**

就在这时，她听到身后的餐厅里有很大的骚动声。一个 50 岁出头的高个子男人正在愤怒地指着比萨对夏洛特大喊大叫，然后又指向汤姆和其他数据总线开发人员。

“哦，那一定是罗伊。”她想。她快速发了一条短信给库尔特：

> 罗伊在这里。你最好来一下！

“失陪了。”她对普尔娜说，并快步走向餐厅。

“……不能让人们来这里干扰、插手我们的工作。当然，我很欣赏他们的举动，但下次一定要先征得我的同意，夏洛特！”

“哦，不过这只是个友善的举动。”夏洛特回答，“我是说，甜甜圈和比萨！之前没有人为 QA 做过这些。库尔特做的是一件大好事啊。”

“库尔特！库尔特总是图谋不轨。这只是他策划的阴谋的一部分。”罗伊愤怒地向每个人挥舞着他的写字板。现场大约 15 个人都站着一动不动，眼睛睁得大大的。有些人好像被吓坏了，还有些人被逗乐了。

“他可能把所有食物都记在了我们部门账上！”罗伊转身对夏洛特说，“如果是这样，代价就太大了。”

玛克辛自信地大步走进餐厅，伸出手来：“嗨，罗伊。我是玛克辛，数据总线团队的一名开发人员。很抱歉，这都是我的错。今天早上买甜甜圈带来是我的主意。我只是想和你们一起庆祝测试日，并看看我们有什么可以帮忙的。”

罗伊握着玛克辛的手，但茫然地看着她。他最后问道：“庆祝什么？”

“测试日。”玛克辛简单地说，不禁露出微笑。罗伊的表情和那天早上汤姆听她提起测试日时的表情几乎一模一样。“我在数据总线的功能特性上做了很多有趣的工作，所以我认为我们来帮助测试代码也会很有趣。”

玛克辛指着她身后的会议室白板，餐厅里的每个人都能看到，尤其是夏洛特画的那两颗大大的粉红色爱心。

罗伊看着她，说不出话来。最后，罗伊松开玛克辛的手，大声说：“哦，不，你们不需要。我不知道你们都在做什么。”他指着玛克辛和汤姆以及其他 5 位数据总线开发人员，他们穿着 T 恤和连帽衫，显得格外醒目。“我很确定库尔特和往常一样不怀好意。这可能是他正在进行的某种帝国建造计划，毕竟现在他已经为自己在开发部门捏造了一个位置。我会查清楚的，你放心好了。”

当罗伊转身离开时，玛克辛在想她如何才能更好地表达“我们是带着善意来的”。

正在想可以做些什么时，她看到库尔特大步走进房间。“哦，你好，罗伊！很高兴你还在这里。很抱歉没有和你协调。我们只是觉得办个惊喜聚会很有乐趣。QA 是链条上的下一个关键环节，我们希望尽己所能提供帮助。”

听到库尔特的声音，罗伊转过身，脸涨得通红：“哦吼，他来了！我想和你谈谈。现在，请吧。”

库尔特正要回答时，柯尔斯顿走到了他的身后，说：“嗨，库尔特。嗨，罗伊。介意我加入你们吗？哦，我喜欢比萨。”

玛克辛很惊讶在这里看到柯尔斯顿。还有一些人踱步进入餐厅，等着看戏。

“我很高兴你能来，柯尔斯顿。”库尔特转向大家说，“我们来到这里，是为了讨论 QA 工作有多重要，QA 应该得到更大的关注。柯尔斯顿，你能把你告诉我的事分享给大家吗？我想这里的每一个人都很愿意听。”

“当然，库尔特。”柯尔斯顿说，手里的纸盘子上盛着一块香肠菠萝比萨，“众所周知，凤凰项目是公司历史上最重要的创举。两星期前发生的灾难使每个人都大开眼界，特别是对公司的最高层来说。我们对下一个版本有很多期待。在 3 年间对市场做出的承诺，现在终于开始兑现了。

“我们刚刚宣布启动了反转项目，这是我们第一次通过冻结功能特性来提高质量，”她继续说，“这是承诺的一种体现，公司的最高层不仅要做正确的事情，而且要把正确的事情**做对**。按时发布代码就是其中一部分。我知道开发部门经常延迟合并变更。

“在我们与所有开发和 QA 领导层的会议上，他们承诺在今天 5 点之前交付需要测试的东西。”她说，“我们知道测试的代码稳定有多么重要，这需要非常优秀的开发过程。改进这些过程也将是反转项目的一部分。”

人们欢呼起来，QA 人员的掌声尤其响亮。

“我们在进行接力赛，现在要把接力棒交给你们，”她边说边用另一只手做了个夸张的手势，“你们的工作很重要，而我的工作就是满足你们获得成功所需要的一切。提前感谢你们的辛勤工作，也请告诉我需要哪些帮助。”全场再次爆发出掌声，玛克辛也鼓起掌来。她想起了在芝加哥参加过一个盛大的聚会，看到市长对满满一房间的人发表讲话。这位市长的交际天赋令她叹服，不仅让每个人都感到舒适，还让其为这一特殊经历感到自豪。

玛克辛想：“**柯尔斯顿也有这种天赋。**”她之前从来没有见过柯尔斯顿的这一面，这次深感佩服。

人群开始散去，有几个人走向柯尔斯顿。还有些人走近库尔特，跟他握手，向他接手新角色表示祝贺。

罗伊站在餐厅后面，瞪着柯尔斯顿和库尔特。

这时，夏洛特出现在玛克辛身边：“库尔特身边的生活总是很有趣，不是吗？我要向柯尔斯顿介绍一下自己。我一直想见见她。她太棒了。很高兴今天有那么多有趣的人光临 QA！”

玛克辛看到罗伊走向库尔特。她悄悄向那边靠了靠，刚好能听到罗伊说话：“……这还没完。你想方设法找到了一个保护伞，但她不可能永远保护你。你以为你比我们强？你以为你可以进来、摆架子、把每个人的工作自动化吗？有我在，你休想得逞。我保证我们会把你击败。”

罗伊大步走出房间。玛克辛看着库尔特，他脸上带着漠不关心的微笑。他对玛克辛和刚走来的汤姆说：“嗯，挺有趣的。什么都不用担心。我早就知道他会这么说了。”

“担心？”汤姆笑着回答，“**我**什么都不担心。这比每天写代码令人兴奋得多。接下来会发生什么？”

玛克辛面无表情地说：“很明显，开发人员只能在 5 点钟的最后期限前匆忙完成代码合并。”

汤姆的笑容很快消失了。“我们去看看。”库尔特微笑着说。

第 10 章

9 月 29 日，星期一

几十年来，玛克辛一直试图向非技术人员解释代码合并多么可怕。她的最佳描述是，50 名编剧在还没有决定主角有谁、结局怎样、主题是真实还是搞笑侦探故事的情况下，同时写一部好莱坞剧本。

每个作者都有分工，各自独立完成自己的部分，并同时在 Word 文档里敲几个星期的剧本。就在剧本最后定稿之前，50 位作者齐聚在一个房间里，把他们所有的作品合并为一个故事。

当然，无论以何种方式将所有剧本合并在一起都是一场灾难。仍然没有关于主角的一致意见，还有数百个无关角色、完全不连贯的场景以及情节上的漏洞……这只是列举了一小部分问题。

大多数编剧没有阅读执行制片人的备忘录。备忘录上说，由于市场口味的变化，要把这个故事拍成一部有巨型海底怪物的恐怖电影。

合并代码同样不容易。编辑代码与在谷歌文档中编辑不同，所有开发人员看不到彼此的变更。与编剧们一样，他们创建源代码的私有工作分支，即自己的私有副本。开发人员也可能要单独工作几个星期，有时甚至是几个月。

所有的现代源代码控制系统都有自动合并的工具，但是当有许多变更时，它们的缺陷就变得非常明显。有的人可能会发现其他人覆盖了他们的变更，或者他们更改或删除了其他人依赖的东西，又或者许多人对相同的代码做出了相互冲突的变更……这里仅仅列举了几处可能出错的地方。

玛克辛喜欢每个人都能及时将自己的变更合并到“主分支”，比如每天一次。这样，合并的变更就不会太大。就像在制造业里，小批量生产可以创造平稳的工作流程，没有相互冲突的中断或灾难。

凤凰项目开发人员的所作所为与其恰恰相反，上百个开发人员工作几周却不合并代码。从普尔娜的话来看，通常需要至少 3 天时间来合并。玛克辛想：“**谁喜欢那样的工作方式呢？**”

玛克辛与库尔特和普尔娜一起回到 5 号楼的“合并作战室”——她认为这个名字很合适。在她走进房间的那一刻，一股潮湿的热浪扑面而来，因为有太多人挤在这个又热又小的房间里。环顾四周，她肯定地对库尔特说：“我不在乎柯尔斯顿说什么。我们今天不可能得到一个发布分支。”

普尔娜走到房间前面，拿出笔记本计算机。在四处浏览的过程中，玛克辛了解到普尔娜是负责确保所有承诺的功能特性和缺陷修复都进入 QA 发布分支的集成经理。每个人都亲切地叫她“合并老板”。

玛克辛看着普尔娜打印给她的表格，上面有 392 张开发工单要合并，每一行都有来自开发工单工具的工单号、问题描述、显示是否合并的复选框、到 QA 测试计划的链接、QA 工单号，等等。

普尔娜负责将所有这些变更合并在一起，这样 QA 就可以最终将它们作为一个整体进行测试，发现并报告问题，确保所报告的缺陷得到修复。这是一项艰巨又费力不讨好的工作。

玛克辛和库尔特在房间后面找了两个座位。大约 25 名开发人员和管理人员围坐在桌边，代表每个团队进行合并。他们三三两两地挤在一起，面前至少有一台笔记本计算机。基本上是一个人在计算机前打字，其他人则在其背后看着。

到处是低沉而沮丧的谈话声。“听起来像是开发人员在进行合并。”汤姆说着，坐在了她的旁边。

“你知道这个笑话吧——‘好几个开发人员’叫什么？”玛克辛说，“叫‘合并冲突’。”

汤姆笑了，打开他的笔记本计算机：“我最好现在就将所有的变更合并到发布分支中。我通常不会马上去做，有什么好着急的？我的意思是，看看周围……每个人都要花几天时间才能将变更合并进来。”

他打开源代码管理应用程序，不时单击屏幕，拖放或者输入一些内容。他说道：“完成了！”然后合上了计算机。

“我一般不会马上合并。”他说，“我们几乎不与凤凰项目的其他团队共享代码。我记得从来没有过合并问题……”

玛克辛点点头，再次想到数据总线是凤凰项目的一部分是多么奇怪。

“你认为这些人今天能完成合并吗？”玛克辛问道。

汤姆大笑，指着房间前面连接着普尔娜笔记本计算机的大电视机：“4 个变更已经合并进来了。加上我们刚完成的那个就是 5 个。还有 387 个。照这个速度，我觉得如果明天能完成那真是一个奇迹。我猜大概至少要 3 天时间吧。”

在接下来的 1 小时中，每当有人遇到合并方面的问题时，就会有更多的开发人员进来帮忙。当房间里连站的地方都没有了之后，他们在走廊对面开辟了第二个作战室。一位经理抱怨道：“我们为什么没有提前预订两三个会议室呢？每次都发生这种事。”

玛克辛看到一个开发团队的领导在其计算机的终端窗口中输入 `git pull`。他立即收到一条很长的错误消息，显示有 43 个合并冲突。玛克辛吓得从他的屏幕前缩回了头。她想知道他们要花多长时间才能把那一团乱麻清理干净。

后来，当她听到另一个团队说要把源代码打印出来给每个人，这样就可以手动调整每个变更时，她几乎要把咖啡喷了出来。

有 10 个人挤在电视机前，研究针对文件中同一部分的 4 组不同变更的代码差异。

看到她脸上的表情，库尔特问：“怎么了？”

她没有说话，用手势示意周围太嘈杂混乱了：“开发人员应该解决业务问题……而不是……这……这太疯狂了。”

库尔特只是笑了笑：“确实。所有的开发经理都在抱怨这有多么麻烦。有些人正在游说减少合并的频率——不是每月一次，也许是每季度一次。”

玛克辛吓得脸色发白：“你在开玩笑，对吧？”

“不是。”库尔特说，他被玛克辛的反应逗乐了，“如果痛苦，就尽量少做。这是他们的理论。”

“不，不，不。”玛克辛沮丧地说，“他们全搞错了。之所以痛苦，是因为合并的规模太大了。为了减少痛苦，他们需要更频繁地进行合并，这样合并的规模就会变小，产生的冲突也会更少。”

库尔特又笑了：“是啊，不过……”他说着，耸了耸肩，指了指房间里面。

玛克辛没有笑，因为她看不出有什么好笑的。她看了看表。快 4 点半了。她看着普尔娜的计算机屏幕。已经合并的变更只有 35 个，还剩 357 个。他们只完成了约 10%。

“照这样下去，”玛克辛心想，**“他们还得再工作 40 小时，也就是整整一周的时间。”**

第二天，玛克辛瘫坐在餐厅的椅子上，周围都是比萨。第二天的代码合并就要结束了。她盯着到处张贴的大标语：“只供合并团队享用。”

玛克辛不知道他们为什么要这么麻烦。在过去的一天半中，她猜测每个开发人员都在两间合并作战室里。

“玛克辛，你来了。”库尔特打断了她的沉思，“天啊！希望你不介意我这么说，但你的状态看起来很不好。”

玛克辛对库尔特挤出一个微笑。她还是无法解释眼前的一切给她带来了多大的困扰。

玛克辛知道，代码合并从来都不是有趣的事情，但是她对这两天看到的情况完全没有思想准备。

她见过管理人员用 U 盘将源文件从一台计算机复制到另一台计算机上，因为他们的团队不想使用与其他人相同的版本控制系统。

她见过人们试图解决超过 1000 行、分散在几十个文件中的合并冲突。

她见过人们忘记合并变更，当普尔娜调整她的电子表格时才发现。

她甚至见过两个团队在真正的语义合并冲突中挣扎。这种情况很少见，通常只在开发人员为了吓唬对方而讲述的故事中出现。这是一个自动合并的结果，虽然编译正确，但疯狂地改变了程序的功能。最糟糕的是，一切纯属侥幸。他们几乎是偶然发现的。坦率地说，她很吃惊在有人说“那看起来不太对”时人们才发现问题。否则，它就会溜进生产环境，无疑会造成严重破坏。

她一直想知道有多少类似的错误没有被发现，现在还在生产环境中。它们就像嘀嗒作响的炸弹，当代码路径最终被执行时就会爆炸。

回头看着库尔特，她说：“我见过一些事。无法形容的事，库尔特。这种浪费和不必要的痛苦……没有开发人员应该经历……这……这种……疯狂！”她又一次不知说什么才好了。

“啊！”库尔特说，突然露出关切的神情，“扔掉那块比萨，回到反抗军中间来吧。香农刚刚报告了她与凤凰项目开发团队沟通的结果，她有一个很棒的想法。”

玛克辛低头看了看自己的手，发现手里拿着一块吃了一半的凉比萨，奶酪已经完全变硬，成了一块油腻的白色硬板。她不记得自己之前在吃比萨。

她把比萨扔掉，一句话也没说就跟着库尔特走了。

库尔特带玛克辛来到另一间会议室，远离了疯狂的合并。她看见汤姆、布伦特、香农和道恩围坐在桌旁，都在向她微笑挥手。香农盯着她看了一会儿，但不像库尔特，她礼貌地对她憔悴的外表只字不提。

“玛克辛，我想你会高兴听到这些的。”香农说，“我们一直在思考如何合并所有的数据总线变更。但是为了测试，我们必须等待其他人也完成合并。

“我们正在考虑如何将数据总线从凤凰项目中解耦出来，这样就可以独立测试了。”香农继续说道，“如果可以的话，现在就有 QA 人员来进行测试。”

过了好一会儿，玛克辛才明白香农的建议，因为她还在为合并的事烦恼。随后她才恍然大悟。

“是啊！”玛克辛说，“对，这是个好主意。我们现在还不能为凤凰项目的其余团队做什么，但这并不意味着我们必须和他们一起受苦。”

库尔特说：“我和普尔娜、柯尔斯顿谈过了。他们派了两个人来帮我们测试和认证数据总线。只要凤凰项目的合并还在进行，他们就是我们的人。事实上，我打赌我们可以在合并结束之前**测试完所有变更**。”

玛克辛皱着眉头说：“但是我们仍然需要一个测试环境来运行数据总线。”思考一会儿之后，她说：“我想知道能否创建一个数据总线测试环境，在我们的集群里运行。比起凤凰项目的环境，它会小得多、简单得多。这样，QA 团队就可以随时使用它，而不是使用每个人都在努力争取的稀缺环境。”

“环境团队会不高兴的。”库尔特笑着说，“你需要什么？”

她向四周看了看：“如果布伦特和亚当能帮两三天的忙，我想我们至少可以在周一得到一个简化的环境。我知道布伦特已经跟凤凰项目绑定了，但是从技术上说，数据总线仍然是凤凰项目的一部分，对吧？”

突然，玛克辛又兴奋起来。将数据总线从凤凰项目的沼泽中解救出来的想法令人振奋。

“第一理念。”布伦特笑着说。

第二天，玛克辛、布伦特和亚当马不停蹄地创建了一个精简的环境，用来运行和测试数据总线。这是一场与凤凰项目合并之间的比赛。

普尔娜对这个计划大加赞赏。柯尔斯顿也说：“我们创造了规则，所以也可以打破规则。特别是如果能够永远消除这些令人讨厌的依赖关系，任何项目经理都会高兴得跳起来。这对库尔特来说已经足够好了，只管告诉团队成员勇敢去做，而不需要从上级得到批准。”

“如果需要的话，我之后会请求原谅的。”库尔特笑着说。

与此同时，布伦特正在尝试重现目前只能在汤姆的笔记本计算机上运行的环境构建。玛克辛也在与亚当一起努力，试图让最后一个数据总线版本在他们的简化版凤凰项目环境中工作。

她很高兴又破解了一个自流放后一直困扰她的构建难题。在数据总线启动时，他们两个盯着一个滚动的终端窗口，希望解决最后一个错误。当她听到合并作战室里的骚动时，他们还在看着滚动的日志信息。

一个开发经理喊道：“每个人都注意了！在过去的 2 小时里，我们在电子商务网站上遇到了断断续续的生产问题。用户进入购物车时，凤凰项目的一些错误会导致促销价格显示不正确或不完整。有人知道会出什么问题吗？”

玛克辛边回到作战室边想：“**这真是停机的好时机。**”实际上，所有的开发经理都已经在那里了，所以应该很容易找出是代码的哪一部分导致了问题。这就像在心内科专家大会上发作心脏病一样——有很多好医生在身边。

玛克辛赞许地看着他们有条不紊地解决问题。他们办事效率高，逻辑清晰。当试图把问题复制到自己的笔记本计算机上并系统性思考可能出现的问题时，他们没有任何责怪他人的意思。

10 分钟后，中间件开发经理开始牵头。她给出了一个令人信服的案例，说明问题肯定在她的代码区域内。她的团队只需要 15 分钟就可以生成一个补丁。“这是一个单行的变更。我们可以直接把变更推到当前的发布分支。”她说道，“哦，该死，我们不行……只有 SCM 经理可以推到这个旧版发布分支。我们需要贾里德。有人知道他在哪儿吗？”

“我去找他。”一个人边喊边跑出房间。

“贾里德是谁？”玛克辛问库尔特。库尔特揉了揉眼睛，努力不笑出声来。

旁边的中间件开发经理用疲惫的声音说：“贾里德是源代码经理。开发人员不允许进入生产环境。只有针对 P1 问题开发人员才可以将变更推到发布分支，但这只是个 P3 问题。”她解释道，“所以，要么我们请求运维部门将其改为 P1 问题，而这是白日做梦，要么贾里德授予我临时访问权限，以便检入修复。”

“如果贾里德在这里，他会怎么做？”玛克辛问道，她知道接下来会发生什么。

中间件开发经理说：“他将使用我们修复的提交 ID，手动将其复制到发布分支，并将其推送到生产环境中。”

“就这样吗？”玛克辛问道。

“是的。”她回答说。

玛克辛小声咒骂着。她没想到自己真的生气了。真的火冒三丈。

就在几分钟前，她还认为停机的时机真好。那个病人真幸运。所有能够正确诊断并紧急救治病人的顶级心脏创伤专家就在这个房间里。

但是无极限零部件公司是不允许医生触摸病人的。好吧，除非开一张 P1 的工单。但如果病人不像现在这样濒临死亡，显然只有贾里德才能接触病人。然后贾里德就会按照医生说的去做，因为众所周知，医生不能碰病人。贾里德不是医生。他可能只是一个管理员，只能添加和删除用户，并确保备份。

“没人能找到贾里德。我想他可能还在吃午饭。”跑去找他的家伙说。

“哦，饶了我们吧。”玛克辛低声咕哝道。她回想起自己昨天在餐厅里是多么沮丧：**“又发生这种事了。”**

因为没人能找到贾里德，所以大家都在想备选方案。20 分钟后，兰迪出现了。他声称自己无能为力，但仍然在努力寻找贾里德。

每个人都点点头，回去合并他们的变更。

“这怎么行？!”玛克辛对着整个房间大喊，她再也不能袖手旁观了，“为什么开发人员不能将自己的变更推送到生产环境中？为什么我们需要**贾里德**来推送变更？我的意思是，我相信他真的很擅长他所负责的事情，但是为什么我们不能自己做呢？”

整个房间鸦雀无声。每个人都盯着她，一脸震惊的样子。就像她在婚礼或葬礼上大声打了个嗝一样。最后，有人说道：“要合规。”另一个人插话：“还有信息安全。”

她听到房间里的人们说出了其他的理由。

“ITIL[①]。”

“变更管理。”

“萨班斯法案。”

“PCI[②]。”

“监管者。”

她向四周看了看。所有这些人都很有能力，并且很有责任心。然而……“好了，大家听我说。这些理由根本说不通。我想我知道不能推送变更的真正原因……他们不信任我们。你们不觉得忧心吗？！贾里德怎么可能比编写变更的开发人员更了解如何进行变更呢？”

扫视整个房间后，玛克辛发现只有大概 10 个人对她的顿悟感到不安。

“他们认为我们会故意破坏这些变更吗？让别人复制并粘贴我们的变更，可以比我们做得更好吗？”玛克辛知道她在这里的处境相当危险，但是无法阻止自己，“这个房间里大都是开发人员。我们没有得到足够的信任来推动自己的变更进入生产环境，这难道不让人感到困扰吗？”

有几个人只是耸耸肩。还有几个人回望着她，好像她发了疯或者天真得无可救药。

玛克辛知道自己的话比不上《亨利五世》中的“圣克里斯平日”战斗演说那样鼓舞人心，但令她目瞪口呆的是，人们并没有因为这种情况而备受困扰。她希望有人大喊：“该死，是的，这让我很烦，我们再也受不了了！”

然而，取而代之的是一片寂静。

我们甚至不再需要警卫了。我们太喜欢做囚徒了，认为那些栅栏是为了保护我们的安全而设。

① Information Technology Infrastructure Library，IT 基础架构库。——编者注

② Payment Card Industry，支付卡产业联盟。——编者注

玛克辛正准备离开时，一个扎着马尾辫、腋下夹着笔记本计算机的年轻人走进会议室，后面还跟着两个人。

“哦，不。”玛克辛不小心脱口而出。**这是贾里德？**

他甚至比第一天来帮她的实习生还年轻。她并不排斥年轻的工程师。相反，她觉得自己最大的希望和抱负都在下一代人手中，她要尽己所能帮助他们实现目标。但是玛克辛很难相信贾里德比房间里的其他人更有资格解决这个问题。她想：“**如果贾里德可以部署变更，我们也应该可以。**”

玛克辛看着他设置好计算机来执行代码推送。他花了 10 分钟才成功登录，获取需要推送的代码链接，与大家确认代码是正确的……就像玛克辛嗤之以鼻的关于编码的所有电影场景一样，人们聚集在贾里德背后，屏住呼吸期待他成功。当他最后说道“成功了”时，人们拍了拍他的后背。

玛克辛翻了翻白眼，感到很沮丧。她很高兴贾里德完成了这项工作，但是拜托，他所做的只是复制、粘贴和单击一个按钮而已。

当玛克辛询问中间件开发经理问题是否已经得到解决时，经理回答说：“还没有。现在贾里德已经把它推到了最后一个发布分支，下一步需要他和运维人员一起把它部署到生产环境中去。”

病人还没有得救。他要被转移到下一个部门了。她决定跟着贾里德看看情况，更多的是出于病态的好奇心，而不是冒险意识。

在跟随贾里德走出房间 4 小时后，玛克辛感到头昏眼花、不知所措。玛克辛在数据总线环境中工作的任何幸福感和兴奋感都消失了。除此之外，她现在无法确定什么是好的、什么是坏的了，并且怀念之前支配她的流程。

她明显感到不舒服：“**我发烧了吗？**”

这一切都是从她跟着贾里德从二楼走到运维部门所在的一楼开始的。在运维部门会议室里，她只认出了韦斯和帕蒂，而其他人都没认出来，他们看上去彼此像得出奇。

这间会议室看起来几乎和楼上的合并作战室一模一样。同样的家具，桌子上同样的对讲电话，天花板上同样的投影仪。但坐在桌边的是一群完全不同的人，讨论着和楼上完全一样的话题：如何部署这个紧急的变更。只不过他们讨论的障碍略有不同：

在维护窗口之外不允许进行变更；ITIL；安全；变更管理；合规；不同的工单系统；需要填写的字段数量相同，以及漏掉某个字段时会出现相同的错误；相同的升级流程，但人员不同。

他们已经向运营副总裁比尔·帕尔默和产品营销高级总监玛吉·李提出了紧急变更请求。就像在楼上一样，每个人都站在周围等待批准。

5 点的时候，有人点了比萨。玛克辛跟着大家来到餐厅，发现这里也和楼上的餐厅一模一样。当她看到比萨的时候，差点摔倒——和昨天午餐送来的比萨来自同一家店。

不同的人吃着同样的比萨，抱怨着同样的问题。就在那时，玛克辛感到一阵眩晕：**"也许我只是饿了？"**但是一看到比萨她就感到反胃。

玛克辛感觉就像在重放 6 小时之前自己经历过的电影场景。**"恐怖版的电影《土拨鼠之日》。"**她想。就像比尔·默瑞扮演的角色一样，她注定要一遍又一遍地重复同样的一天。但对玛克辛来说，演员一直在换。先是开发人员，然后是 QA 人员，最后是运维人员。不过剧情完全一致。

在此之前，玛克辛深刻怀疑开发人员被无情、邪恶、冷漠的官僚主义囚禁了。也许幕后是运维部门或者一个秘密的 ITIL 变更管理阴谋集团。但在跟随贾里德到运维部门中心之后，她发现运维人员和楼上的开发人员一样，都被关在同一座监狱里。

"谁能从中获利？谁能通过压迫技术组织中的每个人而获益？"玛克辛不认为克里斯或比尔是这无尽监狱海洋的狱警。要是说起来，他们也是囚犯罢了。

玛克辛一口都没吃，就把手里那块比萨扔掉了。回到会议室，韦斯宣布紧急变更刚刚通过。玛吉（需要批准变更的人）错过了他们的第一个电话，因为她当时在自己的生日聚会上，但她现在出去参加电话会议了。

推送变更需要 40 分钟。玛克辛看着团队在网络共享、wiki 页面、源代码库中翻找……然后帕蒂确认问题已经解决。

韦斯感谢大家工作到这么晚，人们开始陆续散去。很快，会议室里只剩玛克辛一人了。当移动传感器不再能检测到运动时，灯也熄灭了。在黑暗中，玛克辛想知道令人压抑的官僚主义如何获得了如此多的控制权。

埃瑞克说得对。这与第三理念恰恰相反，不是改进我们的工作流程，而是盲目地遵循。现在，这个流程完全禁锢了我们，吸走了日常工作中的所有快乐，让我们离第二理念越来越远。

在黑暗中，玛克辛拿起手机，给库尔特和反抗军的其他人发了一条短信：

还有其他人在吗？我真的需要帮助。还需要喝一杯。谁能在码头酒吧跟我碰个面？

第 11 章

10 月 1 日，星期三

当玛克辛出现的时候，库尔特已经坐在灯火通明的码头酒吧了，桌子上放着几扎啤酒和一瓶葡萄酒。她很高兴看到他，还有那些酒，因为这意味着其他反抗军成员要来了。她十分感谢他们的陪伴。

玛克辛很少借酒消愁，但她一坐下就喝了起来。她很快喝完了两杯黑皮诺葡萄酒，尽管知道明天早上会很难受。

但今晚没关系，因为酒肯定会让她感觉好些。糖和酒精的结合可以帮助她对抗自从跟随贾里德来到“疯狂的运维世界”以来一直抑郁的情绪。

当人们到达并坐下时，桌子周围的气氛变得积极愉快。汤姆和布伦特打开自己的笔记本计算机，在精简版环境下运行数据总线取得了惊人的进展。他们不能待太久。明天早上还要与 QA 团队开会，以便将其动员起来，希望他们能够尽快开始测试。显然，普尔娜及其团队稍后可能会过来。

香农在拜访凤凰项目团队时写下笔记，找出了近 10 名想利用反抗军创造的内容来解决日常问题的开发人员。随着反转项目的全面展开，他们有时间来做这件事。

玛克辛睡眼蒙眬地微笑着听大家分享故事。最后，库尔特又给每个人倒了一圈酒，然后转向玛克辛问：“怎么样，玛克辛？”

“库尔特，我们搞砸了。”她沮丧地把手指插进头发里。

玛克辛试图解释。平时她非常善于表达，但当她听到自己说话时，马上意识到自己听起来像是疯了。

她努力重新表达这个下午有多烦："自从被流放到凤凰项目，我已经开了数百张工单，想尽力把事情完成。我一直在跟踪这些工单，看它们去了哪里。很多去了运维部门，还有一些去了 QA 部门。然后，我加入数据总线团队，开了更多工单。但更重要的是，我要在这些工单的另一头工作，做人们需要的工作。但是为了完成这些工作，我不得不开更多工单。这就是一个巨大的工单圈，库尔特，工单不断地被创建和传递，一遍又一遍，没有尽头。

"是谁让我们受这些苦的？"她最后问道。

亚当苦笑着说："是我们自己。很久以前，QA 曾经是开发的一部分，但是当我加入的时候，QA 已经独立出来了。我们制定了一系列关于如何与开发关注点解耦的规则，以保护业务不受那些疯狂、鲁莽的开发人员的影响。每年，我们都以他们的任何过错为借口，制定越来越多的规则，'让开发人员承担更多的责任'，而这只是让流程越来越慢。我对反抗军感到兴奋的是，我们正在努力取消这一切。"

道恩点了点头："亚当说得对。在运维部门，我们也这样做了。一开始是有合理原因的——我们引入了 ITIL 流程，一切工作井然有序，比之前的一片混乱好多了。运维部门的情况更糟，因为我们有太多专业化领域。如部署之类的复杂工作可能会涉及所有这些领域。我们有服务器、数据库、网络、防火墙……见鬼，在过去 10 年里，我们创造了更多筒仓，比如存储器、VLAN、自动化团队、虚拟化、超融合基础设施……谁知道另外还有多少筒仓。

"有了现代技术栈，我们需要在容器、日志、密钥管理、数据流水线、NoSQL 数据库等方面有深厚专业知识的人。没有人能成为精通所有领域的专家！"道恩说，"所以我们需要一个工单系统来管理这些复杂的工作流程。但是人们很容易忽略这项工作的目的。这就是反抗军如此重要的原因。看看为了帮助数据总线，有多少人在加班加点地工作。"

玛克辛身边的人都举起酒杯，大声喊道："没错，没错！敬推翻强大的旧秩序！"玛克辛也举起酒杯，但什么也没说。

她经常听说 IT 是整个组织的神经中枢，因为在过去 30 年中，绝天多数业务流程是通过 IT 系统实现自动化的。但不管出于什么原因，企业让自己的神经系统退化了，就像多发性硬化症扰乱了大脑内部以及大脑与身体之间的信息流动一样。

玛克辛又拿了一杯酒，但只抿了一小口。突然，她感觉很不舒服。这与她喝了什么无关。肯定是身体哪里出了毛病。于是她很快向大家告别，感谢大家今晚的光临。

玛克辛回到家，给丈夫一个拥抱，对孩子们说晚安。当她洗完澡爬到床上时，终于放松了下来。

那天半夜，玛克辛开始不停地出汗，接着浑身打冷战。她发烧了。她最终败给了凤凰项目发布后令队友大幅减员的疾病。

当晚，她没完没了地做梦，梦见自己被困在一个官僚机构里，从一张桌子转到另一张桌子，排队等待，按要求填写很多表格，再从一个部门转到另一个部门，又重新排队，填写更多表格。这些表格被送入巨大的数据仓库中并粉碎，变成一团热腾腾、油腻腻的瘴气，隐约可以看到其中由逗号分隔、掺杂随机字节顺序标记的文本文件。

她目睹了官僚机构的麻木运转，许多无助的人们被困在齿轮里无法挣脱。她听到了他们无助的尖叫，直到所有能量都被吸干后才暂时安静下来，去填写考勤卡。

她把堆积如山的纸质工单推上几级台阶，穿过一些隔间，再推下几个台阶，注定要永远重复“西西弗斯[①]的正方形”，作为工资发放故障的惩罚。

当玛克辛醒来时，太阳已经升起。枕头被她的汗水湿透了。她的鼻窦和肺部充血，咳得很厉害，胸部也很疼。她躺在床上几乎不能动弹。

她强迫自己起床洗澡。湿润的热蒸汽让她感觉舒服一些，但刚从浴室出来，又袭来了一轮大汗和冷战。她摇摇晃晃地走下楼，吃了一片吐司面包，喝水时才意识到喉咙特别痛。

玛克辛的丈夫让她在床上多休息一会儿，他会送孩子们按时上学。玛克辛心里暖暖的，喃喃道谢。她刚上了一半楼梯就不得不停下来休息，最后才艰难地爬回了床上。

虽然连手机屏幕也看不清，她还是给每个人发了短信，告诉他们自己生病不能来上班了。她睡着后突然惊醒，想起没有填写考勤卡就离开了办公室。但她太虚弱了，根本无能为力。最后她好不容易又睡着了，但因为浑身疼痛而不断呻吟。

第二天，玛克辛还是下不了床。她成了一名伤员，加入了那些因为疾病、官僚主义或被困在“等待之地”而无法工作的人的行列。

---

① 在希腊神话中，西西弗斯触犯了众神，被罚把一块巨石推上山顶。由于巨石太重，每每未上山顶就又滚下山去，使他前功尽弃，于是他就不断重复、永无止境地做这件事。——编者注

由于急需更多感冒药，她不得不穿上五层衣服外出到药店买药。为了不传染给家人，她买了一个外科口罩，好像地铁上的日本上班族一样。当她的丈夫看到她戴着口罩时，忍不住笑了。

到星期五中午，玛克辛才感觉稍微好了一点儿，终于能够在一天中保持清醒 1 小时以上。她已经快 2 天没碰过手机了。事实上，除了和丈夫勉强说上几个字外，她几乎连话也没说过。厌倦了躺在床上看小说，她下楼给库尔特和普尔娜发短信：

> 开发人员完成合并了吗？

几秒之后，玛克辛收到了库尔特的回复：

> 哈哈哈哈哈！对不起，没有。也许星期一可以。但是数据总线及其环境已经准备好接受测试了。QA 可能今晚开始测试！如果你想了解更多，可以打电话给我！希望你尽快康复。

玛克辛拨通了库尔特的电话。他连招呼都没打，上来就说："布伦特和汤姆一直在不停地工作。他们快能在更小的新环境中运行数据总线了。所有的数据总线开发人员都在与 QA 团队一起编写自动化测试。亚当和一群开发人员正在主导代码分类，一些 QA 人员在没有任何帮助的情况下编写测试。你可能看到过这些测试被检入源代码仓库。

"香农正在为安全铺平道路。"库尔特说，"环境镜像会每天自动打补丁。也许很快，应用程序的依赖性也会如此！"

玛克辛艰难地笑了。他们在她生病期间取得的成就令她叹服。她通过聊天频道看到了关于他们进展的消息，令人兴奋。她喜欢看到开发团队和 QA 团队提交的所有代码。

毫无疑问，玛克辛知道开发人员将最终负责测试他们自己的代码，而 QA 将担任更具战略性的角色——指导和咨询。这意味着，一旦他们的集中式构建和持续集成（CI）服务器开始运行，他们编写的所有自动化测试将很快在每次签入时运行。胜利在望！

"这太棒了。"她用嘶哑的声音说，这让她的牙齿疼得厉害。她告诉库尔特下个星期去见他，然后挂断了电话。

玛克辛爬回床上，闭上眼睛，思考接下来会发生什么。如果他们能让运维同意，甚至可以将部署自动化到生产数据总线服务。而且，尽管看起来机会渺茫，但是他们甚至可以在集群中运行生产数据总线服务。

这将使每个人轻松很多，甚至对运维来说也是如此。首先就是，他们可以在完成变更之后立即进行测试和部署，而不是等待下一个测试周期（2 个星期）。

玛克辛意识到，真正的问题是他们应该开发哪些功能特性。她想知道数据总线中的哪些功能特性对业务而言最重要，以及他们应该专注于哪个业务单元。数据总线的独特之处在于，它涉及无极限零部件公司的很多领域，而且每个领域都有自己的需求和优先级。

她想再睡一会儿，但忍不住思考什么是数据总线最高的业务价值活动。出于好奇，她坐了起来，打开笔记本计算机，接着打开了工单系统。但她并没有开一张新工单，也没有处理别人的工单，只是四处看看。这是她被流放后第一次这么做。

随便点了几下，她明白了如何查看所有的数据总线工单。这里有数百张工单，根据所涉及的业务系统用不同颜色标记。当看到有多少是超过一年的旧工单时，她咧了咧嘴。难怪每个人看起来都那么沮丧。

她想知道这些积压工单中的哪些功能特性对公司来说是最重要的。这很简单。史蒂夫在全员大会上告诉过大家公司的首要任务是什么。史蒂夫和莎拉一直在谈论帮助客户的汽车跑起来和为客户提供一种方便的购物方式是多么重要。做好这一点，可以增加每客户收入、平均客户订单量，以及总收入和盈利能力。

想着这些，她一页一页地滚动着功能特性页面。从工单名称或工单内容很难知道涉及的功能特性究竟是什么。他们关注的是什么和怎样做，而不是为什么。

玛克辛最终注意到一个反复出现的术语“商品促销”。

她看到一堆与夏季促销有关的工单，如更换电池、空调和制冷系统维护的捆绑促销打折产品。它们都“胎死腹中”了。玛克辛叹了一口气。现在已经是秋天了，与这些促销活动相关的机会来了又去。

她想知道如何删除那些不再相关的功能特性。永远背负这么多未兑现的承诺，真的是一种认知和精神负担。毕竟在未来，任何人都可以随时问：“我的功能特性在哪里？”

出于好奇，她搜索“冬季促销”，看到了一串工单。她开始逐一查看。一张标记为“完成”的工单是为包含雨刷器片和刮冰器的捆绑包创建 SKU。一张仍在进行中的工单是为该捆绑包创建一个折扣价格。

她看出这是一种模式，捆绑的产品还有冬季轮胎和链条，链条和挡风玻璃除冰液，等等。另外还有一系列“感恩节促销”工单。每项促销活动都需要两次数据总线部署，一是在产品数据库中创建新产品，二是在定价数据库中创建特殊的促销价格。

这意味着，每一个折扣包都需要2个月的时间来创建。她感觉自己找到了关键，于是开始浏览促销类的其他功能特性。有一个立即引起了她的注意。这张工单是7个月前创建的，标题是“一步创建：新产品捆绑包SKU和相关折扣”。

打开工单，玛克辛知道了营销部门想要怎样完全自助地创建新的SKU并定价，而不需要经过数据总线团队。

“是的！和我想的完全一样。”功能特性的描述指出，当前流程需要将近90天的时间才能为客户提供新创建商品的折扣。

这张工单来自产品高级总监玛吉·李。突然，玛克辛怀疑数据总线现在正是组织的障碍所在！她发电子邮件给库尔特和玛吉。大约5分钟后，她接到了库尔特的电话。

她哑着嗓子说：“你看到我的电子邮件了吗？”

“是的。”库尔特说。“我看了你发给我的链接。确实很有趣。你不在的时候，我一直在想谁是我们最重要的客户。当我们把数据总线移出凤凰项目时，我也在寻找谁是举足轻重的人物，谁可以给我们一些支持。玛吉的名字出现了一次又一次。

“她为莎拉工作，所有的门店和电子商务产品负责人都向她汇报。”库尔特继续说，“我会把我查到的组织架构图发给你。我已经见过她的行政助理了，我们近期和她安排了一个会议。”

“太棒了，库尔特！”玛克辛说。但当她微笑时，还是有点痛苦。她迫不及待地想回去工作……当然是在恢复健康后。

她呻吟着挂了电话，爬回床上，睡着了。

星期一，玛克辛回到了工作岗位上，在会议室与道恩、汤姆和库尔特讨论数据总线。汤姆用房间前面的屏幕显示了他计算机里的内容：“我们整个周末都在努力，确保可以稳定展示。天啊，我太激动了。数据总线环境现在完全运行在Docker镜像中，因此任何人都可以使用它。布伦特和我是基于玛克辛生病前做的工作完成的。谢谢你，玛克辛！

“现在，你可以在笔记本计算机上运行这个 Docker 镜像，而不是等待数周才能访问一个稀缺的 QA 环境。下载需要几分钟，但启动只需几秒钟。太不可思议了……”汤姆边说边在终端窗口中打字，“在布伦特的帮助下，我把这些环境连接到了 CI 服务器上，这样它就可以运行数据总线测试了。我们终于进入了构建和测试业务！我们将使用它与 QA 一起测试上个版本完成的 4 个功能特性。”

他看着玛克辛说：“我们的 CI 服务器有足够的容量供任何需要它的人使用。没有你的出色工作，我们不可能做到这一点，玛克辛。”

汤姆笑了，摇了摇头：“多年来，我们一直想做这样的事情，但总是没有时间。我很兴奋，因为这将彻底改变数据总线开发人员的工作方式。每个人的工作效率都可以提高，他们进行开发和测试的速度将更快。如果有奇迹发生，我们或许可以更快地把这些功能特性投入生产。”

库尔特举起双拳欢呼：“这是一个不可思议的成功故事！我们终于可以向人们展示我们能够提供的价值了。”

玛克辛深受感动。这是个了不起的成就，她为布伦特和汤姆感到骄傲。尽管他们几个星期前才和她认识，但是没有她也能做到这么多事情。

库尔特皱了下眉头：“事实上，我收回我说过的话。这是一个关于开发和 QA 的成功故事。还有许多愤怒的业务干系人没有得到自己的功能特性。如何将这些功能特性投入生产呢？”

“现在，这是我们的头等大事了。”道恩摇摇头，用手指敲着桌子说，“玛克辛是对的。不让开发人员直接把代码推送到生产环境中，已经有很长的历史了。不少部门的唯一目标就是防止这种事情发生。”

“谁是最强大的对手？”库尔特问道。

“肯定是安全部门。”道恩说，“他们希望在代码进入生产环境之前对其进行安全审查——这是企业政策。运营部门也不会喜欢的。就他们而言，低质量变更让很多业务人员吃了苦头，如果你提出这个建议，其中大多数人不会欢呼雀跃的……所以，基本上我想说的是，每个人都会反对开发人员直接部署到生产环境中。”他露出一丝苦笑。

玛克辛点点头：“安全部门已经非常熟悉数据总线了。我们并不是要把一个全新的应用程序抛给他们。只是希望他们能把对数据总线的审核与凤凰项目分开。”

“我们跟他们见个面吧。他们最坏的回答是‘不行’，我们以前也没少听说过，对吧？”库尔特说，“那么，除了安全部门，获得运维审批的官方程序是什么？”

道恩叹了口气，半天没有说话。最后，他说："我们可能需要通过 TEP-LARB。"

"天啊！"玛克辛说。库尔特后退了一步，好像什么东西扎痛了他。汤姆困惑地环视着桌子："有那么糟糕吗？"

"嗯，当然有比 TEP-LARB 更容易通过的东西……"库尔特盯着他面前的桌子说。

道恩说："库尔特，你说得太委婉了。事实上，**没有什么**比通过 TEP-LARB 更困难的了。TEP 和 LARB 什么都通不过。我之所以知道，是因为我就是 LARB 的一员。"

"他是对的，库尔特。"玛克辛说，"我在这里这么多年，从来没能让任何事情得到他们的批准。连填写表格都极其费力，我从未见他们真正批准过什么。他们是毫无意义的否决一切委员会。"

她看着道恩说："无意冒犯。"

他马上笑着回答："没关系。"

"TEP-LARB 到底是什么？为什么他们总是说不？"汤姆问。

"LARB 是 Lead Architecture Review Board 的缩写，代表首席架构审查委员会。"道恩解释道，"它已经成立几十年了，早在我加入公司之前，因为当时技术部门发生了一大串坏事。有人决定制定一套规则，以确保对任何新事物进行'适当的审查'。"他用手比画出两个引号。

"这是一个包含多个委员会的委员会。有 7 个运维架构师、7 个开发架构师、2 个安全架构师和 2 个企业架构师。他们好像被时间冻结了，做法仍然和 20 世纪 90 年代一样。"他说，"任何重大的技术创新都需要他们的批准。"

"要想说服他们，首先必须填写技术评估流程表，即 Technology Evaluation Process，即刚才说的 TEP。"他解释道，"玛克辛说得对。这非常耗费精力。现在大约有 50 页。"

玛克辛瞪大了眼睛。她最后一次尝试收集所有的信息来填写 TEP 艰难得令人难以置信。那时它只有现在的一半大小。她问："如果你在 LARB 里，为什么不让这个流程简化一些？"

道恩说："这是一个委员会。他们都认为自己的工作就是说不。我是整个团体中唯一激进的声音，如果没有志同道合的人，我就不可能促成赞成票，也不可能让年轻的委员加入。相信我，我一直在努力。"

库尔特用手指敲了一会儿桌子："道恩说得对。任何重大的技术创新都需要通过 TEP-LARB。如果我们不这样做，他们甚至会把我们的努力扼杀在摇篮里。"

他深吸了一口气："说出这句话让我很痛苦，但我认为我们需要做好充分的准备。

就像我们不得不问安全部门，尽管已经知道他们也会说不。”

玛克辛回答说：“你知道，我们可以自己运行数据总线。比如，在没有任何运维人员帮助的情况下完全运行它，就像在我以前的团队中运行自己的 MRP 系统一样。此外，无论何时数据总线出了问题，最后还是会被升级到我们这里。”

大家都震惊地看着玛克辛。特别是道恩和香农看起来惊呆了，好像玛克辛刚刚提议做一些非法甚至不道德的事情。布伦特说：“可是怎么实现呢？信息安全呢？合规呢？TEP-LARB 呢？”

玛克辛哼了一声，回忆起她听到的关于只有贾里德可以部署代码的理由，一模一样。

她看着道恩时而点头、时而摇头，仿佛两种截然相反的观点在他脑中激烈地斗争着。“哇，那样太好了。但他们从不让我们自己运行这种企业级服务。并不是说我们的团队没有这个能力……而是我们必须对所有的数据负责，确保数据完整备份。那样简直太棒了，我们可以按照自己期望的方式运行……”

他的声音越来越小。玛克辛也认同他的担忧：“没错。我们运行自己的 MRP 系统，所有的制造工厂都依赖这个系统。这是我们能得到的最关键的任务。我们要进行所有的备份、预防性维护、打补丁……这并非易事，但亦非难如登天。我们有公司里最优秀的运维人员。相信我们可以做到。”

布伦特说：“是的。在生产方面，我们没有问题。”

道恩慢慢点了点头：“好的，我支持。我们急需这个，当然，我知道我们自己可以把一切都处理好。”

库尔特笑着说：“好的，我们有一个 B 计划。如果其他计划都失败了，我们就自己运维数据总线。当然，这需要克里斯的支持。”

玛克辛被咖啡呛到了，但还是和大家一起点头表示同意。

很明显，汤姆对于他帮助构建的方案能够这么快投入生产感到兴奋。突然，他皱起眉头：“等等，等等，等等。这是不是意味着我们都得随时值班？”

“是的，”布伦特很肯定地说，“你创建了它，就得运行它。”

汤姆的兴奋心情明显消失了。

玛克辛哈哈大笑。

即使是玛克辛也对整个数据总线开发团队使用新环境的速度感到震惊。每个人都在以某种方式使用新环境。它们像野火一样蔓延。有些人只是在他们的笔记本计算机上使用 Docker 镜像，有些人在使用 vagrant、Git 或 terraform 配置中的环境，模拟开发和测试环境。

更重要的是，普尔娜和 QA 团队也在使用数据总线环境。功能特性一旦被标记为“准备测试”，就将在数小时内得到测试。而且由于测试是与代码一起检入的，开发人员很容易快速重现并修复问题。

这种新的工作方式意味着在一天之内就可以修复许多缺陷，甚至完全实现和测试一些功能特性。由于玛克辛还不太了解一些报告要求，他们仍然必须使用两个独立的工单工具。但是开发团队和 QA 团队之间的协作空前紧密。事实上，许多 QA 人员每天都与开发人员坐在一起。有些在 5 号楼，有些在 7 号楼。

看着团队伙伴们都在认真工作，玛克辛想起了她在初创公司的时候，每个人都为了共同的目标在一起工作。她对数据总线的态度变化之快感到惊讶。

在接下来的 3 天里，他们完成的“可交付”修复工作比以往任何一个月都要多。每个人都精力充沛，热情高涨。更重要的是，玛克辛知道每个人都很开心。

玛克辛和汤姆解决了另一个问题，并在工单系统中标记为“完成”。不到一分钟，两名工程师在聊天室里说他们将在一小时内对其进行审查和测试。

玛克辛站了起来：“如果不忙，我想去看看‘暴躁的戴夫’和普尔娜还好吗。”

“嘿，我和你一起去。”汤姆边说边抓起了他的笔记本计算机，“我去帮助他们测试我们的修复程序。”

他们发现“暴躁的戴夫”、另一个数据总线的开发人员和普尔娜一起密切关注着她显示器上的内容。“你们在干什么？”玛克辛问道。

“我们终于测试到剩余库存的功能了。”普尔娜说。

“暴躁的戴夫”补充道：“这是为了支持凤凰项目的最大创举之一。它是个关键的黏合剂，可以扫描门店内的库存系统，找出货架上滞销的产品，并将它们运送到库房，供电子商务网站促销使用。”

“这是我们第一次让它运行起来。”普尔娜说，“这个功能特性在 6 个多月前就完成了，但在前两个版本中，我们无法让它工作。第一次，它不能连接到库存和客户档案系统。第二次，它无法连接到购买历史记录系统。两次都有一些环境或配置问题，但是没有时间去解决。

“我们不得不取消这个功能特性，否则其他功能特性也得延迟发布。”普尔娜说。

“这是使用 Docker 容器的一大优点。”玛克辛想。容器是不可变的，创建后即无法更改，所以如果它在开发中有效，那么在测试中也一定有效。

玛克辛笑着想：**“不可变性是函数式编程的另一个概念，它使世界变得更可预测、更安全。”**

“我们正在进行 80 步测试中的第 20 步。”“暴躁的戴夫”说。但玛克辛根本看不出他有一丝暴躁。“我现在感觉很好。今天早些时候我们发现了一个问题，但不到 5 分钟就解决了，我们继续沿着列表顺利前进。真是太棒了！”他说。

“在功能特性正常的时候，即使‘暴躁的戴夫’也不会那么暴躁。”玛克辛想。

他继续说：“每个开发人员都知道，以后需要在编写功能特性的同时编写自动化测试，而不是在之后。这提醒了我，我们真的应该让 QA 团队的一些人永久地和我们一起工作。我们得走到另一座大楼去解决一些小问题，这似乎太愚蠢了。”

“好主意！”玛克辛说，“我们把这个问题交给库尔特吧，关于办公空间和设施的所有事务都在他的职责范围之内。我认为那样会很棒。”

“顺便说一句，你应该看看亚当和香农在会议室里干什么。我想你一定会笑的。”“暴躁的戴夫”说。很显然，他在极力隐藏着什么秘密。

玛克辛看到亚当和香农坐在一张大桌子旁，旁边坐着另外 6 名开发工程师和 QA 工程师，他们面前的笔记本计算机都开着。亚当正在把他的计算机屏幕投屏到电视机上。

“我的天啊，是我想的那样吗？”玛克辛边问边停下脚步，眼睛盯着屏幕。

“你的意思是，这看起来像一个正在你帮助构建的环境中运行的持续集成服务器，并且对于每次签入，它都在数据总线上执行代码构建和自动化测试吗？如果是，那么你想的完全正确。”

玛克辛立刻认出了这个 CI 工具。每个人都认为数据总线太落后了，但它现在正在持续集成下运行。他们现在有了比凤凰项目其他部分更好的技术实践。

“这真是太完美了。”玛克辛说，她感觉眼睛湿润了，“数据总线的每个人都能访问吗？其他团队什么时候可以使用？”

香农从她的笔记本计算机上抬起头，说：“数据总线的每个人都可以使用了。如你所知，将代码放到 CI 中是凤凰项目团队的首要要求之一。亚当和我正在培训第一梯队。我们将尽一切努力确保他们成功。当他们可以独立运行时，等待培训的团队已经排到 1 千米开外了。”

玛克辛非常享受这一刻。这是她来到凤凰项目的第一天就期望着的。每个开发人员都应该拥有这样的基础设施来提高他们的生产力，并拥有一个专家团队来帮助他们上手。

她看了看屏幕，发现在过去的 4 小时中，有 5 个数据总线开发人员签入了代码变更，其中有两个测试失败，但是在 10 分钟内就得到了纠正。

“埃瑞克会感到自豪的。”她心想。这种快速且频繁的反馈是实现第二理念“专注、流动和快乐”的重要部分。所有这一切都是通过适当地将改进日常工作提升到日常工作本身之上来实现的，正如第三理念所指示的那样。

“我非常喜欢把 QA 和开发放在一起的想法。”库尔特对聚集在码头酒吧的每个人说。他笑着补充道：“尽管当我向其他一些开发经理提出这个想法时，他们觉得有些丢人。”

“在来这儿之前，我刚刚向后勤部总监展示了一些楼层规划建议。”库尔特继续说道，“一看到规划图，他就大发雷霆。我觉得他想把图纸没收。”库尔特笑着说，“他开始告诉我所有关于遵守人力资源部提出的空间指导方针的规定。显然，基于职位名称，空间的大小是有规定的……”

“听起来像美国农业部对牛栏大小的规定。”“暴躁的戴夫”说。发现每个人都看着他，他说道：“怎么了？我来自一个农民家庭，有时不得不应付美国农业部的审计。”

“好极了。”香农说，“他现在把工程师当作牲畜了。”

“期限是多久，库尔特？”亚当问道。

“9 个月。”库尔特说。

玛克辛听到几个人重复：“9 个月？！”有人只是放声大笑。

“是的，嗯……”库尔特看着他的笔记说，“后勤部门做事需要很长时间。我们必须通过采购部门定购官方支持的桌椅，并与后勤人员预约安装……”

“我们能在周末自己做吗？”道恩说，“这不会影响到我们团队之外的任何人。我们可以去办公用品店或家具店，买最便宜的就行，然后搬进大楼。可以用我的卡车。”

“但是，如果后勤人员亮出‘警徽’说我们没有得到批准或者超出了职责范围，该怎么办？”“暴躁的戴夫”问道。

库尔特大笑着说：“后勤人员不会把它们拖走的，因为没有人给他们预算。”他想了一会儿，“我们自己动手吧。不过，一定要买一些不易搬动的家具……比如两三个书架，然后摆满书。一个金鱼缸也行。你们觉得怎么样？”

“暴躁的戴夫”和香农笑了。亚当若有所思地点了点头：“现实占有，九胜一败。[①]但是不应该先经过克里斯同意吗？”

库尔特不屑地说：“没门。他绝对不会同意的。我们尽管做吧。”

“既然空间有限，把一些 QA 人员调到开发区域，并把一些开发人员调到 QA 区域怎么样？”香农说。

“好主意，香农。”玛克辛说。她很高兴团队正在自我组织，正如埃瑞克预测的那样。

---

① 这是一句法律方面的谚语，指占有人在诉讼中处于有利地位。——编者注

第 12 章

10 月 13 日，星期一

在过去的一周里，玛克辛清楚地认识到，数据总线已经找到了更好、更快、更安全甚至更快乐地交付价值的方法。但是，一种新的障碍也明显出现了。过去的障碍是得到环境——没有人能得到环境，就算得到了，也总有不称心的地方。然后障碍变成了测试，只有当开发完成所有功能特性时才开始测试，而且发现和修复缺陷将花费几周时间，而不是现在的几小时或几天。

现在，障碍显而易见变成了部署。他们现在能够快速地将功能特性准备好，但是仍然需要等待几周，运维才能将代码部署到生产环境中。

如何更快地将数据总线投入生产已不再是一个学术问题。汤姆和数据总线团队的其他成员站在会议室的前面。他说："玛克辛，你生病时的怀疑是对的。据玛吉及其所有产品负责人都说，创造有效的促销捆绑包是凤凰项目最重要、最紧迫的优先事项之一。

"库尔特，我们和玛吉的会议安排在明天。你之前让我事先研究研究。"汤姆继续说，"我了解到，营销部门通过不断尝试促销活动来加速销售。随着假期也就是我们销售旺季的到来，这变得极其重要。例如，由于很多地方在下雪，因此他们想做一个冬季促销包：防滑链、融冰盐和雨刷器。他们还需要为该促销包设定一个折扣价，比如 8 折。他们也会做一些针对细分客户群的促销——如果你买了雨刷器，可能还需要玻璃水和除雾器。因为他们知道你可能只需要一点点推动力就会购买。

"从概念上讲，这似乎很容易。但是，他们需要完成以下所有疯狂的步骤。首先，每个新产品包都需要一个新的 SKU，就像我们销售的其他产品一样。业务中的所有应用几乎都要使用这个 SKU，如库存跟踪、供应链、门店注册、电子商务网站，甚至移动应用程序……

“我们每 6 周才大批量创建一次新的 SKU。创建之后，我们还需要推动这些新 SKU 的所有应用和业务逻辑变更。这些变更会被推送到每个需要了解它们的应用中，通常涉及几十个遍布企业的后端应用和前端应用。你们可能已经看到过这些变更在星期五晚上 8 点发出。完成之后，有时我们甚至需要手动刷新某些生产数据库。

“第一个问题就是：我们每 6 周才创建一次新的 SKU，这太慢了。还有一个月就是感恩节了，我们很难及时创建产品包的 SKU。

“事实真相是，要花的时间通常远远超过 6 周。我们需要在推送期间变更如此多的应用程序，如果在测试期间出了任何问题，整个发布都将被取消……当一些应用程序不知道如何处理它们时，我们就不能拥有新的 SKU。在测试期间完全没有足够的时间来解决这些问题，所以要么成功，要么彻底失败。

“除此之外，促销团队还需要快速反复实验，以发现客户究竟对哪些促销包真正感兴趣，以及哪些因素促使客户实际购买。现在，每 6 周只迭代一次对于学习和适应而言还不够快，我们的电商竞争对手每天都在做多个实验。”汤姆总结道。

“哇，真是不可思议。”玛克辛看着他在白板上画出的一个个方块，“这很像凤凰项目的架构，任何团队都很难独立地开发、测试和向客户交付价值。你刚才在白板上画的支持促销价值流的架构表明，几乎不可能将任何工作快速转移到需要它的地方。”

玛克辛指着汤姆画的图：“每一步，它都与其他许多价值流纠缠在一起。我们必须与其他所有人的发布时间表同步。如果**他们**中的任何一个不能发布，那么我们也不能发布……这太疯狂了。”

“确实是这样。令人沮丧的是，数据总线与凤凰项目和 BWOS 紧密相连。”汤姆说。

“BWOS 是什么？”玛克辛问道。

“哦，就是我们所说的……你知道的，big wad of crap……嗯，一大团废物。就是我们连接的上百个应用程序。”汤姆说。

玛克辛笑着说：“我真的认为，如果能将数据总线的变更按需部署到生产环境中，并将它们与凤凰项目的发布时间表完全解耦，情况会好得多……那样的话，如果我们不得不取消发布，至少可以在第二天再试一次。通过一些练习，我敢打赌，我们可以将 SKU 的创建时间缩短到一两天。”

“我绝对同意。”汤姆说。玛克辛笑了，很开心大家走上了正轨。“**这样做将实现巨大的价值。**”她想。

“虽然有件事可能不相关，但我认为值得一提。”汤姆说，“我们还面临着其他与凤凰项目紧密相关的重大问题。凤凰项目有时会向我们发送大量消息，破坏我们连接的后端系统。我们会定期看到大量交易爆发，导致严重的可靠性和吞吐量问题，甚至导致数据完整性问题。有时是数据总线崩溃，但大多数时候，是我们调用的系统崩溃。”

“暴躁的戴夫”滔滔不绝地说：“处理这些记录系统是一个巨大的麻烦。我们还没有真正的API策略。没有人知道哪些API可用，即使知道，也不懂得如何访问或如何处理身份验证和分页方案。每个人的文档都是垃圾，有些团队甚至不在乎他们的API能否像宣传的那样工作。

“即使你**能**让别人的API工作起来，他们也会随时以任何方式破坏，特别是因为他们可能没有定义其API版本。因此，我们的客户开始交易失败，于是责怪**我们**。”戴夫继续说，“他们从来不会给你需要的所有数据，所以当你真正想要变更API的时候，只能通过所有委员会的批准！

“这足以让任何人发疯。”“暴躁的戴夫”疲惫地说。

“我们绝对可以阻止这种疯狂。”玛克辛肯定地说。

正如约定的那样，第二天，库尔特、玛克辛和数据总线团队与玛吉会面。和往常一样，库尔特把数据总线团队的所有成员介绍给玛吉，然后让玛吉做了自我介绍。

“你们有很多人已经认识我了。”她笑着说，“我叫玛吉·李，是零售项目管理部高级总监。也就是说，我要对商店所有产品和项目的损益负责，包括实体店、电子商务和移动业务。我的产品经理团队拥有自己的战略，包括了解客户、市场和细分客户群，确定我们要解决的客户问题，定价和包装，以及管理产品组合中所有产品的盈利能力。”

她继续说：“我们将业务目标和真正实现这些目标所需的一切联系起来。后者包括业务运营、业务分析师和产品经理，他们与克里斯的技术团队一起工作。我们还拥有与销售、财务和运维部门打交道所需的运营团队。

“当库尔特说你们有一些想法可以加快我们创建促销产品包时，自然引起了我的注意。”她说，“对不起没能更早见面，但你们可以想象，我们现在被数不清的事情淹没了。对我们而言，这绝对是成败攸关的一个季度。对我们**所有人**而言。”

玛克辛已经被打动了。玛吉 45 岁左右，热情自信。她和玛克辛一样高，看上去很干练，脸上总是带着严肃的表情。玛克辛怀疑玛吉是莎拉的“前脑”[①]，负责上百万件事来维系数十亿美元的零售业务。

库尔特解释了他们的工作。

玛吉看着库尔特：“所以你的意思是，你们可以让市场营销部自助创建促销活动，就像我们的电商对手那样？而且其他变更基本上可以在同一天进入生产环境？”玛吉说，“天啊，伙计们。你说的这些可能就是我们一直期望的奇迹，希望你们真的能做到。我不喜欢夸大其词，说这些并不是在开玩笑：这可能会拯救这个季度，甚至拯救公司。”

玛克辛笑了：“从我们的研究来看，很明显，创建这些促销包实在不易，需要很长时间。我们愿意为你的团队充分赋能，让他们随时都能创建新的促销活动，并在几小时内将其推广到你所有的销售渠道。有很多东西我们不明白，但从概念上讲，我们应该能够做到。我们只是想知道这对你来说是否有价值。”

玛吉点点头：“价值非凡。听着，史蒂夫已经向所有分析师保证，这个假期，我们一定会看到收入增长。毕竟多年来我们一直在过度承诺却无法兑现。一切都取决于促销团队能否带动销售。如果你真的认为能做到，我们会不惜一切代价。究竟是谁阻碍了我们推进？”她问道。

“应该反过来问谁没有阻碍。”库尔特笑着说，“我们明天将与信息安全部门会面，他们可能会心血来潮地终止这一努力。但真正的威胁是 TEP-LARB。我们已经组成了一个团队来制定方案，但通常要等 6 ~ 9 个月才能让他们看到方案。当然，除非有紧急的业务需求以及强有力的支持者。”

玛吉终于笑了，不过笑得不太友善：“为此，我认为我们需要拉一个大人物入伙。”

“谁啊？”玛克辛问道。她很好奇有谁还能比玛吉更有影响力。

玛吉笑着说：“莎拉。相信我，**没有人**能比她更有效地打破障碍。她就像一把链锯，非常擅长把树砍倒。”

“……还擅长把手锯掉。”库尔特低声咕哝。

---

① 前脑是人脑中最大的区域，也是人脑中最复杂、最重要的神经中枢。——编者注

第二天，库尔特和玛克辛前来与香农介绍来的安全经理罗恩见面。他们走进会议室时，发现香农已经提前到了。

“我绝对不会错过这场好戏的。”她微笑着说，“我应该带点爆米花来。”

35岁左右的罗恩也走了进来，然后坐下。在相互介绍之后，库尔特带他了解了将数据总线与凤凰项目的其他部分解耦的想法。

罗恩说：“这个想法很有趣。我记得数据总线还叫‘章鱼’的时候。为什么需要这么大的改动？它现在似乎运行得还不错。”

库尔特列举了所有的理由。令玛克辛惊讶的是，罗恩欣然点头。“**事情比我想象的要好。**”玛克辛认为。

“那太令人兴奋了。”罗恩愉快地说。但是他随后摘下眼镜，放在桌子上：“听着，我真的很想帮忙，但是不行。我负责确保应用组合中的应用程序符合所有法律法规，并确保所有这些应用程序都是安全的。考虑到你们正在进行的改动过于彻底，恐怕我们需要进行深入的尽职调查。而且你们不能插队到前面。前面还有 20 个人，他们会疯掉的。”

“但促销团队的能力是凤凰项目内部最重要的功能特性之一，这是公司最重要的举措。”香农回应道，“你肯定明白我们的优先级应该更高，对吗？”

“对，但是……”罗恩摇着头说，“我不负责设置应用程序的优先级排序。都是业务说了算。你知道，就是我们的客户。”

“但我们就是‘业务’！你说的那些‘客户’并不是我们的客户，他们是我们的同事！客户是真正付钱给我们的人！”香农说，气得满脸通红，“每个人都知道首要目标是什么。优先级最高的事就是史蒂夫一直在全员大会上强调的那些。还有什么是比把数据总线与凤凰项目成功解耦更重要的呢？这样促销团队就可以实现假期销售目标了。”

罗恩耸了耸肩：“如果想更改优先级排序，你得和我们的上司约翰谈谈。”

库尔特合上了笔记本计算机，他知道将在这次会议上一无所获。

“好吧，好吧，好吧。”香农也妥协了，然后语气柔和地说，“嘿，至少能给我们提供所有用于认证数据总线的测试程序，以及用于扫描数据总线的工具清单吗？我们将尽最大努力在自动化测试套件中复制它。也许我们可以按需生成安全审计报告。”

“这是个好主意，香农。”他回答道，“到我的办公桌来，我给你看一下以前审计的所有文件。”

玛克辛喜欢香农利用一切机会争取人们支持的能力。

目送他们离开，库尔特看着玛克辛，耸了耸肩：“我原以为情况可能会更糟。也许我们得到了与 LARB 争取更好结果的资本。”

玛克辛叹了一口气，想知道怎么样才能产生真正的紧迫感。2 年前，她的父亲中风时，她向一位医生朋友讲述了医院里所有令人不解的流程。她的朋友回答：“你很幸运。中风病房的治疗流程往往是一流的，因为每个人都知道分秒必争，等待可能就是生与死的区别。

“最糟糕的系统往往在心理健康和老年人护理领域，因为紧迫性较低，而且往往没有主张患者利益的维权者。”她说，“你可能会在这个体系中迷失多年。有时甚至是几十年。”

玛克辛还记得为父亲充当维权者，竭尽所能让父亲通过医疗体系的感受。现在，她再次承诺要尽一切努力让她的团队克服公司的官僚主义——数据总线团队的使命感和紧迫感需要她这样做。

“**要有不屈不挠的乐观主义精神。**”她提醒自己。

正如玛吉所承诺的，他们被列在星期四的 LARB 议程上。玛克辛很惊讶，知道莎拉一定用了什么手段才让他们这么快就被提上日程。然后，她开始好奇玛吉做了什么才说服了莎拉。

虽然玛克辛认识到说服 LARB 在政治层面的必要性，但她仍然对团队在填写 TEP 上花费大量时间耿耿于怀——工程师应该编写代码，而不是填写表单。

TEP 涉及很多关于架构和安全的问题，但有些问题似乎已经过时了，这使她想起几十年前的 TOGAF[①]架构图，显然属于另一个时代：软件开发和测试阶段关卡、数据中心规范、HVAC 规范、核查点防火墙规则（如果适用的话）……

负责汇总提案的数据总线团队到齐了，坐在房间的后面：汤姆、布伦特、香农、道恩、亚当、普尔娜和玛克辛。所有的高级开发人员和企业架构师坐一张桌子旁，所有的运维人员和安全架构师坐另一张桌子旁。他们的年龄都跟玛克辛相仿，但大多数

① TOGAF 是 The Open Group Architecture Framework（开放组体系结构框架）的缩写，是由致力于技术标准制定和推广的非营利组织 The Open Group 制定的用于开发企业架构的一套方法和工具。——编者注

是白人男性，还有几个亚裔男性。玛克辛注意到，这两张桌子旁都没有女性。

数据总线是议程中的第二项。首先登场的是一个致力于将其所有应用程序从一个商业产品重新平台化到 Apache Tomcat 的团队。Apache Tomcat 是一个经过实战考验的、完全开源的 Java 应用服务器。一位年轻的女士自信地介绍了她们的情况，用周全、专业的方式表达了自己的观点。但是当听到他们寻求的只是 Tomcat 的**使用**许可时，玛克辛惊呆了。

在生产环境中请求使用 Tomcat 就像请求使用电力系统一样——在过去可能被认为是很危险的，但现在已经很常见了。更糟糕的是，这已经是他们第二次尝试说服 LARB 了。玛克辛的心一沉。如果连 Tomcat 都被认为是有风险、有争议的，那么他们关于数据总线的提案肯定会被一笑置之。

经历了 20 分钟来自 LARB 的质疑之后，这位年轻的工程师愤怒地举起双手："为什么我们如此害怕运行自己编写的软件？我们是一家制造公司。我们自己写 MRP，自己运营。有了 Tomcat，我们不再需要依赖商业软件供应商。一些世界知名的大公司也在使用它。我们不仅可以每年为公司节省几十万美元，还可以实现第三方软件供应商不具备的功能应用。我们需要更多的功能来更好地服务客户。"

玛克辛起了一身鸡皮疙瘩——不是因为发言者提到了她以前的 MRP 系统，而是因为发言者显然是一位杰出的工程师，无所畏惧地做着自认为需要做的事情，而且不害怕在生产环境中运行。

在年轻的工程师回答更多来自 LARB 的问题时，玛克辛在聊天室里给反抗军发了一条短信：

> 这位发言的工程师是谁？她太棒了！她显然是块反抗军的料子。我们应该招募她。

亚当回了短信：

> 她是埃伦，这里最好的运维工程师之一。

所有人都冲玛克辛点点头，同意亚当的评价。

布伦特在聊天室补充道：

> 同意。我不知道她正在做这些。太棒了！

玛克辛抬起头来，因为她听到道恩说："你们在跟我开玩笑吧？我们创立了 TEP-LARB 来帮助评估新技术。Apache Tomcat 是几十年前诞生的，是市面上第二大或第三大应用服务器。如果我们没有足够的勇气来运行 Tomcat，那么就应该彻底退出技术游戏。我投赞成票。如果你们不支持，我们都需要知道原因。"

运维代表团中有人说："我对 Tomcat 没有任何意见。只是鉴于我们目前的人员水平，我对支持这个平台的能力没有把握。我们的人员已经很紧张并且战线已经拉得很长了，虽然我知道这项技术不是前沿技术，但仍然需要人来操作并维护它……"

道恩打断道："但你刚才也听到了，埃伦说她的团队愿意支持！"

安全架构师没有理会道恩的评论，插话进来："另外，还存在安全风险。我希望获得关于 Tomcat 漏洞、补丁的可用速度以及补丁中出现的任何问题的历史报告。也许那时我们可以做出决定。"

道恩嘟囔："拜托你们了。埃伦会写安全与修复指南的。"

"谢谢你的建议。我们期待这个团队在下次会议上提供所要求的信息。"

玛克辛看到埃伦和她的队友们在房间前面垂头丧气、一脸愤怒。埃伦合上她的笔记本计算机，毕恭毕敬地向聚集在一起的架构师们点头致意，然后坐在了房间的后面。

玛克辛用最夸张的姿势向埃伦和她的队友们竖起了大拇指表示称赞。

"接下来由玛克辛和亚当介绍议题：将数据总线移动到一个新环境中，在容器中运行，并使用自动化的代码构建、测试和部署。"运维架构师提示。

亚当站了起来，但在看到上一位发言者后，玛克辛已经知道他们没戏了。不管准备得多么充分，他们永远也不能说服 LARB。

"……总而言之，促销团队的迫切需求迫使我们更快地为内部客户提供数据总线功能。我们需要一种完全不同的方式来存储和检索数据，使我们能够与凤凰项目的其他团队解耦。"玛克辛总结道，"我们已经找到了一套可以帮助我们实现这一目标的技术，而且这些技术已经在全球最大的互联网企业——谷歌、奈飞、声田、沃尔玛、塔吉特、第一资本金融公司等——被证实行之有效，投入生产已有 10 余年之久。基于过去几周的试错，我们有信心做到。如果有必要，我们也愿意自己全力以赴去支持它。"

布伦特也走到了前面，补充道："支持数据总线生产的团队将由运维部门最有经验的人组成。就我个人而言，我甚至无法描述自己有多么激动。我认为这些技术的适用性远远超出了数据总线，并且可以真正改进我们支持的几乎所有应用程序。我们愿意随时为解决任何问题负责。这些技术将帮助无极限零部件公司的每位开发人员和运维人员。”

玛克辛看到库尔特在房间后面对着他们微笑。玛克辛为每个人感到骄傲。这是一场精彩的演讲。她看见埃伦咧嘴大笑，显然很受感动。但玛克辛知道这一切都是徒劳。LARB 被设计成企业的免疫系统，用来扼杀危险的变更——他们太过强大也太过保守了。

道恩试图争取支持：“LARB 应该鼓励这样的创新，选择能够帮助我们在市场上取胜的技术。我们过去常常引领行业方向，做出大胆的选择，令竞争对手望尘莫及。当我们创建自己的 MRP 系统时，许多人都笑了，说我们是白痴。然而历史证明，这是正确的。我们是行业中第一家在工厂中使用瘦客户端的公司。正因为此以及数百项明智的技术决策，我们才成为了美国最高效、最有影响力的制造商之一。”

玛克辛环顾四周，发现开发架构师中有一些兴奋和好奇的情绪。然而，她看到所有运维人员和安全架构师都在摇头。一个人说：“道恩，我很欣赏你说的话，但是我们从来没有做过任何类似的事情。尴尬的是，我们甚至不能支持 Tomcat——但这恰恰说明了为什么我们不能支持它。除非有一群志愿者自愿支持它作为副项目，否则我认为还是需要搁置它。”

道恩开口道：“当然，我就是志愿者。我还会找一些我认识的人，他们愿意帮助数据总线团队承担支持职责。”

“我很乐意帮忙。”埃伦在房间后面说，“我已经使用 Docker 和你提到的其他工具很多年了。这些都是我们公司需要的能力。”

“你入伙了。”玛克辛微笑着对埃伦说。

运维主席看起来很惊讶，但他说：“我很欣赏你们的热情，但恐怕现在我们不能支持你们的计划。6 个月后我们再看看情况是否有改变。”

库尔特听够了，站起来发表意见：“你没听到业务背景吗？玛吉·李和莎拉·莫尔顿都明确表示，公司的生存取决于此。这非常重要，如果你不支持，我们将不得不通过自己的开发团队支持它。”

“我们经常听到业务人员说这样的话。”运维主席说，“我们邀请你们 6 个月后再来讨论这个问题。现在谈谈别的事情……”

落败后，团队离开了会议室，在库尔特事先预定的另一个会议室重新集合。玛克辛邀请了埃伦和其他 3 位提出 Tomcat 建议的工程师。

“哇，太棒了。你们真的要单干吗？”埃伦说。她笑得合不拢嘴，丝毫不受周围阴郁面孔的影响。“如果是这样，也算上我一个。顺便说一句，我是埃伦。”她说着，向玛克辛伸出手，然后介绍了她的团队。

“很高兴再次见到你，埃伦。”亚当笑着说，“欢迎加入我们快乐的反抗军队伍。如果我没猜错的话，我们很快就需要你的帮助了。”

埃伦微笑：“实际上，你们有布伦特的支持，我就知足了。你们展示的东西太棒了。我不知道这里还有人在做这些事情。”

布伦特谦虚地笑了笑：“可我们还是挨了一顿臭骂，对吧？”

库尔特说：“确实。不过，如果一切按计划进行，下班前克里斯和莎拉将会发布一份会议备忘录，宣布一次小型重组，允许数据总线在传统的运维和 QA 流程之外运作。不论我们需要做什么，都等于提前拿到了官方通行证。”

数据总线团队的所有人都欢呼起来，对这个好消息感到惊讶。玛克辛听到埃伦低声说：“哇。你们身上有一种非常强大的魔力。”

布伦特也低声回应：“你还不知道。我以后再告诉你。”亚当笑着表示同意。

当几乎所有人都在庆祝的时候，道恩却闷闷不乐。玛克辛问他为什么，道恩说：“我简直不敢相信 LARB 不支持这些。让你们失望了。**应该**发生的是，他们能看到即将来临的严重危险。他们**应该**支持我们的提案。他们**应该**帮忙……就像《魔戒》里甘道夫得到圣白议会的支持一样……”

看到道恩双手按在太阳穴上呻吟时，玛克辛很惊讶。过了一分钟，他终于说：“但结果根本不是那样。”

布伦特笑着说：“你说错了，道恩。护戒使者从未得到过圣白议会的正式认可。甘道夫警告每个人，魔戒已经重出江湖，但萨鲁曼拒绝帮忙，因为他已经在为邪恶的索伦卖命了。于是甘道夫离开了。他是一个人去的。就像我们将要做的一样。”

“完全正确。”库尔特说。他转身对埃伦和她的团队说：“你们下班后有什么事要做吗？我们常去一家酒吧……”

“你到底要让我落到什么地步？！”克里斯生气地对库尔特说，“玛吉和莎拉告诉我，你们已经提议在开发部门内部创建自己的运维组织了？！并且已经获得豁免权，可以在云上运行新的 2 级服务了？！我想你从来没有想过先问问我的意见吧？”

玛克辛和库尔特、道恩、玛吉在克里斯的办公室里。克里斯显然很不高兴，但玛吉长篇大论地描述了需要实现的业务成果以及不这样做的严重后果。

克里斯盯着窗外看了几分钟，然后转向玛克辛：“你以为我们真有本事不让这一切打我们自己的脸吗？”

“当然，有了道恩和布伦特在运维方面的帮助，”她非常肯定地说，“我将尽我所能确保一切顺利。我真的觉得我们可以做到，克里斯。我保证对一切后果承担责任。”

一提到道恩和布伦特，克里斯的脸上就露出了痛苦的表情。他看着她，显然在想：**“说好的‘别找麻烦’和‘保持低调’呢？你还不明白吗？”**

玛克辛耸了耸肩。她知道克里斯 20 多年前刚当工程师的时候就支持过关键任务服务。但从那以后，他只负责代码，不再运行其驱动的实际服务。玛克辛几乎可以预见他将这可能造成的不便以及所有可能出错的地方都列成表格，并将其与他拒绝后可能发生的事情进行权衡。

“好，好，好。我同意。”他不情愿地说，“你们这些人会让我犯心脏病的。”然后，他把他们赶出了办公室。

正如承诺的那样，克里斯向每个人发送了一份备忘录，宣布团队重组——数据总线团队现在直接向他报告，而且在试运行期间，他们将不受跟变更相关的常见规则和制度的约束，能够测试自己的代码、部署代码，并在生产环境中操作代码。

“邮件刚刚发出了。”库尔特狂喜地说，“我们现在涉足部署和运维业务了！”

“哇，太不可思议了。”玛克辛边说边盯着手机上的电子邮件，“你知道，尽管我们做了很多努力，但我确实以为这不会真的发生。”

库尔特笑着说：“我认为克里斯在这件事上没有那么多选择。玛吉和莎拉都把这件事告诉了史蒂夫。”

随着数据总线部门重组，团队现在被委以重任。他们正努力使生产部署自动化，并找到在没有中心化运维的情况下进行生产操作的办法。他们究竟需要在多大程度上真正脱离运维完成备份等事情，目前仍不清楚，正在协商中。

挑战非常艰巨，目标也很明确：在生产环境中支持快速且安全的部署，并且多年来第一次跨开发、测试和生产使用相同的环境进行部署。每个人都想证明他们可以在凤凰项目的其余团队完成测试周期之前让一切运转起来。

他们与笨重迟缓的凤凰项目之间再一次开始了一场想象中的竞赛。

玛克辛与道恩、亚当、香农和布伦特一起工作，努力使数据总线生产服务在除了……10 年前……金钱能买到的最快的裸金属服务器之外的其他东西上运行，进展虽然缓慢但实实在在。这 10 年来，每次在当前版本的操作系统上安装数据总线时，其中的许多程序都会崩溃。他们找到了几个二进制可执行文件，但是没有人能找到源代码。数据总线已经成为了一个易碎、不可复制的手工艺品。**“如果你是一个艺术品收藏家，这很好。”**玛克辛想，**“但如果你在运行一项关键任务服务，这就完全不可接受了。”**

他们正在有条不紊地创建一个与旧服务类似的测试和生产服务，但可以在容器中立即启动。这些天来，她再次陷入了基础设施的混乱世界，处理 makefile、YAML 和 XML 配置文件；处理 Dockerfile；从他们的源代码库中清除密钥；利用她所有的经验来加快构建和测试时间。不幸的是，这需要大量的 Bash 脚本。

玛克辛记得 PowerShell 的发明者杰弗里・斯诺弗曾经说过：“Bash 是一种你会携带一生但不会致死的疾病。”玛克辛深有同感。基础设施工作比较杂乱，几乎与她喜爱的纯函数式编程截然相反——在基础设施中，你做的每件事几乎都会产生副作用，例如环境中某些事务的状态会发生突变，从而难以隔离和测试变更，以及出错时难以诊断。

但是她知道这项工作有多重要，她投入这些环境和 CI/CD 平台中的每一点专业知识都将极大地提高无极限零部件公司里每个工程师的生产力。

环顾四周，她发现公司里最好的工程师都在努力提高其他人的工作效率。**“就应该这样。”**她想。

到了下个星期四，玛克辛为他们在解除所有限制后取得的成就激动不已。但玛克辛觉得有些奇怪。她注意到所有的数据总线工程师都参与了进来。她当然很感谢这些工程师的帮助，而且知道反转项目本就应该禁止功能特性工作，但是肯定仍然有一些紧急的功能特性需要处理。

她有点不放心，问汤姆发生了什么事。“虽然听起来很奇怪，但从技术上来说，许多功能特性甚至还没做好准备工作。信不信由你，每一项功能特性都在等待产品管理部门的反馈，”他说，“从需要阐明的客户需求到一个关于线框图的问题，再到需要在不同选项或优先级之间做出的选择……有时候可能很简单，比如按钮应该放在哪里；有时则是一些比较大的问题，比如他们没有出现在验证我们已构建功能的演示现场。”汤姆笑着说，“他们认为我们是瓶颈，但我们总是在等着他们。”

“能让我看看吗？”玛克辛说。汤姆所描述的一切听起来都很糟糕，但是产品经理没有出现在演示现场这一点让她很生气。工程师构建好了他们要求的东西，他们却不当一回事，太失礼了。

她看着汤姆拿出一个她以前从未用过的工具，产品经理用这个工具从客户那里获取想法：理想的客户旅程、价值假设、管理实验，等等。

“那些蓝色卡片是什么？”她问。

“好眼力。这正是问题所在。”汤姆说，“这些都是我们正在开发的功能特性，但由于需要从产品管理部门获得一些资料而卡住了。就像我之前提到的那些原因一样。哦，这里还有一些黄色卡片，是我们已经完成但还没有被业务干系人接受的功能。这个已经等待 40 天了。”

玛克辛觉得自己的脸因为愤怒变红了，尽管产品管理部门抱怨需要尽快将功能特性推向市场，但所有这些蓝色卡片和黄色卡片代表了**被他们阻塞**的地方，而不是开发。“**如何让产品管理部门负起责任呢？**”玛克辛想，“**是时候把库尔特请过来了。**”

10 分钟后，库尔特来了，和他们一起盯着一片大海似的蓝色卡片。“我知道了。这非常糟糕，但我有个主意。”他说，“顺便问一下，你们知道莎拉聘请了一家大型设计机构吗？现在他们给其他一些团队提供了大量可能永远也用不到的线框图。不管开发经理怎么要求他们停止发送线框图，他们还是会继续发送。”

“为什么？”玛克辛问道。

“我认为这是因为莎拉需要炫耀她想要开发的应用程序。”汤姆说，“但有趣的是，当设计师来到这里时，他们最不想做的就是画线框图。他们想了解我们的客户，因此做了大量实验以更好地明确我们所使用的用户画像的目标。在一次会议上，我们甚至都画了框架图。”库尔特笑着说。

与设计师一起工作让玛克辛着迷。在她早期的职业生涯中，UX 和设计师与开发人员的比例是 1∶70。现在，在以消费者为导向的优秀产品团队中，该比例是 1∶6，因为创造人们喜欢的产品非常重要。如今，每个消费者都知道专业的应用程序是什么样的。没有优秀设计师的应用常常被戏称为“企业级”[①]的。

① 原文为 enterprisey，用于形容为大型商业公司开发的软件，常用作贬义指过度设计、不合目的。——编者注

她见过一些静静等待设计师被分配下来的团队，最终制作了他们自己的线框图、HTML 和 CSS 以及图标，只是为了让功能特性保持流动。**“这些项目实际上是团队羞于向其他人展示的。”**她想。

好消息是，莎拉聘请了一群很棒的设计师。坏消息是，她没能让设计师发挥应起的作用，给他们安排了大量无关紧要的事情，导致无法进行真正重要的开发工作。

当天晚饭后，家人在和“华夫饼”一起玩，玛克辛打开了笔记本计算机。汤姆之前给她看的蓝色卡片海洋一直困扰着她，她决心把事情弄个水落石出。

那片蓝色卡片海洋是一件工具的一部分，产品经理用它来管理创意漏斗以实现业务成果。这是一个在开发工单系统中创建功能特性之前很久就开始的流程。玛克辛用汤姆给她的凭证登录到了该工具。她四处浏览了一下，可以看到各个时间点：创意最初被构思出来，经过头脑风暴，再经历许多不同的阶段，直到最终成为一个被认可的功能特性。

玛克辛搜索了她与汤姆合作的第一个功能特性，是关于扩展担保计划的。当她找到时，她大吃一惊。将近 2 年前，人们首次讨论了这个功能特性。它一开始很小，但后来发展成了一个较大的担保项目，然后必须提交给指导委员会。当这个功能特性被批准后，他们写了详细的规范文档，6 个月后才开始答辩。直到那时，他们才得到（第二次）批准并最终获得了资金。

这个想法在市场营销和项目管理组织中反复出现了将近 2 年，然后变成了一个超级优先的功能特性，必须在年底发布。

“对于这么重要的事情，我们浪费了近 2 年的时间。”她想。在理想情况下，他们应该分配一个包括开发人员在内的团队来探索这个想法并一起构建一个解决方案。**“我们可以让 5 个人来做，而不是一直让一个产品经理做。我们可能一直在学习。”**玛克辛想。

她想知道 2 年前编写的规范文档现在有多少内容已经过时了。

玛克辛打开开发和 QA 工单系统，将一些日期复制到电子表格中。她花了近 10 分钟在网上搜索，试图记住如何正确地进行日期转换和日期运算。

玛克辛震惊地盯着屏幕。她用了好几种方法来计算这个公式，但得到的数字都是一样的。

她给库尔特发了短信：

我们明天见一面。我有东西给你看。

玛克辛和库尔特、汤姆、柯尔斯顿聚在会议室里，她把笔记本计算机上的内容投到大屏幕上。每个人都不可思议地看着大屏幕，她完全理解。她整晚都在想这个数字。“这是真的吗？”库尔特终于发问。

“恐怕是真的。”玛克辛说。库尔特看向柯尔斯顿，发现她还盯着那些数字。

“**从设计概念到客户实际使用该功能特性**的整个流程里，只有 2.5% 的时间花在了开发上？”她终于问道，声音里明显流露出怀疑。她站起来，走到大屏幕前，更仔细地看了看表格：“所有的时间都去了哪里？”

玛克辛说：“早在这个功能特性投入开发之前，它就经历了资金审批过程，这通常需要一年多的时间。然后，功能特性一旦被创建，大部分时间不是花在工作上，而是花在等待产品经理答复上。又是个正方形。团队花费了太多时间来等待产品经理为他们提供各种所需的东西……

“团队开发出功能特性之后，就要等待 QA 和部署。”玛克辛说，“这很可怕。我们花了这么多时间雇用这么多开发人员，但是他们要工作的对象通常并没有准备好。即使他们完成了一项功能特性，也需要花很长时间才能投入生产、我们的客户才能使用。我们得到的唯一反馈通常是年度焦点小组。

“我们没有快速的价值流。”玛克辛说，“我们有的更像一个淤滞的价值池塘，到处都是渣滓，滋生着疟疾。”

“该给玛吉打电话了。”库尔特说。

那天下午，玛吉想出了一个优雅的解决办法。她决定从星期一开始把数据总线的产品经理从市场营销大楼搬到玛克辛旁边办公。

在会议室里，玛吉告诉那个产品经理：“你才是瓶颈所在。你现在的首要任务是确保技术团队提出的任何问题都能迅速得到答复。没有什么比这更重要了。”

产品经理犹豫了一下，然后开始描述所有其他占用他时间的事情：与客户交谈，帮助销售人员谈判并纠正他们的一些坏习惯，向内部高管汇报工作，与业务运营人员合作，与业务干系人达成一致的产品路线图，通过不断升级汇报来获得紧急事项的批复……回复开发人员的问题在等待事项列表的最底部。

玛克辛饶有兴趣地听着。她意识到，当你面对那么多繁杂的事务时，根本无法全部完成。玛吉也很耐心地听着，频频点头，偶尔还会问些问题。

他说完，玛吉说："如果你太忙了，不能和技术团队一起工作，那我就把你调到一个纯粹的产品营销岗位上，你就不必搬桌子了。现在，我需要产品经理与实现我们最重要业务目标的团队并肩工作。如果你还想当产品经理，我会想办法帮你理顺工作，把其他任务分配给别人。

"不用立刻给我答案。"玛吉说，"你可以考虑一下，星期一早上给我答复。"

玛克辛被感动了。"玛吉不只是随便说说。"她想。

星期一中午，产品经理把他的办公桌移到了玛克辛旁边。形势立即发生了变化。要得到答复，不再需要创建工单并且等待了。工程师们只要把椅子一转就能询问产品经理。原来需要好几天才能解决的事情现在几分钟就解决了。更棒的是，工程师们开始对业务领域有了更好的理解。

玛克辛露出笑容。团队在不断成长，这感觉好极了。

发件人： 艾伦·佩雷斯（运营合伙人、韦恩–优科豪马权益合伙人）

收件人： 迪克·兰德里（CFO）、莎拉·莫尔顿（零售运营高级副总裁）

抄　送： 史蒂夫·马斯特斯（CEO）、鲍勃·施特劳斯（董事长）

日　期： 11 月 5 日，晚上 7:45

主　题： 战略选择**机密**

迪克和莎拉：

在下次会议上，我会邀请一位之前合作过的投资银行家，向我们简要介绍无极限零部件公司在零售和制造方面的市场前景。你们能否就凤凰项目做一个总结性的汇报，以便了解他的想法？

考虑到即将到来的假期促销的重要性，我认为应该尽早向投资银行家介绍我们的情况。希望在任何灾难发生之前，所有的估值都能确定下来。（你不想在真正需要银行家的时候和他们交谈。他们总能闻到恐惧的味道。）

谨致问候！

艾伦

第 13 章

11 月 6 日，星期四

星期四傍晚 6 点半，玛克辛和整个扩大的数据总线团队再次来到会议室。每个人都很紧张地看着大屏幕，上面所有的生产遥测和仪表盘都显示着数据总线服务在测试和生产中的健康状况。玛克辛看得出每个人都屏住了呼吸，就像她一样。

在有把握部署到生产环境之前，团队已经将其部署到测试环境中好几个星期了。为了做到这一点，他们与业务中的几乎每个领域进行几天的谈判。最终他们达成了一致：可以在下班后推送到生产环境，也就是在内部业务用户回家之后、数千内部批量作业在午夜运行之前。

作为测试，在过去的 2 天里，他们在每天的同一时间将“空白变更”推送到生产环境中——在 HTML 或配置文件的末尾添加几个空白行，这在理论上不应该以任何方式改变功能。

当然，现实要复杂、混乱得多。这是“理想世界”与“现实世界”的激烈碰撞。他们发现，他们不小心忘记了容器镜像中的一些关键文件，导致数据总线离线了近半小时。3 小时后，经过艰难的调查，他们终于可以在不崩溃的情况下执行空白部署了。

第二天，他们执行了第二次空白部署，但是什么也没有发生。他们又花了 1 小时才发现，当天早些时候发生的一个配置错误破坏了所有流水线。虽然过程非常混乱、称不上完美，但事实是，他们很快解决了这些问题，这令玛克辛坚定地认为他们的方向是正确的。

今天，汤姆和布伦特将第一次把数据总线应用程序代码推送到生产环境中。

“好，我们开始吧。”汤姆说，“开始代码部署。”他单击一个按钮，CI/CD 流水线页面上出现了一些新的对话框，表明已经启动了一个新的部署。他们都屏住呼吸，看着日志文件开始滚动。

在接下来的 10 分钟内，玛克辛看到了测试运行和测试通过的通知、文件被复制到生产系统、数据总线重新启动、启动时更多的日志消息，然后日志消息停止了。

在前面的大屏幕上，代表数据总线健康状况的大圆环从绿色变为红色，并保持为红色。

“啊哦。”汤姆说，“数据总线刚启动就崩溃了……”他在一个终端窗口快速输入着什么。

玛克辛听到了周围的咒骂声。她也坐到汤姆的计算机前，看着他试图找出问题出在哪里。他在看似无穷无尽的 Java 栈跟踪中滚动，寻找关于数据总线崩溃的线索。他喊道：“这是某种类型的未捕获异常，但是我找不到有用的错误消息……”

香农在桌子的另一边喊道：“各位，我没有看到任何到数据库的活动连接。”

布伦特抬起头来，面带惊惧之色：“该死，我忘记修改数据库连接字符串了吗？”

他向上凝视着天花板，此时玛克辛轻声问道：“布伦特，你的假设很好。你在想什么？我们如何验证你的想法？”

布伦特从恍惚中回过神来，回头望着玛克辛：“我不记得数据库连接字符串存储在哪里了！它是一个环境变量吗？还是在配置文件中？有人知道吗？”

“是一个环境变量。我把它的位置贴在聊天室里。”普尔娜说。玛克辛看到队员们立即投入战斗。

漫长的 20 分钟后，他们进行了必要的修复，数据总线恢复运行。每个人都松了一口气。被阻塞的事务已经全部处理完毕，一切恢复正常。“好的，我们发现另外两个地方的环境变量中也少了一些配置设置。它们现在都在版本控制中了。这次应该可以了。大家准备好再试一次了吗？”汤姆问道。每个人都竖起大拇指，但是不像之前那么自信了。

他们再一次注视数据总线部署启动……测试在测试环境中运行，文件被推入生产服务器，数据总线停止，新文件被复制到服务器，数据总线重新启动，启动消息开始滚动。

这一次，在之前卡住的地方只有半秒的停顿，然后屏幕上的日志消息飞速滚动起来，任何人都来不及看。汤姆高兴地叫了起来，但是仍然盯着笔记本计算机，因为他知道在数据总线再次正确处理请求之前还有很多事不能出错。

过了一会儿，数据总线健康状况旁边的红色指示器变为绿色。有人开始鼓掌，但大多数人知道，现在还没到庆祝的时候，他们又将视线快速转向生产遥测。玛克辛看到日志消息慢了下来，然后停止，生产图又开始攀升。

房间里的所有人爆发出欢呼声。只有一个例外。玛克辛注意到布伦特看起来很沮丧，他似乎在为第一个数据库连接错误而自责。

汤姆确认："数据总线又能顺利处理交易记录了。我们已经完成部署了！"他笑着环顾四周，"谁想去码头酒吧庆祝一下？"

"现在大家都到齐了，我可以为所有人的出色工作敬你们一杯了！"库尔特笑着说，"放心吧，你们已经赢得了一些**非常重要的人**的注意，他们决定今天加入我们！"

柯尔斯顿举起酒杯："祝贺大家。在没有我团队中项目经理的情况下，你们顺利完成了所有的工作，真是锦上添花！"

每个人都欢呼着鼓掌。就连布伦特也笑了。

"啊，来得正巧。"库尔特说着，向朝他们走过来的人举起酒杯。

玛克辛转过身去看。"**哦，天啊。**"她想。

是玛吉·李。来码头酒吧的人身份越来越高。库尔特笑着说："见见我们刚到访的 VIP 嘉宾。"

"大家好！"玛吉说着坐在了玛克辛旁边，"我很高兴在这里庆祝数据总线代码的成功推送。"

库尔特向玛吉介绍了所有的数据总线团队成员，玛吉也站起来向大家做自我介绍。"你们对数据总线所做的工作太棒了。相信我，所有的产品经理都为你们能够帮助我们快速创建新产品包感到非常兴奋。"玛吉说，"我们非常了解客户，希望利用这些信息帮助他们解决问题。如果我们做对了，那么收入目标自然就能实现。这是我们的赌注。大家都知道即将到来的感恩节和圣诞节多么重要。

"我只是想感谢你们愿意帮助我们，真的很期待与你们所有人一起工作。"玛吉说，"你们正在做的工作很重要，我认为这决定了公司的成败。"

在大家的热烈掌声中，她举起酒杯。

玛吉一边喝着啤酒和葡萄酒，一边向大家讲述他们的不懈努力，其中一些事让玛克辛感到意外和担忧。他们只完成了与两个记录系统的集成，还在等待近 20 个 API 整合，包括产品、定价、促销、采购……

他们已经聘请了一群数据科学家来帮助创建更有效的服务，但他们仍然在等待数据仓库团队：所有系统上的购买历史、汽车服务历史、客户忠诚度计划，以及联名信用卡。如果不是一位高管为一项董事会报告索要数据，那么即使最简单的数据请求也需要 6 个月的时间，因为需要通过数据仓库的开发和 QA 流程。就像布伦特发现的那样，他们得到的数据经常是畸形的、不可读的、不完整的，或者更糟——不准确的。

当玛吉和团队抱怨时，数据仓库经理给每个人发了一封电子邮件，显示他们正在处理传入的数据请求，但这只是因为人们已经放弃，不再向他们索取任何东西。

在他们面临的挑战变得清晰之后，库尔特转向玛克辛："玛吉已经指派了一群开发人员来支持促销活动，但他们显然需要一些帮助。根据你所听到的，你希望跟谁一起开创崭新的局面？"他用手指向桌子周围的每个人，"你可以在这帮家伙中随意选择，包括数据总线开发团队和 QA 团队的任何人。不对，是反抗军中的任何人。"

"优中选优。不错，库尔特。"玛克辛扑哧一笑，尽量不把他们最好的工程师想象成动物保护协会里等待领养的一群小狗。

她一遍一遍地念叨着心里盘算的清单："我们需要在架构和解耦深度纠缠的组件方面经验丰富的人。我们需要真正擅长数据库的人，因为我们可能需要减少对大型、集中化的凤凰项目数据库和所有记录系统的依赖。我们需要一些重要的基础设施技能来支持新的部署和操作模型。此外，因为我们可能会再次自己把东西放到生产环境中运行，所以需要在安全和运维方面拥有高超技能的人。"

她想了一会儿说："对于开发和架构，我选择戴夫、亚当和普尔娜。对于数据库、基础设施和运维，我选择道恩和布伦特。对于安全和数据，我选择香农。"

被她叫到名字时，他们笑了，坐得更直了。她指着道恩和布伦特说："我觉得基础设施和数据库方面可能还需要两三个人，因为我们也许会开发一堆新东西，可能在云上。你们能想到想要的队员吗？"

道恩和布伦特相视而笑。道恩说："我想我们可以列出一份优秀工程师的名单。"

玛克辛对库尔特说："我还没见过促销团队的开发者，不知道他们的技能水平。

最后，如果我们要在感恩节的时候及时做出改变，现在就要在代码上着手，并确保所有的促销团队都卓有成效——要么我们把他们带到已经建立的平台上，要么建立或购买他们需要的东西。”

她指着汤姆说：“我想让三四个开发人员加入促销团队。汤姆，你知道选谁合适吗？”

汤姆点了点头。她又对库尔特说：“大概 12 个人。我不知道你要怎么说服大家让我们挖墙脚。没有哪个经理愿意失去他们最优秀的员工。”

库尔特看着玛吉说：“我们必须说服上级在速度上进行大规模投资以实现你的目标。你觉得能做到吗？”

“等一下。你们都愿意帮我吗？”玛吉说，突然显得有点迟疑，“这对你们有什么好处？”

库尔特微笑：“女士，你看到的是一群叛逆的工程师，他们想解决对公司真正重要的大问题。我们试图通过正常渠道解决却没有成功，所以这次我们要抓住机会直接与业务部门合作，而不是通过技术中层管理人员。如果成功，我们就会得到信任。希望你能支持这种新的工作方式。”

库尔特耸了耸肩，继续说道：“如果不行，我们就假装什么都没有发生过，并承诺不再打扰你。”

“好，我答应你。”玛吉想了一下说，“有个好消息。我不需要任何人的批准，这事由我说了算。莎拉已经同意了。我相信，公司的存亡在此一举。”

几乎就在这个时候，玛吉低头看了看自己的手机：“等一下，是莎拉的消息。”她一边回复一边说，“嗯，她受到了来自一些人的压力，因为今天早些时候数据总线崩溃了，她想知道发生了什么事，是谁造成了这个问题，以及我们是否需要罚一儆百。”

“**哦，太棒了**。”玛克辛想。通过与玛吉合作，他们更加逃不出莎拉的手心了。

第二天早上，库尔特、玛克辛、柯尔斯顿和玛吉又一次出现在克里斯面前。当库尔特建议暂时把为促销所做的努力合在一处时，克里斯毫不意外地生气了。

“你想坐我的位子，库尔特？因为你现在就是这么做的。”他抱怨道。但玛吉恳求他必须加快工作以支持“黑色星期五”的假期促销，并解释了这能如何产生非常明显、快速的效果。柯尔斯顿向他保证，可以做出其他努力来应对这次临时的人员调动。

克里斯皱起眉头。就像上次一样，他转向玛克辛：“你觉得怎么样，玛克辛？我们真的需要这么做吗？”

玛克辛仔细看着他，意识到他非常讨厌计划不断改变，这与凤凰项目的静态计划截然不同。

“毫无疑问，克里斯。这里显然是公司最需要开发人员的地方。我们不能被组织结构图或者去年制定的年度计划所束缚。”玛克辛肯定地说。

他又看了看玛克辛，咕哝着表示赞同，然后又把他们赶出了办公室。

玛克辛和库尔特走出去时互相竖起了大拇指。

尽管昨天莎拉强烈要求找个人来为暂时的数据总线中断负责，但是库尔特表示了拒绝。相反，他把所有人聚集在会议室里。

会议开始后，库尔特说：“每次出现故障，我们都会针对问题举行不指责的事后分析会议，这次也是。这些会议的精神和目的是从中学习，在记忆消失之前赶紧记录下来。预防需要诚实，诚实需要无所畏惧。就像诺曼·克尔斯在敏捷最高境界中指出的那样：‘不管发现了什么，我们都理解并相信每个人都已经全力以赴，只是受限于他们当时所知道的、他们的技能和能力、可用的资源和手头的情况。’

“我们先来整理一条时间线，收集线索。为了有所帮助，玛克辛将我们的生产遥测和日志以及聊天室记录整合在了一起，以便提供一个讨论框架。我们的目标是使最接近问题的人能够分享他们所看到的，这样就可以使我们的系统更安全。唯一的规则是，你不能说‘我应该做 X’或‘如果早知道，我就会做 Y’。事后诸葛亮总是明智的。在危机中，我们永远不知道真正在发生什么，而且我们需要为未来做准备。在未来，我们对世界的理解也会同样不完美。”

他看向玛克辛，示意她继续。玛克辛对库尔特深感佩服，她想知道在这次会面之前库尔特是否接受过埃瑞克的训练。如果是这样，她很高兴。然而，尽管库尔特竭力宣称人们不应该害怕开口，但每个人似乎都在保持沉默，甚至反抗军成员也不例外。考虑到恐惧和责备文化日益增长，玛克辛已经准备好模仿那些在真正心理安全的情况下才有的行为——埃瑞克的第四理念。

但在玛克辛开口前，布伦特脱口而出：“我很抱歉，各位。都是我的错。真不敢相信我竟然漏掉了数据库连接字符串。我从来没有犯过这种错误，当时我太着急了……”

布伦特看上去心烦意乱，好像几天来一直想承认这一点似的。库尔特把手放在布伦特的肩上说："布伦特，我们回到敏捷最高境界吧。大家都没错。每个人都在所知受限的前提下尽了最大的努力。我们继续整理时间线。玛克辛，请吧。"

"我很乐意。"玛克辛边说边向布伦特眨了眨眼睛，同时把她的笔记本计算机投屏到电视机上，"我将时间线的起点选在下午 6 点 37 分。这是汤姆启动部署之后，也是所有测试通过但应用程序启动失败之后。健康指标变红了，汤姆是第一个注意到的。汤姆，你具体看到了什么？"

"我看着部署工具中的日志滚动过去，还看到了启动消息，然后就出现了一堆错误消息和一个栈跟踪。"汤姆说完，脸色又阴沉下来，再次感到了危机。

"我明白了。"玛克辛说着把她的笔记投屏到电视机上，让大家都可以看到，"接下来会发生什么？我记得当时我非常恐慌，因为尽管我们做了很多准备，但显然还是不够。"她苦笑了一下，补充道，"嗯，就是'我吓得尿裤子了'的意思。"

周围的人都笑了，汤姆说："是的，我也是。我花了几十年的时间研究栈跟踪，但是从来没有在我们的部署工具中看到过。我无法阻止窗口不停地滚动，根本没时间看清楚屏幕上到底是什么。"

玛克辛当时完全没看出来，因为汤姆似乎非常冷静，而且很好地理解了这些日志。她正在打字时，汤姆说："你知道，我应该事先排练一下在这个新工具上查看日志。"

"我完全理解，我也经历过……那种感觉真的很糟糕。"库尔特回应道，"但请记住，我们这样做是为了更好地为下一次危机做准备，那时我们同样将对全新的事物一无所知，而这些事物同样重要，事后来看也依然如此……这是好事，汤姆。继续加油。接下来发生了什么呢？"

在接下来的 1 小时里，玛克辛和整个团队整理出了一条非常详细且生动的事件时间线。她再一次惊叹，鉴于日常工作中存在不足和风险，任何事物能在生产环境中运行简直都是奇迹。日志文件的滚动速度快到根本无法阅读，配置设置分散在几十个位置，潜在的故障点隐藏在几乎每个角落和缝隙中，意外也潜伏在每个角落……**"有这么多问题，数据总线几乎无事故运转了 10 多年，真是不可思议。"**玛克辛想。

玛克辛确信每个人都学到了一些关于数据总线实际工作方式的知识，这与他们自己以为的形成了鲜明的对比。她列出了大家马上要做出改变的 5 个方面，不仅能够防止将来系统中断，而且肯定可以提高将来修复故障的速度。

休会时，玛克辛笑着对库尔特说："会议开得不错。"正如埃瑞克在第三理念和第四理念中所描述的那样，这是改进日常工作和培养心理安全的完美范例。

回顾这次会议，玛克辛现在意识到，提升心理安全的条件有多么脆弱和短暂。这有赖于领导者和同行的行为、他们的情绪、他们的自我价值感、他们过去的创伤……**"有这么多问题，心理安全竟然可以被创建出来，真是不可思议。"**玛克辛又想。

当天晚些时候，库尔特、玛克辛和其他新入选的团队成员聚集在一间会议室里，与玛吉和促销团队的其他负责人会面。

在介绍过程中，玛克辛注意到，促销团队现有的 20 人中大多数是前端开发人员——他们负责移动应用程序、电商网站的产品登录页面、店内应用程序以及营销人员用来管理产品促销生命周期的所有应用程序。

玛吉发表感言："感谢库尔特、玛克辛和数据总线团队的其他工程师，他们自愿帮助我们取得了一些急需的阶段性胜利。我做了一些幻灯片来展现更高层次的业务结果，这个团队成立的价值就是使命必达。

"我们的市场份额正在下降，主要是因为我们在电子商务市场的份额很小，而电子商务是市场增长最快的部分。"玛吉说，"这些就是竞争对手和电商巨头从我们这里抢走的市场份额。好消息是我们有非常忠诚的客户，坏消息是这些客户的平均年龄在不断增长。我们的竞争对手显然正在赢得更年轻的客户，这是一个真正的细分市场。尽管优步和来福车等拼车服务的兴起导致汽车保有量下降，但是每年的汽车行驶里程仍在增长，只是开车的人变了。毫无疑问的是，对汽车维修的需求应该是增长的，而不是下降的。"

玛吉继续说道："对于我们的忠诚客户，我们知道他们要买什么，以及他们买东西的频率。我们要专注于提供个性化的服务，有效利用现有的知识，以促进销售。直到最近，我们才利用这些信息为客户提供了有吸引力的报价。

"我们从对客户的调研中了解到，核心市场都在广泛使用手机应用程序——事实上，"她指着投影幻灯片说，"这是我们在市场调研时采访的一位客户，名叫托马斯。他是公立学校的一名教师，52 岁。几十年来，他都是自己做汽车保养。以前是跟父亲一起做，现在则是跟两个女儿和一个儿子一起做，他们都是十几岁的孩子。他希望孩子们能够专注于 STEM，但是坚持让孩子们掌握基本的机械知识，学会自力更生。

“他还负责保养妻子的车。有时间的时候，还负责保养父母的车。”玛吉说，“托马斯不认为自己很懂技术，但他家里有 6 台计算机，为全家提供支持。

“现在，他使用一个活页笔记本和文件夹来保存他保养的每一辆车的记录。他一直在用手机，主要是发短信，也用亚马逊。他希望能在手机上完成更多与保养相关的事情。他喜欢使用我们公司的零部件，但他说宁愿从应用程序中寻找配件，也不愿打电话给门店。他喜欢店内的员工，知道很多人的名字，但抱怨我们的自动电话系统太糟糕了，而且特别讨厌听到要按哪个按钮才能联系到真人。”

玛克辛笑了。没有人喜欢这些。

“在感恩节和圣诞节期间，我们希望找出库存过多的商品，将其与我们的个性化数据结合起来，创建有吸引力的促销活动，并通过我们的电子商务网站、电子邮件和移动应用程序传递给客户。我们希望通过这些促销活动来提高营业额，并提高应用程序的平均月使用量，以证明我们确实在构建他们重视的东西。

“对于存储这些数据的所有系统：客户和订单数据库、POS 交易、执行系统、电子商务网站和营销团队的广告活动数据，凤凰项目团队已经确定了都需要哪些接口。

“最重要的数据来源之一是店内库存系统。我们想推销存货过多的商品，但是必须注意，不要推销那个地区还没有上架的商品。

“几年前，我们终于推出了 CRM，也就是客户关系管理系统。但正如我昨晚所讲的，将客户的数据，比如他们拥有的汽车和一些人口统计信息，与我们拥有的其他海量数据联系起来是一个真正的挑战。

“你们知道我们想要实现什么，对吧？最好能对客户一目了然：漏斗顶部，漏斗底部，以及他们与公司的完整历史。不只是他们买了什么，还有他们在我们的网站上做过什么、浏览过什么、搜索过什么，他们的信用卡交易记录、维修记录……还有很多可以挖掘！

“如果我们能把所有这些信息结合起来，就能知道他们需要什么，从而更好地帮助他们。”她说着，眼睛里充满了希望。

玛克辛点点头，也被打动了。她说：“在分析了我们能够整合的少量数据之后，可以根据客户的行为建立一些客户档案。到目前为止，我们创建的客户原型有：‘赛车爱好者’‘节俭的维修者’‘细致的维修者’‘灾难后的维修者’和‘快乐的业余爱好者’。”

“目前，我们关注的是‘细致的维修者’和‘灾难后的维修者’，因为我们认为这两个群体最有可能购买我们设想活动中的产品。”玛吉说，“我们知道‘细致的维修者’每个月都会购买换机油所需的产品。‘灾难后的维修者’的购买历史则表明，他们正在不断收集更昂贵的工具和发动机部件，只需要小小的推动力就能促使他们购买。

“在大屏幕上，可以看到我们有很多设想。我们认为它们会受到这些细分客户群的热烈欢迎。这份报告显示了我们可能失去的那部分客户的属性。”玛吉说，“问题是，实现这些设想需要几个月的时间。不管我们想做点什么，都必须在整个凤凰项目中做出上百万个变更。凤凰项目已经运作了 3 年，我们还没有做过一次有针对性的促销。如果不实验一下，我们就没法学习！”

“你们连一个促销方案都没有实施过吗？”玛克辛惊讶地问，“这怎么可能？！”

玛克辛听到房间里的促销团队都在抱怨。他们开始讲述各种原因。

“我们还在等待所有后端系统的访问权限。现在只能访问库存管理系统。”有人抱怨道，“我们已经有了漏斗顶部的所有数据，还需要来自漏斗底部的关于客户生命周期价值的信息。”

“集成团队需要 6 ~ 9 个月的时间来为我们创建新的集成。”另一个人说。

“当我们查询库存管理系统时，它们经常因为 CPU 负载过大或复制的数据量过多而关闭。”又一个人说道。

“许多后端系统的 API 无法提供我们需要的数据。我们已经等了好几个月，这些团队仍然没有实现必要的 API 变更。”

“我们仍在等待来自数据仓库团队的正确数据，因为他们的报告总是有错。上次我们在邮政编码字段中发现了姓氏。”

“我们还在等待新的数据库实例。”抱怨声此起彼伏、不绝于耳。

促销团队中有 20 个开发人员，他们有许多好办法可以兑现凤凰项目的承诺，但是都被后端系统阻碍了。

突然间，玛克辛确信他们能帮上忙。同时，她对这些开发人员的无助、无法完成自己的工作而感到震惊。

玛克辛和数据总线团队的其他工程师相视一笑。看到这些，库尔特双臂交叉放在胸前，笑着说：“我想我们能帮上忙。”

经过近 90 分钟激动人心的讨论和头脑风暴后，大家才休会。玛吉把库尔特和玛克辛拉到一边："太令人吃惊了。我们一直在高声呼助，但这是我们第一次能够像这样与其他人建立联系。"

"嗯，我们还什么也没做。"库尔特说，"但希望在下周末之前能取得一些进展。"

玛克辛使劲点点头。她看了玛吉一会儿，然后问了一个她从昨晚开始就一直想问的问题："打造伟大的产品需要什么？作为开发者，我们能够提供什么帮助？"

"我从哪里开始讲呢？"玛吉说，"通常，首先需要了解我们的客户是谁，包括当前已有的和期望得到的。然后，我们需要对客户群进行细分，这样就可以知道每个人具体都有什么问题。一旦知道了这一点，就可以根据市场规模了解我们需要解决其中的哪些问题，以及解决这些问题的难易程度，等等。这样，我们就可以考虑定价和包装、优惠品开发和更多的战略性问题，比如产品组合的整体盈利能力及其如何影响战略目标的实现。

"我需要每个产品经理都能精通这些。"玛吉继续说，"几乎所有伟大的产品组织都会创建用户画像，这样每个人都能更好地理解和维系所开发产品的用户。这就是我们做了这么多 UX 和人种学研究的原因。对于这些用户画像，我们要明确他们的目标和愿望，找出他们日常问题的来源，并描述他们如何完成日常工作。如果我们做得很好，最终就可以在我们期望的业务成果框架内构建出一组用户故事。我们应该在市场上测试和验证所有这些设想，从中不断学习。"

玛克辛说："我喜欢这种对客户的持续关注，这让我想起了第五理念。"

玛吉疑惑地看着她。

"我以后再解释。"玛克辛说。

"如果你对客户非常感兴趣，也可以参加所有店内员工和经理都要参加的店内培训。两周前，所有新上任的销售经理都坐飞机来到了总部，并在当地的门店里待了一周。你错过了那个，但如果你愿意来的话，星期六有新员工培训。你想加入吗？"玛吉问道。

玛克辛大吃一惊。她一直很羡慕那些能参加这个项目的人，而玛吉刚刚给了她这个机会。"天啊，我很乐意。坦白说，我在这里待了 8 年，但从来没有得到过这样的机会，这让我有点沮丧。"

"我要求所有产品负责人和经理级别以上的人参加。"玛吉说，"我很乐意安排。"

"给我报个名！"

星期六早上，玛克辛站在浴室的镜子前，检查胸前的姓名牌戴得正不正。那上面写着："你好，我叫玛克辛。有什么能帮忙的吗？"

她很高兴终于能参加这个项目了。在著名的无极限零部件公司，董事及以上级别的每一位领导每年都必须在门店内担任两次一线员工，不是作为高高在上的店铺经理，而是作为普通的收银员或者销售人员。这是无极限零部件公司自 1914 年成立以来的传统。

玛克辛飞快地和家人说了再见，他们正懒洋洋地躺在客厅里享受着各种各样的高科技产品。她奔向自己的车，不想第一天的店内培训就迟到。玛克辛是个严格守时的人，希望自己上头的店铺经理也是如此。

前一天晚上，她花了 3 小时和孩子们一起看了不少有关家庭汽车保养的视频。让她松了一口气的是，给一辆 1984 年的丰田雄鹰换机油的过程与 20 年前一模一样。自从内燃机问世以来，换机油就是换机油。即使是现在，玛克辛仍然亲自为家里的汽车补充玻璃水，不愿花钱请人做。但是，她已经几十年没有自己换过机油或变速箱油了。

玛克辛走进门店，立刻觉得自己格格不入。她看到四个年轻男人和一个女人，都是 20 多岁，还有一个 40 多岁的男人。

自己竟然不是第一个到店的人，她有点懊恼。大家围成一个半圆形，面向门店经理马特。由于以前来过这家店，玛克辛认出了他。马特 30 出头，看上去像个教官。他看了看表，向玛克辛微微点头，露出了会意的微笑。

"早上好。我叫马特，是这家门店的经理。我会帮助各位新员工熟悉这里的环境，你们将在本店或方圆 100 千米内的其他四家门店之一工作。你们很幸运，由于埃克哈特格鲁夫是我们公司总部所在地，这里有其他近千家门店都没有的便利设施。

"无极限零部件公司成立于 1914 年，至今仍以能够最好地满足家庭汽修需求而自豪。我们不卖奢侈品给富翁和名人。我们只为和我们一样的普通人服务，他们每天必须开车上班、开车送孩子上学，他们的日常生活需要可靠的交通工具。

"我们门店的服务宗旨是为客户提供让其汽车持续运转的零部件。通常情况下，如果客户的汽车出了故障，他们又不想去非常昂贵、要耽误好几天的汽修厂或服务站，我们就是唯一的选择。我们的工作就是帮助他们避免那种命运。"

玛克辛感觉身上起了鸡皮疙瘩。她对马特如此准确地传达公司愿景而感到震惊。史蒂夫也可能会在全员大会上说出同样的话。听到门店经理说出这些真是太好了。这与听公司高管或工厂经理说出这些话完全不同，因为这里是最重要的前线。

“在接下来的 2 天里，我将向大家展示在无极限零部件公司门店工作的职责，以及为客户提供专业服务所需的工具。”马特说，“最后还有一项测试，请注意，有近四分之一参加培训的人第一次没有通过该测试。因此，为了方便你们记笔记和准备考试，这里准备了一套无极限零部件公司员工手册、笔记本和笔。得最高分的人有奖品。”

玛克辛环顾四周的同学，忍住了把他们视为竞争对手的冲动。**“他们还只是孩子。”**她想。

马特开始领他们在门店里参观，描述各类物品以及为什么把它们存放在店里。他指着一架子又大又厚的书说：“这些是你们用来帮助客户的书。”这些书看起来就像玛克辛从小到大用的巨大电话簿，有 10 厘米厚，内页是薄薄的新闻纸。

马特解释说：“客户经常来购买替换的零部件，或者找你们诊断故障。你们的任务就是帮助他们找到需要的东西。如果我们有货，就卖给他们。如果没有库存，你们要尽最大努力找到有库存的门店。我们有一个人人都能用的网站，但是很难用其找到所需的零部件。最好的办法就是从这些书里找。”

玛克辛半信半疑地看着那排书。她痛恨技术居然被一堆书打败，然后记了一条笔记，要查明是什么导致当前的应用程序如此难以使用。

“把这件事做好非常重要。”马特说，“如果你卖给别人的刹车片不对，他们可能只有在用千斤顶把车顶起来、卸下所有的轮子，但绞尽脑汁也装不上之后才发现。更糟糕的是，在他们要在高速公路上减速或撞到树之后才发现。

“我们可以把自己当成医生。”马特继续说道，“我们不想伤害客户。最好的方法就是确保第一次就拿对零部件。掌握这些书里的内容就可以做到。”

马特拿起一本书，并让每个人都这么做：“你有一位顾客，他有一辆 2010 年的丰田塔科马，想在后排铺上地垫。我们应该向他推荐的零部件编号是多少呢？”

玛克辛不情愿地拿起一本书。**“现如今，”**她想，**“在一个现代化的商业企业中，还需要依赖从纸质书中查找资料？这就像在图书馆使用卡片目录一样。”**她回想，孩子们根本没有听说过卡片目录。

她快速翻了翻。这本书的内容是依次按照制造商和型号的字母顺序以及年份排序的。她略过四分之三，找到丰田、塔科马，然后翻到 2010 年。

她面对眼前的一切发出叹息。即使对于 2010 年的该车型号，也有完全不同的配置表。发动机气缸数、发动机尺寸、标准驾驶室、加长驾驶室、短轴距、长轴距……对于每种配置，都有一堆零部件。

一个年轻人说："根据这辆车的配置，我们可以判断出驾驶室是什么样的吗？"

"没错。"马特笑着说，"找到正确的零部件与很多因素有关。通常情况下，客户是不知道的。当这种情况发生时，你们也要走到他们的汽车前，帮助他们找到所需信息。最快的办法就是把所有信息都记录在这张小表格上。"他举起一张纸，"这样只需要去看一次汽车即可。"

"玛克辛，怎么了？"马特看到玛克辛举手，于是问道。

"没办法用计算机查找这些信息吗？"玛克辛向马特提问，她不想暴露自己已经在无极限零部件公司工作了。

马特打趣地说："相信我，用纸和笔容易得多。展示完如何在纸上记录之后，我们会使用计算机系统，你会明白为什么我们建议每个人都用手来做。"

"**这太尴尬了。**"她想，"**我们辛辛苦苦开发出了这些系统为员工服务，但是质量差得逼他们还在使用早已过时的纸和笔。**"

一天结束了，玛克辛筋疲力尽。她学到的汽车保养和诊断的知识远远超过预期。她之前完全不知道店内员工花了那么长时间帮助客户弄清楚为什么汽车发动不起来，以及发动机发出的奇怪声音代表着什么。

准确诊断出故障所在很重要，因为这样可以帮助客户免去服务站。服务站蒙骗客户、乱收费的例子屡见不鲜。

帮助客户自己解决问题通常会为他们节省好几千美元。此外，员工也要了解哪些问题超出了自己的能力范围，比如发动机受损或者电子发动机管理系统出现故障。

但是，玛克辛看到为店内员工提供支持的计算机系统有这么多不足，感到疲惫不堪。马特是对的，使用这个系统简直就是一场噩梦。了解 VIN（车辆识别码）和所需的零部件之后，还需要使用 3270 终端会话并键入命令来查找某些缺货的零部件。这就是著名的"绿屏"大型机接口，大多数人见过，但很少有人使用过。

看到最好的航空公司登机口工作人员使用这样的系统在机场进行复杂的航班变更时，玛克辛总是心生敬畏。假设有人因为航班取消而需要预订飞往波士顿的航班，但要求家人的座位连在一起，又不想产生变更费用。经验丰富的工作人员会立刻敲下查找可用选项所需的命令，把使用“现代图形用户界面”的其他工作人员远远甩在后面。

毫无疑问，熟能生巧之后，一些店内应用程序非常高效。毕竟，玛克辛非常喜欢使用 SPSS 统计软件包。它诞生于大型机时代，经受住了几十年的考验。这使她可以领先于使用更加现代化工具的人，比如 Jupyter Notebook、Python、R 和 Tableau 等工具。然而，尽管她一直在宣传并用客观证据证实其优越性，人们还是觉得 SPSS 比较陌生。

玛克辛由此明白了有些店内系统延长了员工和经理学习有效管理无极限零部件公司门店所需的时间。她知道许多大型机团队的成员都希望改进 UX，但多年来一直无法获得预算。

订购缺货零部件的流程比这更糟糕。你需要调出其他门店几个月前的库存报告。然后拿起电话，给每家门店打电话，确认他们有所需的零部件，并且要背出 11 位产品代码。

如果他们有库存，电话另一端的人需要在系统中输入调货单。整个流程中最简单的部分就是把零部件运到装货码头。一辆货车会将其取走，并在一两天后送到。

玛克辛忍不住问马特：“如果有一个系统，看起来和亚马逊一样，用来查找和调货，你觉得有用吗？”

马特立刻回答道：“哦，我的天啊，当然有用。我不是**真的**希望员工花 20 分钟时间从书中查找资料或者和其他店员通电话。我想让他们把更多时间放在客户身上。在区域运营会议上，我们已经抱怨了很多年，但是公司一直说他们正在努力。这将改变我们的游戏规则。我们可以提供更快捷的服务，让客户更满意，并且制定更合理的零部件库存数量。”

他指着收银台后面的柜台说：“橱柜里堆着公司发给门店的平板计算机。问题是，所有的应用程序都要求填写很多字段，使用起来甚至比台式计算机还麻烦。至少台式计算机有真正的键盘。好几个月没人用那些平板计算机了。”

玛克辛在脑海中做了一个捂脸的动作。显然，没有多少技术人员花时间在门店里观察他们创造的产品产生了什么结果。

回到家后，玛克辛和家里新来的**第二条**小狗“棉花糖”一起玩耍。这条小狗被打扮成了可爱的白色毛绒球。令人难以置信的是，这居然是杰克的主意。玛克辛不敢相信是他昨天开了 2 小时的车和孩子们一起把“棉花糖”接回来的。

孩子们各自回到房间后，她的丈夫坚持要带两条小狗出去散步。玛克辛拿出她的笔记本计算机，花 1 小时的时间完成了一份实地考察报告。她列出了所有观察结果，并按店内员工的日常工作范围和必须使用的应用程序进行了划分，差不多有 12 页。

玛克辛总是会记很多笔记。她记得在什么地方读到过一段话：“要想表达清晰，就必须思维清晰。要想思维清晰，就必须记录清晰。”这就是她要花时间把报告写出来的原因，这样大家就能清晰地理解她所观察到的现象。她客观地描述了自己观察到的情况，并在一些地方附上用手机拍摄的照片，在另一些地方则提出了建议。

在进入无极限零部件公司之前，玛克辛曾为一位 CEO 工作过。那位 CEO 亲自撰写白皮书，在客户和员工中广为传阅。玛克辛曾经问他，有营销人员可以做这些事情，为什么还要亲自花时间写。

他说，他认为把问题想清楚很重要。对他来说，把事情写下来可以加强逻辑上的严谨性，而这对领导者来说非常重要。“如果你没有考虑到所有可能的结果，怎么能让一家公司沿着一条战略路径一直走下去呢？”

这给玛克辛留下了深刻的印象。从那以后，尤其是在她的职位越来越高的时候，她一定会花时间把重要的事情写下来，这也让她能够产生更广泛的影响。

玛克辛知道她昨天看到的一些事情不能仅仅停留在自己的大脑里。负责编写和维护店内员工依赖的应用程序的人也需要知道。

用 1 小时完成草稿之后，她关上了计算机。她知道没有人会读她的文档，这意味着她必须做一个演示。幸运的是，她今天拍了很多照片，但比平时少多了——其他学员都没有拍，她不想太过招摇。

她很快在聊天室里给库尔特和玛吉发了一条消息：

> 这是我第一天的实地考察报告。我看到了很多平时看不到的东西。我们可以解决许多容易的事情，来帮助推进促销目标。
>
> 附件是未经编辑的报告。库尔特，你明天能和我一起参与培训吗？有很多事情我们可以帮忙，即使不是马上。

第二天早上，玛克辛把昨天穿的衬衫从烘干机里拿出来，这时才意识到必须熨烫后才能穿。**“我可不能穿着皱巴巴的衬衫上班。”**她想。

如她所愿，她提前 15 分钟到达门店。让她高兴的是，库尔特说他可以在早上晚些时候过来。

学员到齐之后，他们跟着马特到了汽修服务站。公司有一个多年的试点项目，为一些较大的门店配备这种服务站。它们在客户群体中取得了惊人的成功。

早上的培训是诊断汽车电池。客户到店最常见的原因之一就是汽车发动不起来。

“这只是对基本知识的介绍。你们不可能独自完成这项工作，除非和一个已经接受过培训并获得认证的人一起工作。”他们站在一辆 15 年前出厂的本田雅阁旁边，有一名穿着无极限零部件公司工作服的技术人员正在把电线的一头连接到电池上，把另一头连接到一堆仪器上。

技术人员工作时，马特在一边解释这些操作步骤：“现在她把数据输入计算机，用其为客户生成诊断报告。”玛克辛饶有兴趣地看着马特继续解释，偶尔问问技术人员正在做什么。

库尔特走进服务站时，他们还在看技术人员工作。他和她一样穿着无极限零部件公司的制服，还戴着“嗨，我叫库尔特”的姓名牌。他的衬衫有点皱。今天早上一定很匆忙，因为他一向很注重细节。

库尔特站在玛克辛旁边，马特向他点头微笑。

玛克辛看着技术人员工作。过了一分钟，她不禁问道：“为什么我们要输入这么多数据？如果这个人是回头客，我们还需要再输入一遍所有这些信息吗？”玛克辛尽量让自己听起来像她的同行。她正在质疑他们成熟的经验，而她并不想露出任何贬损的意味。

马特笑了，转身对技术人员说：“每次诊断你需要重新输入多少信息？”

那个戴着“嗨，我叫艾米丽”姓名牌的技术人员摇了摇头：“感觉很多。输入客户地址很费时间，但车辆识别码是最麻烦的，总共 17 个字符，很容易打错。我还需要输入制造商、型号和年份。在我们大多数其他系统中，所有这些都是根据 VIN 自动填写的。有些人只是胡乱填写 VIN 字段，但我觉得那样做不对。”

“我还是不明白。为什么我们要输入这么多信息？”年龄最小的学员问道。

“公司希望我们这样做。”马特说，这引得学员们大笑。即使是 20 多岁的年轻人似乎也会厌倦，仿佛他们已经与办公室官僚主义打过交道了。

玛克辛想起她在凤凰项目“监狱”中的苦难经历，心想：**“他们根本不知道真正被困在公司官僚主义中是什么样子的。”**

“说真的，”马特继续说道，“我们需要这些信息，是因为公司正在处理客户档案。总有一天，当客户走进门店时，我们会知道他们是谁、拥有什么车、制造商和型号是什么，这样我们就不用重新输入这些信息了。我知道有一个计划，多年来一直在酝酿之中：在这里安装便携式扫描仪，这样我们就可以扫描 VIN 了。”

玛克辛看到库尔特沮丧地噘起了嘴，尽管他到这里还不到 5 分钟。**“很好。”**玛克辛想，**“现在我不是唯一感到沮丧的人了。”**她有信心库尔特会把挫折转化为行动。

玛克辛盯着诊断架上的计算机。这是一种连在 LCD 屏幕上的台式计算机，还连接着一种带有 USB 和串口的外设，以及其他她不认识的设备。

她听到马特说：“如果客户因为电池问题不断来店里，那可能是因为他们不经常开车，电池电量低到无法启动。”他继续说，“当你们遇到这个问题的时候，建议他们买一个可以让电池一直保持充满状态的汽车电池充电器。自从我买了这种充电器，就再也不用担心无法启动汽车了。我们有很多不同的种类，价格从 25 美元到 100 美元不等。我买的是这个 49 美元的款式。”

玛克辛注意到马特是如何反复将客户的问题与他们可能需要的汽车零部件联系起来的。她明白了为什么某些门店经理比其他人做得更好，不仅在客户满意度、员工生产力和留存率方面，在销售方面也做得非常好。马特正在教新员工努力做到这些。

“如果计算机系统能告诉我们谁买过很多块电池就太好了，这样我们就能主动提出建议了。”库尔特补充说。

“太好了。”马特说。他让学员们都参与讨论，继续说道：“你们知道，我们公司不支付销售佣金，因为我们发现这有时会导致员工做一些对客户不利的事情。但是如果我们超出了销售目标，每个人都会得到一笔可观的奖金。如果我们都能为客户做好每一件事，自然可以拿到这笔奖金。

“现在你们对电池检测有了一定的了解，可以把结果报告给客户了。”马特说着展示了一份 7 页的报告。

随着玛克辛第二个培训日的结束，她想到了店内员工在使用他们建立的系统时所面临的困难。玛克辛没有气馁，反而深受鼓舞。解决这些问题将使店内员工的工作更容易，他们就能够更好地为客户服务了。

整个周末，玛克辛都在不断地从其他反抗军成员那里得到最新消息。他们一直在努力工作，为即将到来的“黑色星期五”帮助促销团队获得他们需要的数据。但是他们开始遇到了挑战，包括所有企业筒仓之间数据定义的冲突，关于什么数据库技术最适合促销工作的艰难抉择，以及随着直接与数据科学家和分析师一起工作而来的许多意外问题。

玛克辛期待着明天与大家见面，详细了解每一件事。有这么多令人兴奋的事情要做！

第三部分

11 月 10 日～现在

第 14 章

11 月 10 日，星期一

星期一早上，玛克辛吃了一惊。团队再一次超出了她的预期。他们聚集在一间会议室里，快速回顾现状，讨论需要帮助的领域。

“开始之前，我想我们需要做一件事。”玛吉说，“我们真的需要为这项工作取一个代号。如果我们想做成大事，就得有个响亮的名字。我们完成的任务越多，就越要谈论我们正在做的事情，不能一直把自己称为‘反抗军’。”

“‘促销’这个名字不好吗？”有人问道。

“嗯，那是团队的名字。”她回答说，“但自从我们数据中心的朋友加入之后，团队发生了很大的变化，还启动了很多新项目。我觉得我们应该有个新名字，因为我们的工作方式与以前大不相同。”

各种想法开始层出不穷。严肃的名字居多：尤利西斯[①]、法厄同[②]、伊利亚特[③]……还有美国太空计划的名字：水星、阿波罗、双子座……

“这些都太严肃了，听起来太像凤凰项目了。”香农说，“我不希望任何人认为我们正在做的事情和凤凰项目的做法有任何相似之处。”

“完全同意。”布伦特说，“如果能确保不再有任何项目被命名为‘凤凰’，我也不认为有什么不妥。”

---

① 尤利西斯是罗马神话中的英雄，对应希腊神话中的奥德修斯，是史诗《奥德赛》的主角。——译者注

② 法厄同在希腊神话中一般被认为是太阳神赫利俄斯的儿子。——译者注

③《伊利亚特》相传是由盲人诗人荷马所作的史诗。——译者注

“用电影的名字怎么样？比如《杀死比尔》《银翼杀手》或者《星球大战》。”香农提议道。还有人建议用乐队、口袋妖怪、棋类游戏或《龙与地下城》里的武器来命名。

“独角兽项目怎么样？”道恩半开玩笑地建议，“这个名字很特别。”

玛克辛哈哈大笑。她很喜欢这个名字。“独角兽”这个词经常被用来形容那些高科技初创公司和埃瑞克谈到的 FAANG 这样的公司。无极限零部件公司是一匹百年老马，但他们要证明，只要拥有正确的文化、技术实践以及架构的支持，他们也可以做到独角兽公司所能做到的一切。事实上，独角兽不就是涂着彩虹颜色、长了角的马吗？

“**对于我们而言，**”玛克辛想，“**竞争对手不是 FAANG 这样的大公司，而是我们行业中的其他‘马’和小型软件初创公司，它们正在蚕食我们的市场。**”她从个人经验中知道，初创公司有能力去做很多事情，但总是缺乏足够的资源。

这不是以小胜大的故事，而是以快胜慢的故事。过去几个月的事情已经向她明确证明，伟大可以被扼杀，但也可以被修复。

“我喜欢这个名字，”玛克辛说，“你能想象史蒂夫在每次全员大会上说‘独角兽’吗？就这么定吧。”

每个人都笑了。道恩说：“嗯，你确定行得通吗？我们需要得到批准吗？”

玛克辛大声笑了起来：“批准？你从什么时候开始觉得我们需要别人批准了？不，这取决于我们自己。是的，独角兽项目。”玛克辛尝试再念了一遍，“我们就这么叫。”

他们决定将“独角兽项目”作为定制化推荐和促销功能的新名字。该项目将与其他功能一起，为“黑色星期五”等假期促销活动和未来更多类似的活动赋能。“逆戟鲸”是分析和数据科学团队的名字，他们将与独角兽项目团队一起工作，为促销活动提供支持。“独角鲸”是独角兽项目将会使用的新数据库和 API 网关平台。“独角猫”则是持续集成和部署平台的名字，该平台正在被数据总线团队和凤凰项目中被精心挑选出的一些团队使用。

玛克辛很高兴。回过头看，可能早就应该给团队起一个独特的名字了。她一直都很喜欢塔克曼的团队阶段模型，包括形成期、动荡期、规范期和高效期。她已经准备好开启规范期和高效期了！

团队的名字有助于建立整个团队而非个人的身份标识，而且强化了团队目标比个人目标更重要的观念。

“你知道的，我也必须在大家面前说‘独角兽’了。”玛吉抱怨道。但玛克辛怀疑玛吉其实在暗自高兴。

当天上午晚些时候，玛克辛回到礼堂，参加 2 个月一次的全员大会。这是她被流放以来的第二次，也是一个月前灾难性发布以来的第一次。她对史蒂夫会如何就这个话题发表讲话特别感兴趣。玛吉告诉团队，她将向整个公司展示一份幻灯片，讲述他们对“黑色星期五”活动的希望和抱负。

就像上次一样，玛克辛抢了一个尽可能靠近讲台的座位。但这一次，她被队友们包围了。库尔特就坐在她后面的一排。她很兴奋地看到玛吉在后台戴上了麦克风。

9 点整，史蒂夫上台欢迎大家参加他的第 67 次全员大会。他承诺要谈论一下愿景和使命，以及年度目标。他说：“我还想花点时间来谈论与凤凰项目发布有关的所有问题，以及我们对即将到来的‘黑色星期五’活动的期望。”

正如在之前每一次全员大会上所做的那样，他满怀激情地谈论着无极限零部件公司的使命：帮助辛勤工作的客户保证他们的汽车持续运转，以满足日常生活的需要。在花了整整一个周末与门店经理和新的一线员工一起工作之后，玛克辛对公司诸多员工在日常工作中践行史蒂夫不断重提的这些目标有了更深的理解，并心怀感激。

“我们的业务依赖于卓越的运营和一流的服务。我们向客户做了一个简单的承诺：我们将提供零部件和服务，帮助他们的汽车正常运转。但当我们把凤凰项目发布到生产环境中时，所有人都失望了。我们让客户失望了，让员工失望了，也让投资者失望了。

“我们向客户做出了无法兑现的承诺。我们提供的商品没有库存或者无法购买。我们甚至意外泄露了数百个信用卡号码。虽然已经向失望的客户赠送了价值数百万美元的代金券，但我们无法挽回失去的信任。

“受伤害的不仅仅是我们的客户。我们许多关键的内部系统也瘫痪了，成千上万的员工无法正常工作。作为公司的 CEO，我对此负责。

“我想感谢在座的每个人，你们竭尽全力帮助我们履行对客户的义务。你们中的许多人知道，在过去的 2 个月里，我也在担任技术主管。”他说，“别笑，你们知道，我在任何与技术相关的事情上都需要很多帮助。我想感谢技术团队所做的一切。

“从那以后，我一直在与应用程序开发副总裁克里斯 · 阿勒斯和 IT 运维副总裁比尔 · 帕尔默合作，做一些完全不同的事情，包括为期 30 天的功能特性冻结，让每个技术人员都致力于解决问题和偿还技术债务。

“向非技术人员解释一下，‘技术债务’就是指造成困难、重复劳动，并降低软件工程师敏捷性的东西。”他继续说，“就像是一张多年来持续膨胀的电子表格，你无法在不破坏公式或引入错误的情况下修改它。但技术债务对我们的影响要大得多，涉及运行公司最复杂流程的很多系统。

“整个公司的人都跟我说功能特性冻结是非常必要的。”他说，“就像我之前所在的制造业里那样，重要的是有一个可持续的工作节奏，并且限制在制品的数量，以确保产品在工厂内持续流转。这就是我们正在做的事。”

“本季度的成败在此一举。我们向全世界承诺在 9 月推出凤凰项目，但是由于所有的功能特性延期，我们并没有得到所希望的销售收入。现在我们已经进入了第四季度，假日购物季就在眼前。我们的时间所剩无几。

“下面有请我们的零售项目管理部高级总监玛吉·李来谈谈我们有哪些收获。”他说，“请上台，玛吉。”

玛吉看上去和玛克辛以前见到她时一样紧张，但大多数人不会注意到。玛吉说：“众所周知，凤凰项目一直致力于帮助客户更快、更容易、更便宜地从我们这里购买他们需要的高质量零部件。多年来，我们为实现这一目标打下了基础，但是没能激活这些能力……至少目前还没有。

“感谢史蒂夫、克里斯和比尔，使我有幸与一个跨公司各部门的团队合作，包括财务和会计、市场营销、促销、零售业务以及一个令人难以置信的技术团队，共同实现了一组虽小但非常重要的凤凰项目的目标。我们希望生成强大的客户推荐，使促销团队能够销售库存中的高利润产品。”她说。“我们有多年的客户购买数据，而且联名信用卡使我们获得了客户的人口统计信息和偏好。如果能把这些促销活动推荐给客户，就能给公司带来真正的改变，同时为客户创造不可思议的价值。

“这就是为什么我很高兴向大家介绍独角兽项目。”她笑着说，在场的每个人听到这个古怪的名字也都笑了，“我要感谢库尔特·雷茨尼克和玛克辛·钱伯斯，他们在不久前找到我，提出了一个激进的想法来实现这一目标，还要感谢一群才华横溢的工程师愿意提供帮助。我们得到了整个凤凰项目的支持，正在开展极为有效的活动，来支持‘黑色星期五’这个一年中最大的旺季。我们的目标是打破所有的记录，使之成为公司历史上销量最高的一天。

“我们将在未来两周内进行一系列测试，确保在‘黑色星期五’当天面向数百万客户发起这项活动时一切顺利。”玛吉继续说道，“谢谢大家，也祝我们好运。”玛吉微笑着向大家挥手，在与史蒂夫握手后离开了讲台。

“谢谢你，玛吉。”史蒂夫说，“有些人说这行不通，包括一些多年来支持凤凰项目的人。但是玛吉和她的团队让我有了坚定的信念。我在职业生涯中发现，只要一个团队充满激情、致力于完成一项使命，并且拥有对的技能，那么与他们作对就是愚蠢的，因为他们会竭尽全力让一切成为现实。所以……祝独角兽项目好运！”

玛克辛大声欢呼并吹起口哨。她还注意到史蒂夫隐晦地提到了莎拉和她今天的缺席。她环顾四周，确定莎拉真的不在场，不知道这是个好消息还是坏消息。

在接下来的几天里，团队完全专注于确保“黑色星期五”的促销活动能够成功。每个人都被紧急工作压得喘不过气来。玛克辛再次向库尔特提出，需要更多有经验的人帮忙。

“我早就想到了。”他说，“我让克里斯把休假中的威廉叫回来，让他来帮助独角猫团队。”

“不可能吧。”玛克辛怀疑地说。她笑了，想着克里斯可能的反应：“你是怎么把他从无限期的休假中请回来的？”

库尔特笑着说：“这么说吧，我找了多年来帮助过的每个人，让他们游说克里斯把威廉请回来。要让这些环境正常工作，没有比他更适合来帮忙的人了。这还能让他从不公正的流放中回来，感觉很棒。”

玛克辛由衷地同意，并再次感叹库尔特满足团队一切需求的能力，可以抛开官方组织架构游刃有余地做事情。

与此同时，独角鲸团队正试图找出一个可行的 API 网关和数据库解决方案，以满足不同团队的需要。这里的风险很高。他们要处理的数据量非常巨大，如果不能正常运行，后果将是灾难性的。

这是一项雄心勃勃的任务，也是困扰玛克辛的一个问题。独角鲸将保护每个人免受“暴躁的戴夫”一直抱怨的几乎所有 API 问题的困扰，可以让他们不需要修改后端系统就能完成任务。它将处于一个中心位置，让开发人员可以轻松地访问所需数据，并很容易地找到可能有助于解决业务问题的、通常来自远端筒仓的其他公司数据。香农负责确保独角鲸能够保证这些数据的安全，执行有关身份验证和 PII 匿名化的策略。

独角鲸的一项主要任务是存储公司重要记录系统的副本，尤其是当后端系统太慢、太难更改或太昂贵而无法实际执行所需的所有事务时。

“我们必须做出决定。”在星期三傍晚召开的一次大型会议上，道恩对玛克辛说，“信不信由你，我们所有人都强烈支持纯粹的 NoSQL 解决方案。这是将我们需要的所有数据放到一个我们能够控制的地方，并满足独角兽团队性能需求的最快方法。

“布伦特和团队有两个正在运行的 NoSQL 集群，一个用于测试，另一个用于生产。”道恩说，“数据的 ETL 处理……就是提取、转换和加载……性能比我们想象的要好。我们还有一个扩展团队，使用商业工具和自主开发工具的组合，将来自近 20 个记录系统的数据复制到我们的数据库中。好消息是，它比我们想象的快得多……

“但现在有个难题。我们原计划将所有数据同时保存在 NoSQL 和 MySQL 数据库中，以防 NoSQL 崩溃。但是在考虑 ETL 的经验和一些大规模测试之后，我们认为应该背水一战，只保留 NoSQL。支持两个后端数据库会拖慢我们的速度，让我们得不到想要的任何生产力优势。”

“哇！”玛克辛惊讶地说。这个方法比她预想的更加大胆。实际上，可能正是这样的决定导致人们创立了 TEP-LARB。

公司中没有人在生产环境中大规模使用过 NoSQL，更不用说在如此大型的关键任务上了。玛克辛通常认为，从谨慎和实用性考量，在高风险的项目中采取这样的做法太危险了，尤其是几乎没有时间去做进一步研究和获得现实世界的生产经验。她说了很多自己的顾虑。

“一般我会同意你说的，玛克辛。你可能认为最大的风险在运维层面。”布伦特看着她担忧的表情说，“但我认为，更大的风险是，我们从公司各处复制来的所有表格可能都会失去关系完整性。如你所知，NoSQL 数据库不会像我们熟悉的大多数数据库那样对关系完整性进行强制约束。但我相信我们可以在 API 层面实现它。”

尽管很伤脑筋，但玛克辛承认，看到技术人员尽全力去解决紧迫的业务问题令人兴奋。玛克辛提出了一系列问题，反反复复地仔细检查他们的思路。但到最后，他们说服了彼此把全部精力放在 NoSQL 上。

“好吧，我们把后路断掉吧。”玛克辛最后说。没有时间做其他选择了。她不喜欢这种不确定性，但她信任团队。

这无疑将使开发人员的灵活性获得极大提升，但玛克辛比以往任何时候都更深刻地意识到他们过去在工作中受到了怎样的束缚。为了整合更多的系统，他们真的需要一个更大的团队。她提醒自己，下次与库尔特见面时这是要讨论的首要话题。

在接下来的两天里，这些团队在独角兽项目的不同部分上各自工作。玛克辛将大部分时间花在了她认为在整个行动中最危险的部分上，也就是将所有数据导入独角鲸 NoSQL 数据库，并使所有团队都能够访问所需的数据。她知道，在破釜沉舟之后，他们现在已经不能回头了。

最困难的部分不是从 20 个业务系统导入数据，而是创建一套通用的词汇表和分类方法，因为几乎每个业务系统对类似的东西都有自己的名称。

实体店对店内促销有 5 种定义，包括一家已被收购几十年的公司使用的定义。产品编目则有 6 种方式。产品类别和定价对不上。厘清定价和促销的商业规则简直就像法医学加考古学练习。他们从公司各处找来业务分析师，帮助他们理解这些差异，并就如何确定一套通用规则做出决策。

玛克辛发现自己总是在两种行为之间切换：坚持清晰和一致性以确保准确，以及说“目前这个程度已经足够好了”。她还经常推迟需要几天时间才能达成共识的决定，因为这些决定将对无极限零部件公司未来几十年的发展产生影响。要不是在企业系统方面有丰富的经验，她肯定无法拥有做出这些决策必需的判断力，特别是在有截止日期的情况下。

每个人都专注于即将到来的大日子——演示日。在“黑色星期五”之前的最后几天，每个团队都会展示他们的那部分系统。玛吉将负责牵头，几乎所有的干系人和技术主管都会出席，最终做出“发布/不发布”的决定。

由于风险很高，玛克辛确保自己参加了所有工程团队的每日站会。团队成员在会上快速共享进度，更重要的是，相互了解需要的帮助。她欣赏这些会议的执行速度和效率，团队负责人会紧急处理任何阻碍因素。

在这张紧凑的时间表上，每一天都很重要。离感恩节只有一个多星期了。她在独角兽项目的站会上聚精会神地听着。促销团队两位最资深的数据科学家也参加了，其中一位显然很慌乱：“在数据仓库团队提供的客户列表中，有 1%仍然有空白字段，而且我们仍然无法匹配近一半的实体店订单数据。

“就我们的数据分析而言，独角鲸数据库的速度比以前有了令人难以置信的提升。但由于我们要做大量的数据库表连接，查询时间仍然很慢，差了几个数量级。”他继续说道，“考虑到马上到来的截止日期，我们还剩一两次尝试的机会。如果结果和现在一样，我们将无法为‘黑色星期五’的发布做好准备。如果我们使用现有的数据，促销活动肯定会失败。就在今天早上，我就发现了一个例子：我们错过了向得克萨斯州的客户推广雪地轮胎的时机。”

“糟透了。”玛克辛想。这就是等了太久才邀请数据科学家参加工程师会议的后果。她大声说：“好吧，今天上午晚些时候我会召开一个专项紧急会议。我会确保库尔特、玛吉和独角鲸团队都参加。你能针对这些问题准备一个 10 分钟的简报并讲一下解决思路吗？”

那位数据科学家点头同意，玛克辛拿出手机打电话给库尔特。

2 小时后，所有人都聚集在一间会议室里，倾听分析团队和促销团队面临的问题。15 分钟后，玛克辛对这一问题的严重程度感到害怕。

难怪分析团队取得的进展如此之少，他们想做的事情是现在已构建的架构不可能做到的。这些数据集比处理能力大出几个数量级。玛克辛马上发现，数据科学家正在构建的查询与独角鲸的目标完全不匹配。独角鲸在处理来自公司不同团队的 API 请求方面非常出色，但现在他们发现，它显然不太擅长分析团队需要做的事情。

更糟糕的是，独角兽团队仍然无法获得他们所需的数据。数据仓库团队花了 4 个月的时间才将 20 行 SQL 代码从开发转到 QA 再发布到生产环境。即使获取到数据，报告每次也会损坏或显示不正确的数据。据说就在上个月，某个数据库模式的变更破坏了公司几乎所有的报告。对玛克辛来说，这和他们在凤凰项目中遇到的问题是一样的，但是这里不是代码，而是独角兽团队所需的数据。

此外，数据仓库团队仍然没有统一来自实体店和电商网站的产品、库存和客户的不同定义。新成立的独角鲸团队已经远远走在了他们的前面。

玛克辛敲着手指。她不敢相信他们又遭遇了另一个和凤凰项目同等规模的官僚难题——数据仓库拖延着那么多他们需要的东西。

人们继续交谈着，玛克辛盯着白板上的数字。她想：**“这根本行不通。”**她决定暗示库尔特到走廊去，告诉他促销项目按目前设想的方式根本不可能实现。他们两个需要说服独角兽团队大幅削减其计划的规模。否则反抗军应该放弃他们，另找一个项目来做，才能获得业务上的成功。

为了使独角兽团队取得成功，他们需要以某种方式与巨大的数据仓库（甚至独角鲸）解耦、释放出来，以支持所需执行的大量计算和查询。

当玛克辛正要引起库尔特的注意时，香农说："我知道你在想什么。这看起来不可能，对吧？但我在数据仓库团队花了近 5 年的时间思考这个问题。看看我多年来一直想做的事情吧。"

在接下来的 30 分钟里，香农提出了一个惊人的计划，她显然一直在思考和深入研究。她提议建立一个类 Spark 的大数据计算平台，由一个全新的事件流总线提供支持。该平台与科技巨头们为解决大规模数据问题而建立的模型非常接近，将允许数百甚至数千个 CPU 内核参与运算，让当前需要几天或几周的分析能在几分钟或几小时内完成。

玛克辛熟悉这些技术。谷歌于 2004 年发表了著名的 Map/Reduce 研究论文，描述了谷歌在标准硬件上大规模并行化处理整个互联网索引的技术，核心就是函数式编程。此后，这些技术被大规模使用，激发了 Hadoop、Spark、Beam 和许多其他激动人心的技术发明。这些技术改变了这一领域，就像 NoSQL 彻底改变了数据库领域一样。

香农描述了新的事件流技术将如何支持这个新的数据平台："不像数据总线，那里几乎每一个业务规则的改变都需要数据总线团队的变更，这个新方案将允许服务和数据的大规模解耦。它将使开发人员能够独立地修改内容，而不需要一个集中的团队来编写中间代码。与集中式数据仓库不同，清理、接收、分析和向组织其他部分发布准确数据的责任将由每个业务和应用程序团队自己负责，毕竟他们最了解数据的实际含义。"

她继续说道："保障这些数据的安全，确保不存储本不应该存储的 PII，对数据进行静态加密，以及防止无极限零部件公司因数据被盗而蒙受风险，这些都同等重要和紧迫。"很明显，香农对这个平台如何确保所有数据的安全性充满热情，而不是把问题留给单个团队去处理。

最吸引玛克辛的是，新的方案还可以支持一个不可变的事件溯源数据模型。与过去几十年累积起来的复杂性相比，这将是一种巨大的简化。

新的方案效率还很高。它也必须够快，因为数据总线和企业中的每一个应用系统最终都会将所有内容投入这个新的消息总线中，包括所有客户订单、来自 CRM 的所有客户活动、所有电商网站和营销活动管理系统的记录、从店内到车库的所有客户活动……所有的东西。

当香农讲解完并回答了团队的问题后，库尔特看起来脸色苍白：“别开玩笑了。我们甚至还没有得到启用独角鲸的批准。”他指了指白板说，“如果把所有……这些……都加起来，计算和存储的空间占用量要翻两番，甚至可能要把更敏感的数据放到云上。哦，天啊，克里斯会疯的。他不可能接受的。”

就连布伦特也看上去局促不安：“我一直想运行这样的东西，但是……要一次性建设这么多新的基础设施，这似乎太仓促了，甚至在我看来也很夸张。”

玛克辛先看着库尔特的表情，接着看了看香农和她画的满满两个白板的图示。然后她笑了，有点享受库尔特和布伦特的不安。但她明白他们的感受。在赌场输掉一切的赌徒押上自己全部的筹码之前，可能也有过这样深思和谨慎的时刻。

她说：“我们是要全力赢得胜利并建立技术优势以跟上业务的需求，还是继续被几十年前构建的东西拖累并告诉业务领导我们认输，不再追求好的想法？”

玛克辛认为香农的想法很好，尽管看起来像是自杀。玛克辛说：“我的直觉和经验告诉我，我们的数据架构已经成为了影响公司每个领域的瓶颈。这可不只是开发人员面临的问题。日常工作中需要数据的任何人都没法获得想要的数据。”

“是的。”玛吉说，她看上去就像被球棒击中了一样，“完全正确！我有来自 5 个团队的 25 个数据科学家和分析师，但他们从来没有得到过所需的数据。还不只是他们，几乎所有营销人员都需要访问或处理数据。运营的主要工作都跟数据相关。销售运营和管理也都跟数据有关。事实上，我敢打赌无极限零部件公司一半的员工每天都会访问或处理数据。多年来，我们一直被数据仓库团队的条条框框束缚着。

“坦率地说，我们非常需要像你这样的专业人士帮忙。”她尴尬地说，“我们有一些内部管理的数据可视化平台，但我们不是搞软件的。事实上，今年早些时候，当我们按供应商的要求更改了服务器时区后，所有订单数据都变得乱七八糟了。”

布伦特嘟囔了一声，这次他并没说任何贬低供应商或玛吉的服务器管理员的话，玛克辛松了一口气。

看到库尔特脸上表现出浓厚的兴趣并且开始盘算，玛克辛笑了。她知道，听到这些痛苦和折磨，正是促使他采取行动的原因。她说：“让我们从小处着手，用最关键的能力来打造独角兽团队。我们应该利用已经在独角鲸上开展的所有 ETL 工作，并且可以使用全套经过管理、充分验证过的基于云的数据平台服务，这可以减少很多操作风险。我是这么想的……”

玛克辛庆幸在接下来的 4 小时里，没有人离开房间，也没有人退出。相反，他们在白板前争论一番，然后列出了一个大家暂时都同意的计划大纲。他们推迟了事件流平台，但玛克辛和香农将牵头创建更安全可靠的数据转换机制，建立全面的版本控制，构建自动化测试以确保数据在导入前形式规范并满足规模要求，并且做其他许多事情来防止香农看到或听说过的数据事故再次发生。

库尔特和玛吉承诺会小心谨慎地与克里斯和比尔进行讨论，从而防止与可能会感到威胁的数据仓库团队产生矛盾。**“他们感到威胁也是正常的。”**玛克辛想。数据仓库团队几十年来一直是这些数据的监管人，但现在我们要解放它们，让任何有需要的人都可以随时使用，而不用事先开工单。

尽管计划已经有了，但每个人都知道还存在完全失败的可能性。玛克辛听到布伦特在白板前嘟囔着：“我喜欢这个计划，但我们不可能在感恩节前完成所有这一切……”

玛克辛的孩子们可能会说布伦特没错。但很明显，他们目前处理数据的方式是行不通的，现在有机会证明有更好的方法。她想：**“如果有什么时候需要勇气和不懈的乐观，那就是现在。”**

当布伦特最后说“让我们把这个项目称作美洲豹吧”的时候，玛克辛知道，让这一切可行还有一线希望。

在演示日的前一天晚上，许多团队工作到深夜。第二天早上，当“黑色星期五”的促销演示在餐厅开始时，所有人都到齐了。库尔特让玛吉致开场辞，重申他们所有努力背后的原因，但其实大家都知道，“黑色星期五”几天之后就要到来了。每个参与独角兽项目的人都知道，公司的存亡取决于他们的努力，这一点儿也不夸张。

独角兽项目现在备受瞩目。玛克辛知道，如果今天进展不顺利，公司的处境会很糟糕，玛吉、库尔特和她自己的处境会更糟糕。

玛吉开始说：“众所周知，‘黑色星期五’就要到了。我们的目标是让独角兽项目带来真正的收益，而这是由逆戟鲸团队、独角鲸团队、美洲豹团队和移动应用团队来共同实现的。我们的重点是利用库存信息和个性化数据来推动促销，并让我们的应用程序获取有用的信息，比如可用库存。我们想要影响的具体结果包括营收、客户在我们的移动端和电商网站的重复参与，以及产生积极反响的营销活动。”

玛吉停顿了一下，继续说：“我们的房间里有一位特别的客人，比尔·帕尔默。他是我们的 IT 运维副总裁，帮助创建了反转项目，这才使我们能够把精力放在促销活动上。这里也有一支来自运维部的庞大队伍，他们正在帮助我们加速所有行动。首先是来自逆戟鲸团队的贾丝廷。”

“我是贾丝廷，我所在的团队负责生成用于创建促销活动的数据。正如玛吉所说，我们的目标是让市场营销人员有能力基于我们对客户的全面了解，制定最佳的促销方案。

“数据是公司的命脉。”她继续说道，“在市场营销中，几乎所有人都会访问或操作数据，以指引公司的工作。多亏了香农及其团队创建的美洲豹平台，我们终于可以第一次得到我们需要的数据并信任其正确性，然后使用各种统计技术，甚至用机器学习来预测我们的客户可能需要什么。这就是我们用来改进价格展示和促销活动的东西。我毫不怀疑，公司的未来将建立在我们有多了解客户并向他们提供所需服务的基础之上……只有理解数据，我们才能最好地做到这一点。”

香农微笑着看着贾丝廷继续讲述逆戟鲸的成功故事。“在过去两周里，我们的目标是找出最高优先级用例所需的所有查询：我们需要找出最畅销的产品是什么，哪些细分客户群已经购买了它们，哪些没有购买。对于每个细分客户群，我们需要确定他们最常购买的产品。

“优秀的促销是我们可以用最优价格出售已有的库存。我们不想毫不知情地把售价定得低于客户愿意支付的价格。只有通过实验，我们才能了解这个价格。”她说。

“我们构建了一个简单的 Web 应用程序，每个人都可以生成并运行查询，构建候选促销商品，并彼此共享。”她继续说道，“在屏幕上，你可以看到所有畅销商品及其照片。这很好，但也很无聊，很难让人快速理解这些 SKU 到底是什么。我们意识到电商网站有所有这些产品的图像，所以问玛克辛和独角鲸能否给我们这些链接，他们在几小时内就完成了，而且不需要开工单！当天下班前，我们只用 10 行代码就在应用程序中显示了这些图像。这帮助团队的每个人更快、更有效地生成了更有吸引力的产品展示。”她笑着说，“这真的很让人高兴。”

玛克辛看到了她在数据总线工作时的编程伙伴汤姆。他走到贾丝廷身边，说：“一旦了解到促销团队想做什么，开发应用程序就很容易了。独角鲸团队给了我们 API，我们只需用一个现代的 Web 框架来显示它就行了。关于独角鲸数据库 API 有多棒，贾丝廷说的绝对正确。它的运行速度也非常快，过去在大型服务器上运行查询都要耗时几分钟甚至几小时。所以，我真的深受震撼，必须向独角鲸团队表示敬意。没有他们，我们不可能成功。”

玛克辛咧嘴一笑，发现布伦特和道恩脸上也挂着灿烂的笑容。

贾丝廷展示着最后一张幻灯片："我们正在与营销团队合作，为两个最高优先级的客户画像完成促销活动：'细致的维修者'和'灾难后的维修者'。我们使用美洲豹数据和计算集群，为这两种客户画像生成了候选推荐产品和推荐促销包，现在仍然在评审和调整中。一旦完成，我们将把这些加载到产品和定价数据库中，接着就可以执行营销活动了。"

一位资深营销人员主动走上前说："我要感谢大家的辛勤工作。这真的太令人兴奋、太令人钦佩了。我对团队在几周内取得的成绩感到吃惊。我在这里工作已经快两年了，但从没像现在这么激动过。我们正在从逆戟鲸团队获得所有数据，对感恩节这个周末的产品展示进行微调。我认为，我们可以创造数百万美元的收入！"

玛吉向他和贾丝廷致谢，和大家一起鼓掌。然后她请出了无极限零部件公司的移动应用程序首席开发人员马克。他的笔记本计算机上贴满了技术和厂商的标签，你甚至看不出计算机的牌子。"早上好，我想先回答你们可能正在思考的问题。是的，我们就是开发移动应用程序的团队，两款应用程序都是我们开发的。我们并不感到自豪，只是很高兴用户无法给一款应用程序打零分。"

听众大笑起来。多年来，无极限零部件公司的应用程序一直令人尴尬。"我们有太多东西想改进，但是被安排在其他项目上无法抽身。直到最近，才有了全职的移动应用程序开发人员。但正如玛吉所说，情况已经改变了。移动端是客户希望与我们交互的地方，所以我们重组了团队，采用了用户画像驱动的方法，专注于客户需求。"他继续说道，"我们一直在与产品负责人密切合作以取得速赢，并充分利用了独角鲸团队所做的事情。

"我们以前拿不到实体店库存水平的信息。我们非常想展示哪些离客户最近的店铺有特定的存货。现在，我们可以使用来自客户设备的地理位置数据，或者让他们输入美国的邮政编码。这就是页面现在的样子……"

他在屏幕上打开了一个 iPhone 模拟器以及无极限零部件公司的应用程序："从独角鲸那里获得库存信息非常容易。因此，当单击进入产品页面时，客户可以看到它在附近所有商店里的存货情况。他们现在也可以预定产品，这样就可以保证他们去店里取货时一定有货。让这成为可能的还是独角鲸。现在，我们正在收集有关零部件存货如何影响客户采购行为的信息，这样就可以计算出这种影响有多大。"

"哇！"玛克辛由衷叹服。她以前从未见过这些功能，而且非常喜欢他们的创造。

尽管马克为这款应用程序道了歉，但玛克辛认为它看起来真的很不错。她总是对大多数移动应用程序看起来那么棒而感到惊讶，它们展示了让人吃惊的丰富信息，连无极限零部件公司的应用程序也是如此。她已经习惯于开发人员自己构建的工程原型，看起来更像 20 世纪 90 年代的网站。很明显，移动应用程序团队拥有专业的设计师。这种精雕细琢的用户体验是消费者现在需要的。如果一个应用程序看起来很蹩脚，消费者很可能不会使用它，更不用说再次打开它了。

"所有这些变更都已经推送到应用商店了，打开一个开关就能供客户使用。"他说，"我们还将大量数据记录下来反馈给独角鲸，以帮助营销团队进行实验。我们特别感兴趣的是，为了提高转化率，在搜索结果和产品页面中应该展示什么、不应该展示什么。独角鲸的性能令人惊叹——这些都不会降低用户体验。"

他继续说道："我们已经在内部进行了数百次迭代，准备好使用所有的用户遥测技术来对真实客户进行实验。我们以前从来没有干过这样的事情。这对我和我的团队来说是一次奇妙的经历。继续努力吧！"

玛吉谢了马克，每个人都鼓掌表示感谢。然后玛吉转向在座的人："你们已经看到了我们正在取得的进展。所有这些都给了我们信心，我们一定能够成功执行一系列非常令人兴奋的感恩节促销活动。

"我们花了一个月的时间，试图想出最好的促销方案，并且用不同的方式对数据进行了切片和分块。"她接着说，"我们能够在云上启动大量计算资源来进行必要的计算。我们开始每晚运行推荐报告，并启动数百个计算实例，直到完成后再关闭它们。我们这样做已经有 4 天了，效果很好。对吧，布伦特？对吧，香农？"

布伦特和香农坐在房间前排，笑容满面。玛克辛很高兴布伦特对这一成果如此投入。她从来没有见他这么快乐、这么开心过，这让她想到了第二理念。香农则有理由为美洲豹的诞生而自豪。如果没有这个新的平台，团队绝对不可能推出这些促销活动。

美洲豹已经在团队处理数据的方式上做出了巨大的改变。通过自动化测试，可以立即捕获数据上传中的错误。团队可以轻松地访问来自整个组织的任何数据，并且很容易添加新数据，从而为用来实验和尝试新想法的整个集体知识做出贡献。许多新的报告和分析得以步入正轨，利用了各种各样的工具，其中许多是玛克辛从未听说过的。

令玛克辛惊讶的是，这些发现和实验的结果正在返回美洲豹数据平台，进一步丰富已经存在的数据。发现并传播所学知识，与埃瑞克的第三理念"改进日常工作"相契合。

玛吉展示了一张幻灯片，上面有一堆产品："这些是独角兽项目根据我的客户账户生成的促销商品列表。如你们所见，它了解我的购买记录，告诉我雪地轮胎和电池打 8 折。我真的登录我们的网站把这两件都买了，因为我需要它们。公司赚了钱，因为这些商品有多余的库存，而且利润率很高。

"这是独角兽项目给韦斯的推荐。"她接着说，笑着翻到下一张幻灯片，"看来你在赛车刹车片和燃料添加剂上获得了折扣。你感兴趣吗？"

"不错啊！"韦斯喊道。

"鉴于这些初步实验取得了令人难以置信的成功，我的建议如下。"玛吉说，"按照计划，我想给 1%的客户发送活动电子邮件，看看会发生什么。如果一切顺利，我们将在'黑色星期五'全力以赴。"

玛吉看着运维部的领导层。"听起来是个不错的计划。"比尔说，"韦斯，有什么不应该这么做的理由吗？"

房间前面传来韦斯的声音："从运维的角度来看，我想不出什么理由。所有困难的工作都已经完成了。如果克里斯、威廉和市场营销部相信代码没有问题，我的意见就是放手一搏。"

玛吉欢呼着说："我们现在有了一个计划。大家一起把计划实现吧！"

玛克辛和其他人一起欢呼。她突然间觉得哪里不对劲，环顾四周，她发现莎拉又一次没有出席。这种可以邀功的场合，她一定会在。但她显然缺席了，这让玛克辛有些紧张不安。

第 15 章

11 月 25 日，星期二

尽管每个人都欢欣鼓舞，但大家也都知道，距离为“黑色星期五”的促销活动做好充分准备还有很长的路要走。正如玛吉所言，接下来要针对一小部分客户进行试运行，以确保将在星期五全面开展的活动准备妥当。因此，从上午 11 点开始，他们将对 1% 的客户开展一次促销活动。之所以选在白天启动这个活动，是因为大家都在办公室，能够快速应对紧急情况。这有助于找到过程中的漏洞和弱点，以便在星期五之前修复。

对玛克辛来说，这一决定本身就显示了组织中发生的巨大变化。放在几个月以前，他们不会进行任何实验。他们肯定会把活动安排在午夜开始，并要求团队彻夜待在办公室里。

上午 9 点，作战室里的每个人都在紧张地处理最后的细节，希望即将推出的小范围实验一切就绪。逆戟鲸团队仍在对客户的推送进行微调。他们还未完全决定选取的目标客户群，玛克辛对此有点担心。但如果他们保持镇静，她也没什么好慌张的。他们在过去的几周里已经建立了充分的信任。

尽管只是向客户邮件列表中 1% 的客户发送电子邮件，风险仍然很高。这意味着有近 10 万封电子邮件会被发送给所有符合用户画像的客户，而不仅仅包括“细致的维修者”和“灾难后的维修者”。这样做是为了了解每个细分客户群的响应情况。

无数环节都可能出错。如果响应率不及他们之前的实验结果，那么寄托于独角兽项目上的所有希望和梦想都将破灭。如果推荐了错误的商品，或者推荐的商品没有库存，又或者没法及时配送，他们都可能会激怒客户。

这次活动开创了无极限零部件公司历史上的许多先河。这是首次可以直接从电子邮件打开手机上的应用程序，也是首次在移动端进行促销活动——安装了该应用程序的用户会收到限时促销活动的通知，团队相信这会比精心设计的电子邮件得到更高的响应率。

在过去的一周里，团队一直在移动应用程序中不断地进行实验，想找出能让转化率最大化的影响因素，比如以不同的方式展示促销商品，使用不同的图片、不同的图片尺寸、排版样式和文案风格等。这些经验教训随后也被纳入了电子邮件促销活动中。

所有这些实验的结果，以及客户在移动应用程序内触发的操作，都被导入了美洲豹数据平台，以指导下一轮的实验。尽管数据十分丰富，但分析团队还渴求更多。大家对美洲豹平台的喜爱与日俱增。

为确保所有内容的展示都正确无误，所有按钮都能正常工作，移动应用程序团队一直在夜以继日地工作。同时，他们也在努力简化购买流程。比如团队注意到，在提示输入信用卡信息时许多客户会放弃。于是他们采取了一些授权技术，通过手机摄像头直接读取卡片信息，并提供 PayPal 和苹果支付等不同的支付方式，希望其中一种方法可以降低订单放弃率。

他们赌的是，在移动应用程序上投入的这一切，会带来比只使用手机浏览器更高的销售额。这是一场赌博，不过是一场准备充分的赌博，得益于团队清晰且持续的学习。

“不过准备和练习的时间已经结束，游戏就要正式开始了。”玛克辛想。她看到许多技术团队开始集结，而独角鲸数据团队早已挤在屏幕前、查看检查清单、相互低语，确保一切就绪并足以应对他们预期的流量。过去一周里，布伦特和他的团队一直在对整个系统进行压力测试，经常导致某个技术领域崩溃。然后在不指责的事后分析会议中，他们会一起努力找出解决问题的方法，这样就能安然度过实际发布。

这些“混沌工程”[①]练习导致了一些意想不到的破坏。但每个人都在加倍努力工作，确保大规模的发布活动得到充分的准备。就在几天前，一个用于产品展示生成流

① 混沌工程是在生产环境中对软件系统进行实验的学科，目的是建立对系统承受动荡和意外情况能力的信心。欲详细了解，可以参考人民邮电出版社出版的《混沌工程实战：手把手教你实现系统稳定性》一书（ituring.cn/book/2730）。——编者注

程的测试不断崩溃，最后发现是某个外部服务的限制没有提高所致。团队已经习惯了把每项资源按比例缩减以节省成本，有时候忘记了在实际测试的时候调整回去。

“要想真正掌握这一切，我们还有很多东西要学。”玛克辛想。

有时，很难知道谁在为哪个团队工作，因为人们在团队之间不停奔走。正如埃瑞克所预言的那样，当每个人都清楚目标是什么时，团队就会自我组织起来，以最好地实现这些目标。对玛克辛来说，人们现在的行为和彼此的互动令人赞叹，特别是与 2 个月前凤凰项目发布时的情景相比。不同职能的人——开发、QA、运维、安全，现在甚至还有数据和分析——像队友一样每天在一起工作，而不是之前像对手一样。他们正朝向同一个目标努力工作。他们意识到这是一个学习和探索的旅程，犯错不可避免。所以创建更加安全的系统和持续改进现在被视为日常工作的一部分。

玛克辛想：**“这就是埃瑞克几周前描述的第三理念‘改进日常工作’。”**

由于数据总线的开创性工作，代码现在每天都能多次顺畅、快速、无差错地部署到生产环境中。即便出现问题也能够很快解决，没人会受到指责或任其演变成一场危机。即便现在，生产部署也在持续进行，因为团队还在执行最后的变更，以确保这次小型发布的成功。

20 分钟前，有人注意到一个 API 返回了大量 HTTP 500 错误。显然，昨天有人提交了一个代码变更，意外地将用户引发的 400 错误归类为服务器引发的 500 错误。韦斯紧急召开了一次会议并建议推出一个补丁，玛克辛对此很惊讶，因为现在距小型发布还不到 1 小时。

“如果我们不修复它，万一发生真正的中断，这些错误可能会掩盖重要的信号。”他说，“我们已经多次证明，我们可以安全地推送这些单行代码变更。”

最棒的是，这个错误是一名开发人员发现的，而补丁也是他发布的。玛克辛想：**“我们终于肯相信开发人员了。”**如果有人在一个月前告诉她韦斯会支持这样的紧急变更，她是无论如何也不会相信的。

更重要的是，玛克辛之前最担心开发人员会因一时头脑不清醒，破坏独角鲸平台上数据的完整性，但这从未发生。如果你让开发团队使用自己的设备，他们通常会把一切按自己的想法优化。这只是出于每个团队偏狭和自私的本性。**“这就是需要架构师的理由。”**玛克辛想。

现在他们通过版本化的 API 提供对数据的访问，所以一切都在掌控之中，团队也能够保持独立工作。玛克辛不只松了口气，甚至感到兴高采烈。设计这些平台就是为了优化整个系统，确保整个组织安全、有保障。

“准备向移动应用程序发送电子邮件和消息通知，倒计时 3、2、1……开始！”营销活动启动协调员平静地宣布。玛克辛看了看手表，现在是 11 点 12 分。电子邮件和移动应用通知现在正在被发送给 10 万名用户。

由于一些未预见到的问题（在独角鲸系统中发现了一个配置问题，另外有人注意到为活动准备的电子邮件地址数目太多了，需要在美洲豹系统中重新计算并生成新的电子邮件地址列表），活动延迟了 12 分钟。当独角兽团队以创纪录的速度生成并重新上传数据后，玛克辛不由得向香农竖起了大拇指。

一方面，玛克辛对发布流程中的细节问题这么晚才被发现感到有些恼火。但另一方面，这就是演练的目的，也是把大家都聚集到作战室里的目的。需要在最后时刻做决策的人都在现场，而且大家也都认可这样做的意义。玛吉、库尔特、各团队负责人，还有其他许多人齐聚在这里，包括韦斯和运维团队的关键人员。

玛克辛环顾四周，再一次发现莎拉不在。玛克辛想，是否只有她一个人疑心莎拉可能在捣什么鬼。

她把注意力转向墙上的大型显示器，房间里的所有人都盯着它，屏住了呼吸。显示器上显示着许多图表，主要是已发送的邮件数量和订单漏斗：有多少人浏览过商品页面，多少人把商品加入了购物车，多少人单击了结算按钮，多少人提交了订单，以及多少订单处于已成交状态。图表底部则显示了弃单最多的环节，以及订单总量和目前的总营收。

在这些图表之下是技术性能指标：各种计算集群的 CPU 负载、服务和数据库正在处理的交易数量、网络流量，等等。

她能看出，有几个峰值与美洲豹系统运行的密集计算相关。但现在大部分图表处在 0 的位置。有几个 CPU 负载显示 20%。这些服务器需要保持一定的活跃度，以确保不会进入休眠状态。在之前的一次试运行中，有一个关键系统进入了休眠状态，着实吓了大家一跳。后来，大家花了 6 分钟的时间才将其唤醒并横向扩展。

到目前为止，什么都没发生。1 分钟过去了。又 1 分钟过去了。玛克辛开始担心活动可能出了什么麻烦。也许基础设施出了故障；也许有什么可怕的原因导致电子邮件没有被送达；也许他们最担心的商品推荐算法出错，把雪地轮胎推送给了住在永远不会下雪的地方的客户。

就在这时，产品页面浏览量数据开始变化，从 10、20 到 50……并且还在继续上升。玛克辛这才长长舒了一口气。

房间里的所有人都欢呼起来，玛克辛也不例外。她盯着技术指标，祈祷基础设施不会像凤凰项目发布时那样崩溃。当 CPU 负载开始全面攀升时，她松了口气。这表明任务的确正在被处理。

几分钟后，近 5000 人处于订单漏斗的不同阶段。看着数字持续走高，玛克辛心想：“**到目前为止一切良好。**”人们再次欢呼，因为已处理的订单数量开始攀升……10 个订单完成了，然后是 20 个，而且还在继续增加。令她兴奋的是，活动产生的收入已升到了 1000 美元以上。

一切都在按计划进行。听到房间里不时有人噼里啪啦地鼓掌，她笑了，但仍然继续盯着图表上的数据。

她突然眉头紧锁。显示已完成订单数量的图表卡在 250 一动不动了。她迅速浏览其他指标，看看是否一样，但它们依然在上升。玛克辛看到一群人围着显示屏，指着停住的图表。

肯定有什么地方出错了。

“大家安静一下！”韦斯大声喊道。他先是沉默了一下，然后转过身说：“我需要大家试着在网上和手机上订购商品，告诉我到底发生了什么！有什么东西阻碍了订单通过！”玛克辛手机上的这个应用程序是开着的。她单击“加入购物车”按钮，然后惊讶地眨了眨眼。她喊道：“在 iPhone 上向购物车中添加商品时，手机应用程序崩溃了……崩溃并闪退了。”

“该死。”她听到房间里有人脱口而出。另一个人大声说：“在 Android 上收到了错误消息。我看到一个对话框显示‘发生了一个错误’。”

她旁边的香农大声喊道：“网站上的购物车也出错了。我单击了提交按钮，生成的网页是一个空白页！我觉得在查询是否有可发货商品时，后台的某些东西出错了。”

韦斯在房间的前面说：“谢谢你，香农。请把所有这些截图上传到#发布频道。好了，大家都听好！我们在所有的客户端都遇到了错误——香农认为这是由于我们调用的一个后端出了问题，可能是‘available to promise’API 调用，也可能是‘available to ship’API 调用。谁有什么想法吗？”

玛克辛立即开始行动，同时感激有韦斯在作战室里指挥。“**是的，他脾气不好。**”

她想，**“但他处理过的故障比房间里其他人处理过的加在一起还要多。”**在这种高风险的发布中拥有这样的经验难能可贵。**开发人员有自己擅长的工作，但是处理这些类型的危机是运维日常生活的一部分。**

很快，他们就证实了香农的假设是正确的——订单输入后端系统出了问题。这个集群中所有系统 CPU 的使用率都钉在了 100%。不幸的是，这些满负荷的系统是主 ERP 系统的一部分，该 ERP 系统处理着公司几乎所有的核心财务流程。它已经运行 30 多年了，目前使用的是一个几乎有 15 年历史的老版本，由于过度定制化而无法做版本升级。团队每 5 年就把它迁移到一套新的硬件上。但是要增加更多 CPU 内核来使它提速绝非易事。

很明显，即使这样小规模的 1% 促销活动也会使它超出负荷。玛克辛发现查询的返回时间越来越长，客户端请求开始超时。所有这些客户端都开始再次发送查询，而更多的请求又反过来使后端数据库持续超载。

“惊群问题[①]。”韦斯嘟囔道，指同时进行的客户端重试最终导致服务器挂掉，“后台我们无能为力。如何能让所有客户放弃重试？”

“我们改不了移动应用程序，但可以让电子商务服务器在重试之前增加更长的等待时间。”布伦特说。韦斯向布伦特和玛克辛示意说：“去做吧。”

玛克辛和布伦特与电子商务团队合作，向每台 Web 服务器推出新的配置文件。10 分钟不到，他们就把所有这些变更投入了生产。

幸运的是，这足以避免灾难。玛克辛如释重负地看着数据库错误率开始下降，完成的订单数量再次攀升。在接下来的 2 小时里，还发生了其他几件事，但没有一件像她和布伦特不得不处理的“available to promise”服务器问题那样令人心惊肉跳。

又过了 45 分钟，他们完成了 3000 个订单的目标，获得了 25 万美元的收入，而订单仍然源源不断。玛吉不知道什么时候偷偷溜了出去。2 小时后，玛克辛看到她和一伙人搬了一堆香槟回到房间。玛吉开始往杯子里倒酒，并第一个递给了玛克辛。

在每个人都拿到一杯酒后，玛吉笑着举起酒杯：“天啊，各位。这真是不平凡的

① 惊群问题在计算机科学中是指，如果许多进程在等待一个事件，事件发生后这些进程被唤醒，但只有一个进程能获得 CPU 执行权，其他进程又得被阻塞，从而造成严重的系统上下文切换代价。——译者注

一天！多么了不起的团队合作！我想和大家分享一些初步成果。哇，真是太棒了……用户持续对促销活动做出响应。到目前为止，大约有三分之一的人对我们的活动做出了响应。毫无疑问，今天的转化率是公司历史最高转化率的 5 倍以上！”

她接着掏出手机，看了看屏幕：“以下是团队的一些初步成果：超过 20% 的人收到我们的促销信息后去看了我们推荐的商品，超过 6% 的人最终购买了。我们从未见过这样的表现！所以感谢在座的每一位，是你们帮助实现了这一佳绩。

“而且别忘了，我们促销的几乎所有商品要么是高利润商品，要么是在仓库里堆了很久的商品。所以我们今天的每一笔销售都会对利润产生非同寻常的巨大影响！”玛吉再次欢呼，同时把手里的酒一饮而尽。房间里的每个人都雀跃不已，开怀畅饮。

玛吉继续说：“基于这些结果，定于星期五面向所有客户开展的独角兽促销活动将如期进行！如果结果接近我们在这次测试活动的成绩，我们将迎来一个井喷式的假日季……

“呃，顺便提醒一下，刚刚说的属于内部消息。如果你们靠这些消息来购买公司股票，可能会坐牢哦。我们的 CFO 迪克·兰德里让我告诉大家，根据雇用合同，他会协助起诉你们的。”她说着，微笑了一下，“话虽如此，毫无疑问我们会在‘黑色星期五’大放异彩！”

大家再次欢呼雀跃。玛吉示意所有人安静，并请库尔特和玛克辛发言。玛克辛笑着请库尔特先讲。库尔特说：“各位，这是多么了不起的成就啊！我非常自豪。玛克辛呢？”

玛克辛本不想说什么，但已经躲不掉了。她站了起来，举起酒杯：“让我们向反抗军致敬，他们向古老而强大的阶层显示了超棒的工程工作应该怎么干！”

大家又一次欢呼大笑。当喧闹消退后，玛克辛说：“好了，不开玩笑了。到‘黑色星期五’的时候，负荷毫无疑问会比今天大 100 倍。我们肯定会遇到很多前所未有的问题，所以我们从现在一直到星期五的工作都会很艰巨。让我们想想如何做好准备吧。”

库尔特补充说：“考虑到星期四是感恩节，我希望明天让尽可能多的人准时回家。让我们开始工作吧！我们需要让大家能在星期五一早来办公室支持发布活动。”

为防止系统瞬时过载，并更好地保护那些格外脆弱的后端服务器，大家都同意错开电子邮件和移动应用通知发送的时间。布伦特提出了一个重新配置负载均衡器以限制交易速率的想法。这也许会导致客户的移动应用程序和电商网站上出现错误信息，但所有人都认为这比后端系统再次崩溃好得多。

“我们马上就干。我想我们搞得定，能让大家按时回家过感恩节！”布伦特笑着说，“大家感恩节快乐！”

正如布伦特预料的，所有工作都是在第二天5点以前完成的。除了几个人以外，大多数人开始往外走。玛克辛四处巡视，试图把剩下的零星几个人赶回家。今天是感恩节的前一天，玛克辛打算在5点半之前离开公司。她为让布伦特也按时下班而感到骄傲。

数据分析师们是唯一不能离开的团队。现在1%的测试已被证明是一个巨大的成功，他们必须在星期五之前生成面向数百万客户的所有推荐。因此，美洲豹计算负载不断增长，他们不断更新独角鲸数据平台的促销数据。玛克辛咧嘴一笑，心想：**“我们要付给云计算供应商的账单越堆越多了，但绝对没有任何营销人员抱怨，因为由此而来的业务收益太惊人了。”**

她转身准备向库尔特告别，但看到莎拉正在和他激烈争论，她一下子愣住了。

“……5点以后我在这栋楼里转了一圈，这里几乎没有人。库尔特，我不知道你是否意识到了这一点，但是公司正濒临倒闭，每个人都需要全力以赴。”莎拉义愤填膺地说，“我认为我们需要强制加班。给他们买点比萨，他们会很乐意留下来工作的。

“如果这还不够糟糕的话，”她继续说，“我刚刚看到一群人围坐在一起看书！我们不是花钱来请人看书的，我们付钱是为了让他们干活！我说的应该很清楚了，对吧，库尔特？”库尔特依旧面无表情。

“你得把这件事汇报给克里斯。禁止员工在工作场所看书不是我的工作职责。”她厌恶地瞪了他一眼，气冲冲地走了出去。

库尔特做了个恨不得勒死自己的动作给玛克辛看。“这太奇怪了。”他说，“她认为我们付钱给开发人员只是为了让他们敲键盘，而不是让他们用头脑思考并达成业务成果。我们应该付钱让员工学习，因为这是我们取胜的方式。你能想象在工作场所禁书吗？”他笑着摇了摇头。

玛克辛只是盯着库尔特。莎拉的信念与第三理念“改进日常工作”和第四理念“心理安全”是对立的。玛克辛知道，他们能够取得现在成就的唯一途径，就是创造一种让人们感到安全的文化，从而去实验、学习和犯错，让人们有时间进行探索、创新和学习。

“我没有意见，库尔特。什么时候你能说服她，请告诉我。”玛克辛微笑着挥手告别，“感恩节快乐。”

玛克辛过了一个愉快的感恩节。这是她父亲去世后的第一次，她很享受把所有人都邀请到家里，即使她一直在偷偷地看手机，想知道“黑色星期五”的准备工作进展如何。

感恩节的高潮是“华夫饼”——现在已经不是个小不点儿了（体重已超过 18 千克）——当着大家的面把桌子上的火鸡扯下一大块。这把玛克辛吓了一跳。杰克向大家保证，这是“华夫饼”第一次这么干。

晚饭后，每个人都帮忙打扫卫生，玛克辛也早早就上床睡觉了。

她要在第二天一大早赶到办公室。

凌晨 3 点半，她和团队的其他成员就已经抵达办公室了。技术团队一直在检查他们的发布活动清单，为几小时后开始的需求激增做好准备。他们为那些无法进入第一间会议室的扩展团队抢占了另一间会议室，比星期二进行 1% 测试时用的那个要大得多。每间会议室都有一张很大的 U 型桌子，大约可以坐 30 个人。她在技术团队聚集的会议室开始了一天的工作。

在扩大的作战室内有独角鲸团队和逆戟鲸团队，一旁坐着监控团队、Web 前端团队、移动应用团队和负责产品、定价、订购和发货的大量后端服务团队。聊天室里有更多的技术团队随时待命。

所有这些服务都必须无缝运行，以便向客户展示商品和处理订单。墙上巨大的电子显示器上的技术图表更多了，显示着网站访问量、最热门商品页面的统计数据、健康检查以及所有服务最近的出错信息。

在主作战室里，他们安装了第二台显示器，以展示一些最重要的技术指标。今天，来了更多来自业务和技术领导层的代表、整个独角兽团队和促销团队，甚至还有来自财务和会计部门的代表。所有关键岗位的人都在这里观看促销活动的进展。

凌晨 4 点半，玛克辛和库尔特、玛吉聚在主战室里。玛克辛想看看可以帮什么忙，不过看起来每个人都很清楚自己要做什么了，她现在没什么好做的。离活动开始还有 30 分钟。

莎拉也来了。玛克辛看到她似乎在对一项优惠商品的促销文案大声抱怨。

玛吉也在那群人中，看起来很不高兴。她说：“我知道我们都希望促销完美无瑕，但是现在再改已经太迟了。对于这么多人来说，现在更改文案的风险太高了，可能会使活动开始时间推迟 1 小时。”

“这也许对你而言足够好了，但对我肯定不行。把这个改好，马上。”莎拉说，不容任何进一步的讨论。

玛吉叹了口气，走回库尔特和玛克辛身边。“我们必须改改了。”她郁闷地说，“毫无疑问，这将把发布推迟至少 1 小时。”

“我去告诉隔壁的技术团队。”库尔特说，他离开房间时一脸无可奈何。

1 个多小时后，终于一切准备就绪。玛吉站在房间的前面问：“如果没有人反对的话，我们将在早上 6 点准时发布。现在距发布还有 15 分钟。”

当发布开始时，玛克辛和其他人一起在主作战室内盯着巨大的显示器。两分钟内，超过 1 万人登录了网站，通过订单漏斗的各个阶段，到达率持续升高。然后，所有的 CPU 负载都开始攀升，比测试发布时要高得多。

当已完成的订单数超过 500 时，人们鼓起掌来。玛克辛对这次发布所调动的客户规模感到惊讶。

她屏住呼吸，希望他们使系统更健壮的所有辛勤付出能让这次发布顺利得乏味。她观察到订单数量继续攀升……然后突然卡住不动了，就像星期二时一样。

“该死，该死。”玛克辛咕哝道。肯定又出问题了，而且是在订单漏斗的相同环节。有什么在阻止人们从购物车结算。

韦斯喊道：“谁来告诉我购物车怎么了？谁有相关数据或错误信息？”

第一个回应的还是香农。玛克辛对香农总是愿意第一个站出来感到惊叹。“网络购物车正在生成一个错误。订单完成选项没有显示！我猜是哪个订单确认服务失败了。我现在把截图发到聊天室。”

房间另一边有人喊道：“iOS 应用又崩溃了。”韦斯和移动应用开发经理大声骂了一句。

玛克辛突然间神情恍惚，因为在那一刻，她开始担心可能是数据总线引起了问题。她还在想这事的时候，猛然听到移动开发团队的一个人大喊：“韦斯！我按下结算按钮后，应用程序就崩溃了，而此时它本该显示交易细节页面。我认为对后端服务的调用超时了。原以为我们已经解决了所有可能发生的问题，但显然还是漏掉了什么。我们正在试图找出是哪个服务调用导致了问题。”

“可能是调用数据总线的服务吗？”玛克辛低声问汤姆。

“不确定。”汤姆边想边说，“手机应用程序应该没有直接调用我们……”

玛克辛打开笔记本计算机，从生产数据总线服务中调出日志，搜索任何不寻常的东西，同时感恩自己现在不用依赖其他人就可以做到这一切。她看到几个请求订单事件，它们生成了对其他业务系统的 4 个传出调用。这些似乎都成功了。

看不出什么问题。她注意到房间前面很喧闹，韦斯、库尔特和克里斯都在那里。看到他们激烈讨论，玛克辛也凑了过去。她听到韦斯问：“那么是什么服务失败了呢？”

克里斯和库尔特还在讨论，但韦斯显然失去了耐心。他转身对着整个房间里的人大声说：“大家听着！在打开购物车直到完成订单之间的事务路径中有什么地方失败了。玛克辛，这些事务和服务调用的名称都是什么？”

尽管对突然被提问感到惊讶，但玛克辛还是很快讲出 11 个 API 调用和服务的名字。布伦特又补充了 3 个。“谢谢你们，玛克辛和布伦特。”韦斯说。

他转向房间，大声喊道：“好了，各位，向我证明这些服务都是有效的！”

几分钟后，他们发现了问题。在查看购物车商品页面时，客户将看到订单详细信息、付款选项和配送选项。如果所有这些都正确，客户就会单击“提交订单”按钮。

显然，在移动应用程序和网站上显示此页面时，会调用后端服务，根据客户地理位置来决定有哪些可用的配送选项，如次日空运、陆运，或者通过 UPS 或 FedEx 送货。

该服务调用来自物流供应商提供的一组外部 API，其中一些调用失败了。布伦特怀疑这些调用被一个 API 限制请求速率了，因为无极限零部件公司的服务器以前从未发送过如此多类似的请求。

玛克辛不敢相信一个如此不起眼的服务会危及整个发布。她微笑着记下了这一点，因为她知道这在将来可能会成为常态。**“但是对于如此关键的任务，我们不应该依赖外部服务。当它们不工作或断开我们的调用时，我们需要优雅地进行处理。”**她心想。

玛克辛和技术团队的负责人一起挤在房间的前面。她建议说：“当我们遇到配送 API 失败时，可以只提供陆运选项。我们知道这种运输方式一定可行……大家有什么想法？”

配送服务开发团队的负责人点了点头，他们很快与韦斯和玛吉研究好了细节问题。他们决定，以下方案立即生效：如果不能从所有承运人那里得到信息，他们将只提供陆运作为唯一的选择。

毕竟，与其显示一个错误页面给客户，不如接受他们的订单并缓慢运送。

配送团队负责人说："给我们 10 到 15 分钟来推送代码变更。完成之后我会通知你们的。"说完跑出了房间。

10 分钟后，玛克辛开始踱步，等待配送团队宣布补丁已经成功发布。她确定到时每个人都会互相击掌庆祝。正在等待时，突然有人大喊："韦斯！Web 服务器页面请求超时，前端服务器崩溃！这些不是 404 错误。两台服务器正在重新启动，客户端开始出现'无法连接'的错误！"

玛克辛看着仪表盘，被眼前的景象惊呆了。整个 Web 服务器集群被钉死在 100% 的 CPU 使用率上，其中一些服务器由于硬崩溃而退出。页面加载时间从 700 毫秒增加到超过 20 秒，简直像是永恒，而且加载时间还在不断增加。

这意味着有些人访问网页时什么也看不到，因为对页面的请求没有得到响应。

韦斯也盯着这些图表，并试图用手机加载网页。"确实。我的移动浏览器没有加载任何内容。Web 服务器团队，发生了什么？"他大声喊道。

库尔特说："他们在隔壁房间。"玛克辛跟着回应："我马上过去看看。"

在接下来的 10 分钟里，他们了解到了问题有多严重。访问无极限电商网站的人数创下了纪录。他们已经预料到了这一点，这就是为什么布伦特已经用自制的机器人大军对网站进行过狂轰滥炸，以确保他们确实能够处理如此沉重的负荷。

但显然，他们忽略了一些重要的东西。他们并没有用真正的客户进行测试，而网站会根据真实客户的资料向他们推荐产品。这是他们上周创建的一个新组件。该推荐组件在机器人测试时不会被调用，只对已登录的实际客户有效。

当真正的客户访问站点时，这个组件就会从前端服务器进行大量的数据库查询，而这些服务器从未在此规模下进行过测试。现在，这些前端服务器在负载下像纸牌屋一样坍塌了。

"谁能让这些前端服务器保持正常工作？我不在乎他的想法有多疯狂！"韦斯在房间的前面问。每个人都清楚这个问题的严重性。70%的流量来自网站。他们的订单漏斗中最大的一部分仍然在网站上，如果这个比例继续下降，"黑色星期五"的所有目标也会随之下降。

"把更多的服务器加进来？"有人建议。韦斯马上回答："去做吧！不，布伦特，不是你，你留在这里。找别人来做……还有别的想法吗？"

更多的想法涌现出来，但几乎都被立刻否决了。布伦特说：“推荐组件是导致异常服务器负载的原因。我们能关闭它直到流量恢复平稳吗？”

玛克辛暗自叹息。他们曾如此努力地让它工作，但现在可能不得不把它移除，以保持网站正常运行。

“这个想法很有趣。我们能还是不能？”韦斯问房间里的人。

一群经理和技术主管与玛克辛还有布伦特聚在一起，快速地进行头脑风暴。最终决定只更改 HTML 页面，把推荐组件的部分注释掉。玛克辛挺欣赏这种“暴力”的做法，因为不需要更改源代码。前端团队主管说：“我们可以在 10 分钟内改好 HTML 页面并将其推送到所有服务器。”

“去做吧！”韦斯说。

玛克辛站在两名工程师后面看他们小心翼翼地修改 HTML 文件。他们很谨慎，因为 HTML 中的错误像任何代码变更一样，可能会彻底破坏网站。变更完成后，他们又一起检查了一遍，然后将变更提交到版本控制系统中，并开始推送到生产环境。

然而 3 分钟过去，前端服务器的性能依旧没有好转，这让所有人感到惊讶。他们一直等着变化发生，服务器却依旧不断崩溃退出。“怎么回事？我们漏掉了什么？”一名工程师问。他显然在试图保持冷静，一遍又一遍地确认他修改后的 HTML 文件已经加载到了浏览器中。

“我可以在网站提供的 HTML 中看到你们的变更。”玛克辛大声宣布，“推荐组件肯定还有别的显示路径，对吧？”

韦斯在他们后面看着：“各位，新的 HTML 文件已经发布到生产环境中了，但现在 CPU 负荷仍然超载。我需要确认推荐组件还在某个别的地方出现。给我点假设和建议吧！”

4 分钟后，他们终于发现还有一个地方在显示推荐组件。玛克辛看着他们推送另一个改好的 HTML 文件，并欣慰地看到 CPU 负载在 60 秒后下降了 30%。

“祝贺你们。”韦斯停下笑了笑，然后继续说道，“但这还不足以支持我们的服务器持续运行。还能做些什么来减轻负载呢？”

更多想法冒了出来，其中很多被否决了，但有些被立即采纳。当把最常用的图像从本地 Web 服务器卸载并转移到内容分发网络（CDN）后，服务器负载最终又下降了 50%。这花了近 1 小时才彻底生效，但足以防止网站完全崩溃。

这一天剩下的时间也是如此——成百上千的事情出了大大小小的问题，但绝不是一次只出一个问题。就像在回顾会议中，他们了解到自己对这个庞大而复杂的系统的理解是多么不完善，现在他们必须使其在极端的条件下继续运作。

时间过得飞快。人们不时露出疲惫的微笑、互相击掌，因为总有人挺身而出让一切恢复运行。已完成的订单数量继续攀升，玛克辛对订单数在下午 3 点左右达到峰值感到欣慰。这让人们有理由相信，最糟糕的时刻可能已经过去了。

奇怪的是，玛克辛无意中瞥见一旁的莎拉看起来酸溜溜的，但这并没有让她心烦。玛克辛对团队的表现感到非常自豪，他们成功克服了每一次危机，迅速地适应和学习。当然，每个人都知道，所有这些挑战其实都是好事。独角兽项目使得“黑色星期五”促销活动取得了巨大成功。

到下午 4 点时，最糟糕的时刻明显已经过去了。订单量仍然很高，但与早些时候的峰值相比下降了 50%。失败和接近失败率下降到了不那么令人手忙脚乱的程度，人们实际上开始放松下来。韦斯现在戴着一顶印着“无极限零部件公司”的棒球帽，帽子的侧面有一只独角兽和巨大的火焰图案。他笑着和周围的人打趣，给每个路过的人分发帽子。

快到 5 点时，玛吉走到房间前面，她的团队成员带来了香槟和塑料杯。每个人都拿到一杯酒后，玛吉说：“各位，多么不平凡的一天啊！我们成功了！”

大家欢呼起来，玛克辛一饮而尽。她筋疲力尽，但迫不及待地想知道今天所做的一切带来的业务结果如何。

“这是公司有史以来规模最大的一场数字营销活动。”玛吉说，“今天发送的电子邮件比以往任何时候都多。我们发送了比以往多得多的移动端通知。我们收获了有史以来最高的客户响应率以及最高的订单转化率。我们今天的电子商务销售额比公司历史上任何一天都高。今天的销售利润率可能也是最高的。这个结果对独角兽项目来说不赖吧？”

玛克辛和身边的每个人一起放声大笑，尽情欢呼。

玛吉继续说道：“最终的数字还需要几天才能出来，但是你可以从我身后的屏幕上看到，单是今天一天的营收就已经超过了 2900 万美元。我们把去年的销售纪录远远甩在了后面。”

玛吉环顾房间，再次举杯庆祝，然后逐字逐句地说：“这是无极限零部件公司的分水岭。这是我们多年来一直追求的目标。这表明，即使是马也能做到独角兽能做的事情。相信我，这将让很多人改变看法。我们现在的工作就是怀抱更大的梦想。我们展示了当业务和技术团队精诚合作时可以达到怎样的成就，升华了我们在商业领导力上的梦想、目标和抱负。

“各位，更激动人心的事情还在后面。”她说，“但现在，我们要好好庆祝。当然，韦斯说我们在安全时才能庆祝。库尔特和玛克辛，上来说几句话吧。”

库尔特笑起来，示意玛克辛和他一起走到前面：“为给予促销团队强力支持的超级技术团队干杯！我们冒了不少风险，做了公司以前从未尝试过的一些事情。就像玛吉说的，我们有机会使公司的业绩有实质性的改变。”

库尔特转向玛克辛，显然希望她说些什么。玛克辛看了大家一眼：“我很自豪能成为团队的一分子。库尔特说得没错，能有今天的结果我们都冒了很多风险，我认为我们都在这段旅程中学到了很多。简直难以置信，自从我几个月前被流放到凤凰项目组以来，我们取得了这么多成绩。参与独角兽项目是我做过的最有意义、最有趣的事情之一，我从来没有像今天这样骄傲过。

“我已经迫不及待和你们在今晚一起庆祝了，因为我听说库尔特会在码头酒吧请大家畅饮。但有一件事不得不说。”她等人们的欢呼声平息下来之后说，“尽管我们今天取得了令人惊叹的成就，但离成功还有很长的路要走。我们基本上是刚刚想出如何做纸质优惠券促销的百视达公司。如果你认为这足以救活无极限零部件公司，那一定是过于乐观了。

“玛吉是对的。我们才刚刚开始真正的战斗。我们还没有炸毁‘死星’。还差得远呢，它还在那儿。我们今天所做的是，终于弄明白了如何驾驶 X 翼战斗机。我们的世界仍然处于严峻的危险之中。但我们终于拥有了工具、文化、卓越的技术和领导力来赢得这场战斗。我已经迫不及待翻开新篇章来证明我们不是百视达、博德斯、玩具反斗城或西尔斯[①]了。我们要赢得胜利，而不是成为证明零售末日的另一个商业案例！”

说了想说的话之后，玛克辛抬起头，看到每个人脸上震惊的表情。**“哎呀！”**玛克辛想，意识到她也许应该把这段演讲留到酒吧的私人谈话中去。然后她听到玛吉说：“天啊，玛克辛说得太对了！我要把这些话说给史蒂夫和莎拉听。我迫不及待想开始第二轮了！”

---

① 这 4 家公司（Blockbusters、Borders、Toys “R” Us 和 Sears）曾经是美国传统零售行业（分别是影视、书店、儿童玩具和百货）巨头，后因数字化竞争失败而倒闭或申请破产。——译者注

每个人都笑了，然后人群开始鼓掌欢呼，其中玛吉的声音最响。虽然提到莎拉的时候，玛克辛环顾四周试图找到她在哪儿，但她再次陷入了困惑。莎拉不在房间里。“**这不是个好迹象。**”玛克辛想，“**通常，她会在这里搅功，或者在事情变得糟糕的时候怪罪别人。**”但玛克辛太兴奋了，根本没有放在心上。

库尔特和玛克辛是最先到达码头酒吧的。他们把几张桌子拼在一起，为即将聚集在这里的一大群人预定了很多扎啤。库尔特盯着玛克辛：“顺便说一句，现在我想说我对你做的一切非常感激。如果没有你，我们不可能做到这一点……你一加入，反抗军就开始发生质变了。”

听到这话，玛克辛笑了：“不客气，库尔特！我们是一个伟大的团队。我很感激你招募我参与进来。”

当人们开始鱼贯而入时，她坐了下来，抿了一口葡萄酒，非常享受。几个星期前，她发现埃瑞克总是让酒保拿出他特别珍藏的酒来招待她，这些酒是他一个朋友的酒庄特别酿造的。

她原本打算自己买几瓶，但得知要花多少钱时退缩了。显然，埃瑞克自掏腰包花了不少钱款待她。她最终买了一瓶留给自己和丈夫在特殊的日子享用。

就好像知道她正在想着酒的事一样，埃瑞克来了，坐在她旁边的座位上：“祝贺两位，你们今天做得很棒。现在，你们需要向史蒂夫和迪克展示，未来需要创建一个动态的学习型组织。在这个组织中，实验和学习是每个人日常工作的一部分。有趣的是，当史蒂夫担任制造副总裁的时候，他为将数百个工人的建议投入生产而感到自豪。这些建议帮助提高了安全性，减少了重复劳动，提高了质量，增加了流动。这也是一种持续实验的形式。你们现在应该在更高层次上采用这一理念，把组织从项目管理和职能筒仓的‘暴政’中解救出来。

“第五理念是不懈地以客户为中心，你要真正为客户争取最好的东西，而不是他们不关心的局部目标——无论是你的内部项目计划，还是职能筒仓如何衡量。”他接着说，“我们会问，我们每天的工作是否真的能改善客户的生活，为他们创造价值，以及他们是否愿意为此买单。如果答案是否定的，那也许我们根本就不该做这些事。”

埃瑞克站了起来，一个酒保拿着一瓶新开的酒走了过来。埃瑞克把酒放在玛克辛面前，眨了眨眼睛：“恭喜你，玛克辛。待会儿见！”

他离开的时候，正好有 6 个队友走进门来。玛吉转向玛克辛和库尔特问道：“埃瑞克说的那些是什么意思？”

玛克辛说：“我也正在想呢。但没有什么事情不能等到下周。也许我们今晚可以找个时间聊聊……但现在，让我们开始庆祝吧！”

第二天早上，当玛克辛醒来时，她的头突突地跳。在昨晚的酒吧庆祝活动之后，她和丈夫一边看他们最喜欢的电视连续剧，一边又喝了几杯，直到深夜。一定是突然之间累倒了，她连自己是什么时候睡着的都不记得。

现在是星期六早上，玛克辛还想继续睡一会儿。但她看了看手机。聊天室里有人在讨论门店里正在发生的事。显然，门店经理们遇到了问题，因为促销商品的需求太大了。他们完全断货了，现在得为每个顾客创建延期交货订单。对于每个订单，都需要花上 15 分钟将其输入一个烦琐的内部订购系统。

店内应用程序开发团队被派往门店，以找出如何加快速度。有人提议编写一个简单的平板应用程序来简化这个过程。玛克辛喜欢这个主意，她完全相信他们会想出一个让店内经理和员工满意的解决方案。

她微笑着，对没有她这个问题也能得到很好的解决感到心满意足。在过去的一个月里，她逐渐开始信任和尊重她的队友，并欣赏他们所做的一切。

玛克辛看到杰克昨天为她和全家买的漫展门票，不禁笑起来。

她闻到了熏肉和鸡蛋的味道。“**杰克一定在做早餐。**”她想。也许她吃完后可以回去继续睡觉。“**生活的方方面面都在变好。**”

第 16 章

12 月 5 日，星期五

一周后，玛克辛来到一间她所见过最豪华的会议室参会。会议室位于 2 号楼，所有高管的办公室都在这栋楼里。这栋建筑有近 70 年的历史，墙壁镶着木板，也是公司园区中最古老、最高的建筑之一。

对玛克辛来说，看到会议桌旁坐着的人有一种超现实的感觉。她以前从未跟这么多高管一起开过会。坐在会议桌前端的是史蒂夫、迪克、莎拉和另外三名她不认识的高管。除了全员大会，这是她第一次与史蒂夫和迪克待在同一个房间里。

玛克辛很惊讶埃瑞克也在。史蒂夫和迪克没怎么注意他，好像已经习惯了他的存在。

玛吉正在准备马上开始的汇报，玛克辛则环顾着这个代表过去辉煌年代的房间。她觉得需要告诉库尔特不要去摸任何画作，也不能偷挂在墙上的任何装饰。

这就像舰桥长官决定邀请来自工程部的红衫军到船长的房间喝茶，询问他们关于部署星舰舰队的建议。

这就是房间里现在的情况。玛吉就要向公司高管们做简报，介绍独角兽项目了不起的成功，以及玛克辛警告过的那些还没有排除的危机，并提出他们的建议。

史蒂夫点头后，玛吉开始汇报，回顾了在“黑色星期五”取得的令人惊叹的统计数据。尽管玛克辛以前听过她的演讲，但还是被玛吉深深吸引住了。她热情洋溢，出色地描述了团队所做的工作以及惊艳的业务成果。

“……所有这些活动成就了官方收入数据中的结果。由于‘黑色星期五’的促销活动，我们新增了近 3500 万美元的营业收入，都是在正常营收之外的。几乎所有订单都是通过网站或我们的移动应用程序完成的。”她说，“根据种种测算，我们认为这些基本上都是附加收入。换句话说，如果没有这些活动，这些收入是无法获得的。这是数千次实验的结果，我们用前所未有的方式分析了我们的客户群。这是由我们创建的 5 个极为有效的技术平台实现的，我们利用系统中的所有数据对哪类促销能够最有效地推动销售做出了非常精准的预测。

“我们卖掉了大量堆在货架上的存货，有些已经存放了一年甚至更长的时间。这让我们释放出了急需的周转资金。”她接着说，“展望未来，假设我们能在假期推出一些同样令人兴奋的促销活动，我认为我们有望实现 7000 万美元的收入增长。这比我们向分析师和华尔街给出的预期高出 20%。”

这引发了大家的笑声和阵阵讨论，尤其是迪克。他说：“这将使我们的净利润率升至 4 年来的最高水平，史蒂夫。我们已经很久没有让分析师们感到意外了，我是说好的意外。”

大家都在笑，史蒂夫的脸上挂着开心但克制的笑容。玛克辛看到大家的心情很好，除了莎拉。她皱着眉头，时不时拿出手机，飞快地打字，不知道在给谁发消息。

玛克辛注视着史蒂夫和莎拉，对他们奇怪的动作感到不解。玛吉继续说道：“还有更多的好消息。我们投入了大量精力改进店内系统，把那些明星绩效经理的实践整合进去，以便所有门店经理都能采用。我们在员工使用的平板计算机应用上加入了很多新功能，让他们可以很容易地完成一些工作，比如查找零部件的库存，并从其他商店调货。

“更为重要的是，在每个平板计算机应用中，我们都解决了任何可能阻碍店内员工协助客户的问题。”她说，“过去，平板计算机应用常常先要求他们输入客户的名字或电话号码，无法跳过。难怪我们的员工不使用这些平板计算机了！

“在过去的 60 天里，我们试点门店的店内销售额增长了近 7%。”玛吉解释道，“对比来看，非试点商店的同店销售额持平或出现负增长。这一表现极为值得关注，表明更好的客户服务可以带来更多的销售，这也是无极限零部件公司的核心价值所在。

“像现在的大多数企业一样，我们使用 NPS，即净推荐值来评估客户满意度。我们询问顾客，以 0 到 10 分评估，他们向朋友推荐我们门店的可能性有多高。给 9 分和 10 分的是支持者，给 7 分和 8 分为中立者，其余的是贬损者。最后的得分是用支持者的百分比减去贬损者的百分比再乘以 100%来计算的。NPS 得分达到 30 分就属于很好了，超过 50 分是非常棒。

“过去近 10 年来，我们的 NPS 得分一直在 15 分左右徘徊，相当于跟大多数竞争对手没区别。大多数航空公司也有类似的得分，所以这真的没什么可吹嘘的。”她说，“我们在‘黑色星期五’促销后做了一个小实验，比较了购买促销商品的人和一般客户群。在我们促销期间买东西的顾客给出的分数比平时高出 11 分。对于那些有送货到店服务和采用了新的店内应用程序的试点门店，我们发现其 NPS 得分高出了近 15 分。

“我在职业生涯中从未见过这样的事情。”她说，“这些试点门店的得分比我们的任何竞争对手都高。他们现在可以和一些很棒的零售商，比如宜家，比肩。对于一家销售挡风玻璃清洗液的门店来说，我认为这是相当惊人的。”

她翻到下一页幻灯片：“我们的门店经理也报告了员工敬业度和士气的改善。这里引用一位门店经理的话，我自己也读过很多遍：‘我店内的员工喜欢新的店内系统。一个员工甚至喜极而泣。她说，旧系统不仅让她感到愚蠢和无助，也让她感到沮丧，因为她无法给我们的客户提供有效帮助。非常感谢你和团队为我们和客户带来了真正的改变！’”

玛克辛听到大家开始窃窃私语，都对玛吉所说的印象深刻。史蒂夫笑得很开心：“过去几百年甚至未来上千年都会是这样：员工敬业度和客户满意度是唯一重要的事情。如果我们做到了这一点，并有效地管理现金，其他所有财务目标都会自动达成。”

玛克辛情不自禁地问迪克：“作为一个成天跟数字打交道的人，你真的相信史蒂夫说的话吗？这是一个相当大胆的说法，不是吗？”

迪克笑了，看起来真的很欣赏这个问题：“我确实相信，尤其是作为一个每天和数字打交道的人。一些最受尊敬和钦佩的公司在鼎盛时期都是这样的，比如施乐、宝洁、沃尔玛、摩托罗拉……现在，则是丰田、特斯拉、Apple、微软、亚马逊……实现这些指标的方式已经改变了，但这些指标的重要性仍然是一样的。”

“完全同意！”埃瑞克接着说，“玛吉、库尔特、玛克辛，干得好！”

玛吉笑得和玛克辛一样开心，她说：“看到这样的事情发生真是太令人兴奋了，我真的觉得我们有很大进步。我还有更好的消息要跟大家分享。6 个月前，我们的手机应用在业内评价最差。我猜你们所有人都安装了这款应用，但花在上面的时间不超过 3 分钟。”

玛吉微笑着环顾周围，看着大家都在尴尬地笑。她说：“别不好意思，我也一样。大家都知道这是个无法回避的问题。如果我们不能给出一个令人信服的使用该应用的理由，如果我们不能解决客户关心的实际问题，那么为什么要在一开始开发它呢？

“我们花了很多时间来研究客户，试图找出他们的需求。”她说，“所以，我们做了一些假设，看看有什么能吸引顾客回来购买更多的东西。这是我们的一个假设实验。”

她翻到下一页幻灯片，上面展示了一张 VIN 贴纸的照片，自 1954 年以来生产的每一辆汽车都要贴上它。

“输入这些 VIN 让每个无极限零部件公司的员工抓狂。”她的话让大家会意地笑了起来，“你们都在店里工作过，知道这多么困难而且容易出错。现在，客户可以自己在应用上为他们的所有汽车创建档案。他们只需用手机摄像头扫描车身上的 VIN，程序就会自动填充汽车的信息：汽车制造商、型号、年份。我们甚至可以从 Carfax[①]和其他服务中提取记录。

“现在客户走进一家门店，我们的店内员工只要扫描一下他们手机上的二维码，就可以调出汽车档案。员工不再需要走到客户的车旁，有时还得冒着雨雪，把 14 位的 VIN 抄在一张纸上。

“我们的一位门店经理说：‘这个变化改写了游戏规则。除了方便我们的客户，这对员工也有好处。我们第一次像手拿患者病历的医生一样。我们了解客户车辆的历史，知道什么对他们来说很重要，从而可以更好地让他们的汽车在路上正常行驶。上个月别人跟我说谢谢的次数比以往全年都要多！’

“这可能会创造一些令人兴奋的商业机会：我们可以为客户创建各种各样的保养计划。我们可以探索订购服务，参与服务的客户会根据损耗自动收到新的部件。我们可以与汽车服务站合作，为任何必要的工作排期，甚至可以自己来做。”玛吉继续翻到下一页幻灯片。

“在我看来，所有这些项目的成功表明，我们有很多机会来极大地重塑无极限零部件公司的未来。”她说，表情前所未有地严肃。

“在‘黑色星期五’促销之后，玛克辛说我们离赢得这场战争还差得远。就像一次成功的优惠券活动拯救不了百视达一样，我们离明白如何在‘数字颠覆’或‘零售末日’中生存下来还有很长的路要走。尽管本季度的业绩可能不错，但我们还没有炸毁‘死星’。它还在那里，我们需要找出战斗并取得胜利的方法。否则，我们就会面临衰退、边缘化，甚至灭亡的风险。”

---

① Carfax 是美国一家中型电子商务与二手车大数据公司，主要业务是通过互联网消费者提供二手车估值报告。——译者注

玛克辛觉得自己脸红了，但还是把注意力集中在高管们身上。她知道玛吉马上要谈到重点了。

玛吉继续说："独角兽项目只是一个开始，它让我们知道如何通过比其他人更好地了解客户来主导市场。毕竟，这个市场是我们近一个世纪前创造的。我们的建议是资助更多的团队去探索最有前途的商业创意，去寻找下一个像独角兽项目这样的赢家。

"我在促销活动中学到的是，这是一个极具实验性的过程，是一种探索和学习的过程。并不是每个创意都会成功。"她说，"每一个成功的创意背后，都有许多失败的创意。有些成功的创意看起来太疯狂，根本不会得到一般中层经理或委员会的批准。有资料表明，总体来说，每三个战略思想中只有一个产生了积极的效果，而其中又只有三分之一能带来实质性的改变。

"刚才提到的是大的、战略性的创意。对于特色商品促销、A/B 测试或算法测试，有 5%的测试能带来积极效果就很让人高兴了。

"我们需要一个专门的团队，负责探索各种各样的商业创意，利用我们在市场上的独特地位迅速下注，然后进行探索和验证。我们要有办法迅速放弃那些未能成功的赌注，并对可行的创意加倍投入。

"独角兽项目表明我们有能力做到这一点，"她说，"但这一次，我们需要得到组织最高层的授权和支持。"

玛克辛看到史蒂夫笑了，他看起来不仅感兴趣，而且很高兴。他大声鼓掌，但还没来得及说什么，就被埃瑞克抢先了一步。

"李女士是对的，史蒂夫。"埃瑞克从记得密密麻麻的笔记本上抬起头来说，"你掌管的这家百年企业最终可能会走出低迷，这多亏了玛吉、库尔特和玛克辛勇于探索的精神和为之付出的努力。你周围的一切都建立在你的第一视野或现金牛[①]业务的成功之上。就像玛吉暗示的那样，你的第二视野和第三视野里什么都没有。"

玛克辛环顾四周，确认她并不是唯一被埃瑞克的话弄糊涂的人。史蒂夫似乎对埃瑞克跳跃式的讲话不以为意。相反，他问道："第一视野、第二视野和第三视野是什么？为什么很重要？"

"问得好。"埃瑞克站了起来，"这三个视野（Three Horizons）的概念是由杰弗里·摩尔博士推广开来的，他的知名著作《跨越鸿沟》将客户采纳曲线引入了现代商

---

① 现金牛（cash cow）指拥有高市场占有率及低预期增长的业务。——编者注

业规则。他观察到，客户采纳是一个高斯分布曲线，可以划分为创新者、早期采纳者、早期大多数、晚期大多数和落后者。尽管这些很棒，但我认为他最著名的理论是四个区域（Four Zones），后者有助于我们更有条理地在三个视野里都取得成功。

"第一视野是你成功的现金牛业务，其中的客户、业务和运营模式是众所周知和可预测的。对你来说，就是你的制造和零售业务，分别占收入的 60%和 40%。这两项业务的年收入都超过 10 亿美元，却正在遭受竞争对手和颠覆者的猛烈攻击。

"几乎所有业务都会随着时间的推移而衰退，因为任何盈利的业务都会吸引竞争对手。以交易成本降价销售的经济逻辑是不可抗拒和不可避免的。"他说，"这就是第二视野系列业务如此重要的原因，因为它们代表了公司的未来。它们会将公司的能力介绍给新客户，占领相邻的市场，或采用不同的业务模型。这些努力不一定有利润，但能让我们发现高增长领域。雄心勃勃的领导者正是从这里创造出了下一代的第一视野业务。对你们来说，当第二视野业务收入达到 1 亿美元时，这种转变就已经实际发生了。

"你们可能已经猜到了，第二视野业务想法来自于第三视野，而后者的重点是学习速度，以及可供探索的大量创意。在这里，重中之重是原型创意，要能尽快回答关于市场风险、技术风险和业务模型风险的三个问题：创意是否解决了真正的客户需求？技术上可行吗？增长引擎是否在经济效益上可行？如果任何一个问题的答案是**否定的**，就需要改进或扼杀这个创意。

"如果答案是**肯定的**，就要持续发展这一创意，直到可以成功将其转化为第二视野业务。之后，业务构建者将接手过去。"他停顿了一下，说，"你们明显的问题是，几乎没有第二视野业务，更没有第三视野业务。

"史蒂夫，你的直觉很有用。你知道需要探索第二视野中的机会。你知道第一视野和第三视野天差地别。"他说，"第一视野里的业务发展来自于流程和一致性、规则和合规性，以及官僚化体制，它们造就了非凡的韧性。这些机制让公司能够在几十年内持续地将出色的产品和服务交付给客户。

"相反，在第三视野中，你必须走得快，必须不断尝试，必须允许打破统治第一视野的所有规则和流程。"他继续说道，"就像玛吉说的，这是一个快速迭代的过程，要广泛下注，在成功的尝试上加倍投入，直到它们最终演变成第二视野业务。这是新方法形成和被熟练掌握的地方，可能帮助组织生存到下一个世纪。

"在这个时代，在第三视野里没什么比速度更重要的了。以制药行业为例，创造一个市场需要巨大的努力：要在 10 年的时间里花费数十亿美元来研制一种新药。一旦创意成功，你就要马上为它申请专利。这只会给你 20 年的知识产权保护期，然后仿制药就会被允许生产，你获取高收入的能力就会消失。

“史蒂文·斯皮尔博士观察到，你早一天进入市场，往往就可以获得超过数百万美元的额外收入。如果你是第一个进入市场的公司，将获得整个产品类别 50% 的收益。第二名获得 25%，第三名获得 15%。对于再后来的加入者而言，则绝对是在浪费时间和金钱。

“速度非常重要。更准确地说，从创意到交付市场的前置时间很重要。不管你处于哪个视野中，现在都是软件时代。几乎所有的商业投资都涉及软件。这意味着我们必须提高开发人员的生产力，正如玛克辛出色完成的那样。”

埃瑞克看了看表，开始收拾东西。“我要告诉你们最后一个警示。第一视野和第三视野经常互相冲突。”他意味深长地向莎拉示意，“如果不加以控制，第一视野的领导者将耗光公司的所有资源。他们会正确地意识到自己是公司的命脉，但这只是暂时的。人们会本能地将利润最大化，从现有业务中榨取资金，而不是进行再投资。这是‘价值管理’的论点，与‘增长管理’对立。史蒂夫，如果你想发展，必须保护好第二视野和第三视野，任何由此产生的经验都必须传播到整个公司。”

埃瑞克看着玛克辛：“你看到了所有从数据总线和独角兽项目中学到的东西是如何使凤凰项目的最初目标成为可能的。还有很多东西要学。实际上，我认为创建一个学习型组织将很快成为业界的前沿和中心。”

埃瑞克回头看着史蒂夫说：“通过创造一种独特的学习型文化，你们创建了世界上最安全、最受尊敬的制造企业之一。在这种文化中，组织中的每个人都信奉人身安全至关重要。那么如果心理安全和人身安全一样，都是动态学习型组织的先决条件呢？”

他又看了看表。“伙计们，我得走了。”他说着朝门口走去，“我有一个不能错过的午餐约会。祝各位好运！公司的存亡有赖于此。”

所有人都看着埃瑞克拖着他的手提箱离开房间。玛克辛看着史蒂夫，他看上去若有所思。带着几分敬畏，她记起埃瑞克建议她必须寻求史蒂夫的帮助，以改变技术组织不安全的文化。“**真不敢相信他安排我这么做。**”她想。

正当玛克辛想着她必须做些什么时，莎拉站起来说道：“史蒂夫，虽然我很欣赏玛吉和她的小团队所做的一切，但我认为这是一个失败的提议。你的董事长兼老板鲍勃·施特劳斯对公司的未来深怀疑虑。我们不能盲目冒险，提高这些所谓的‘第三视野'活动的研发费用。我们已经一次又一次地证明了，我们根本不具备与所有小型初创企业竞争的DNA，我们也不可能同时在高端制造和零售领域展开双线作战。

"我们那两个第一视野业务都在苦苦挣扎。在这个紧要关头，鲍勃拆分并卖掉公司一部分的想法是我们拯救股东价值的唯一希望。绝对没人有兴趣把全部都买下。"她说，"在我们筹备1月份的董事会会议期间，鲍勃和我们的新董事艾伦让我相信，增长道路上的风险太大了。事实上，我认为我们应该立即进行新一轮裁员，以提升利润。

"这对我们的股东来说是正确的事情。当我们开始与投资银行进行路演时，这无疑将使我们在潜在收购方眼中更具吸引力。这也是我在特别小组委员会向鲍勃和艾伦建议的。"

莎拉一边收拾东西，一边对史蒂夫说："我注意到你没有受邀参加那个会议。真糟糕。我会告诉你会议的进展和我们的决定。"她脸上的表情让玛克辛只能用阴险来形容。

玛克辛和其他人一起看着她推门离去，奇怪为什么史蒂夫不能解雇莎拉。他为什么要容忍她的荒唐行径？她刚才感到的兴奋和自豪已经消失一空。莎拉真的会对独角兽项目取得的一切成果视而不见吗？这一切真的都是徒劳吗？她回想起当所有人都在庆祝"黑色星期五"的成功时，莎拉神秘地消失了。

看着门关上，玛克辛意识到，她对莎拉可能会拒绝或破坏他们努力的担心并不是杞人忧天。

史蒂夫盯着门看了一会儿，然后长长地叹了口气。他转向房间里的其他人说："与莎拉不同，我赌的是增长。如果不增长，我们实际上就在萎缩，而这不是我留在公司的目的。毫无疑问，我们需要在第三视野上下赌注。迪克和我已经对此进行了场景模拟。我建议拿出500万美元来资助玛吉的创新努力。"

玛克辛的心怦怦直跳，她意识到玛吉的提议仍然有一线生机。然后史蒂夫说："但是如果莎拉说服鲍勃削减员工和开支，可能会让我们陷入困境。"

"也许鲍勃和董事会的其他成员不会那么目光短浅。"迪克回应。看到史蒂夫怀疑的表情，他说："好吧，如果真的发生这种情况，我们会想出办法的。话说回来，我们要用那500万做些什么？如何让它发挥作用？"

在接下来激动人心的3小时里，一个计划的轮廓浮出水面。库尔特、玛吉和玛克辛将成为创新团队的成员，直接向比尔·帕尔默汇报。库尔特和玛吉将“结对”，在组织架构中分担同一个职务，共同对业务和技术成果负责。

“你们将负责培养新的、有前途的创意，探索市场风险、技术风险和商业模式风险。”史蒂夫继续总结道，“每个项目都将有明确定义的业务结果度量，例如客户获取、重复客户使用或客户满意度。在每个季度末，我们将回顾各个项目的进展，并做出如下决定之一：继续为其提供资金，停止并重新把团队分配到下一个最好的创意上，在项目上加倍投资，或者把成熟的项目转到第二视野。我们还将决定整个计划是否需要扩大或缩小。

“你们的宗旨是找到新的方法，利用技术更好地支持我们的百年愿景：帮助我们的客户让汽车持续运转，以满足日常生活的需要。”

史蒂夫转向比尔说：“要想抓住最好的点子，就去成立一个创新委员会吧。从整个组织中选出 50 个最受尊敬的同事，包括门店经理、销售经理、技术工人、工程师，当然还有科技团队。”

比尔点点头，在他的写字板上记了下来。玛克辛看到大家都点头表示同意。

会议中途休息时，史蒂夫对大家说：“我对比尔非常有信心，他将领导这项工作。这是我们从未做过的事，对每个人来说几乎都是头一遭。所以，有什么我们可以帮忙的，请尽管开口。”

“收到。”比尔说。他指着写字板说：“我已经有了一份清单，上面是需要你帮忙的事情。”比尔一口气读出清单内容，史蒂夫则迅速从整个公司调动资源提供支持。玛克辛惊叹于比尔的效率，以及史蒂夫如何按照比尔的要求快速提供了需要的资源。

会议结束后，比尔请库尔特、玛吉和玛克辛和他一起走回 5 号楼。在整个步行过程中，玛克辛都听到库尔特和玛吉在分享他们对会议进展的喜悦之情。玛克辛很高兴能与比尔一起工作，比尔看起来总是冷静且坦率的，而且他已经证明了自己能有效推进大型项目。

对玛克辛来说，反抗军的胜利似乎近在眼前。他们拥有胜利所需的一切赞助、资金、支持和能量。

但莎拉的问题仍然存在。**如果她成功说服了鲍勃·施特劳斯拆分并出售公司，那么邪恶帝国就将获胜。但即便是莎拉也做不到这一点，对吧？**

第 17 章

12 月 12 日，星期五

“我们的人正在流失？什么意思？”库尔特震惊地问。

与史蒂夫和迪克的会议已经过去一周了，玛克辛对计划的进展非常满意。比尔、玛吉和库尔特开始筹建创新委员会，独角兽项目的工作进展也比以往更快了，大家正在为大规模的圣诞假期促销活动做准备。

逆戟鲸团队继续研究感恩节活动的数据。他们确信，通过整合所学到的知识，这次客户的响应率会更高。他们所有的实验和结果再次被整合到美洲豹数据平台，后者还在继续增强基础设施，以应对即将到来的流量冲击。

然而，在上周五与史蒂夫和迪克激动人心的会议后，他们认为理所当然的许多事情似乎不再确定了。这就是克里斯把库尔特和玛克辛叫到他办公室的原因。

“他们从来不是‘你们的人’，库尔特。你们只是临时借调了一群工程师去做独角兽项目。”克里斯说，“在几星期后开始的新财年中，所有这些工程师都已经被分配到了其他项目里。那些都是很重要的商业项目，都需要人手。因为我们把这些人调进独角兽项目，所有那些业务经理都怨气冲天，联合起来抗议。”

“但为什么是现在？”库尔特一脸怀疑地问，“是什么让大家这么生气？”

克里斯一本正经地笑了笑：“莎拉正在到处煽风点火，怂恿大家反对我们。比尔正在召集史蒂夫和迪克再开一次会，想办法对付她玩的那些诡计。”

“我不敢相信莎拉正在煽动一场反击，来对抗我们反抗军。”库尔特咕哝着，听起来很气愤莎拉打乱了他的计划。

当天晚些时候，比尔写道：

> 继续按计划进行。我们会想办法填补这些空缺的。我们陷入了一场巨大的政治斗争中。莎拉和董事会的一个派系站在一边，而我们和史蒂夫、迪克站在另一边。

整整一天，他们逐渐发现莎拉真的是一个很高效的企业游击队斗士。在过去的一周里，她成功地组织了一支对抗他们的军队。

玛克辛不情愿地承认莎拉确实足智多谋，即使自己已经快被逼疯了。她只想让莎拉放弃，尽快走开。

"在很多方面，莎拉是一个非同凡响的人。"她在晚餐时对丈夫说，"放在另一个宇宙中，莎拉可能会为正义贡献惊人的力量。如果这是一部超级英雄电影，她一定是一个充满天赋的人，在遭遇了某个痛苦的创伤性事件后黑化成了一个恶棍。现在她正在想尽办法，把她发现的所有喜悦火花都扑灭。"

星期一早上，库尔特和玛吉与比尔会面，商议如何降低莎拉所做的破坏对团队的影响。玛克辛没有参加，而是与"暴躁的戴夫"在一起解决一个危及独角兽项目促销活动和凤凰项目应用系统的技术问题。在过去的一个月里，他们已经为凤凰项目构建了大量自动化测试，以便进行更好、更安全的变更。这一努力取得了巨大的成功。然而，由于测试越来越多，现在完整执行一遍需要几小时。这导致开发人员开始避免提交变更，因为他们不想等待漫长的测试时间。

更糟糕的是，一些自动化测试间歇性地失败。例如就在上周，玛克辛看到一名开发人员运行自动化测试但失败了。然后他又运行了一次，结果再次失败。他接着第三次运行，简直像在赌场里玩老虎机。但这次测试居然通过了！玛克辛尴尬又厌恶地想："这根本不该是开发团队的工作方式。"

意识到这将很快成为开发人员的新瓶颈，她让团队将凤凰项目的测试并行化，以便在多台服务器上运行。但是他们发现，并行运行测试会导致凤凰项目应用系统偶尔死锁或崩溃——如果在测试期间崩溃，那么它在生产环境中很可能也会崩溃。

“暴躁的戴夫”说：“玛克辛，我们已经把范围缩小到凤凰项目应用系统订单配送模块中某个未捕获的异常。”玛克辛、戴夫以及另一个开发人员都开着笔记本计算机。当她查看这部分代码时，身体不由自主地向后一撤。“哇!”她情不自禁地叫出声来，然后目瞪口呆地不停向下滚动代码。

“是的。”“暴躁的戴夫”笑着说，“这 2000 行代码决定了我们能否把货物发送到订购地点。一群架构师在 15 年前开发了这个框架，远在凤凰项目之前。即使是 TEP-LARB 也意识到这是一个可怕的错误，但编写这个框架的人早就不在公司了。”

玛克辛不停地滚动代码，震惊于看不到任何业务逻辑，只是一些样板代码：循环遍历订单、订单项、排列项，就像几个月前中学生们写的代码那样危险。到处都有 `null` 检查，还有类型测试、向下转型（downcasting）、强制类型转换（coercing），以及各种可怕的转换通过枚举类型或没有具体子类型的多态超类型来获取所需的数据。有太多的对象方法，以至于她根本搞不清：`getOrderLines`、`getItemLines`、`getShippingLines`……

她张开嘴，但什么也说不出来。“这真是……难以置信。”她最后说，带着恐惧和怒火。她闭上眼睛，努力让自己保持乐观，同时思考霍尔原则（Hoare principle）：“写代码有两种方法：写得非常简单，显而易见没有 bug；写得非常复杂，没有显而易见的 bug。”

“先生们，我们要清理所有这些垃圾。”玛克辛自信地说，然后意识到这可能有些鲁莽。连“暴躁的戴夫”看起来也被吓住了。她解释道：“代码应该很简单。我们需要做的就是从订单中检索出地址，对吧？我们可以做到!”

他们花了 2 小时围绕代码编写测试，以确保真正理解代码是如何工作的，然后开始提取公共操作，并将它们放到适当的位置。玛克辛对类的层次结构进行了最大程度的修改，但仍坚持函数式编程原则，使用现代类型及其惯用的 map、reduce 和过滤器函数，就像启发了香农美洲豹项目的著名谷歌 Map/Reduce 论文一样。

到中午，他们已经将 2000 行代码缩减到 500 行。“暴躁的戴夫”咧嘴笑了：“太棒了，玛克辛！这可能是 5 年来第一次有人敢去碰这部分代码。”

“是 8 年。”另一个开发人员说，“这代码真漂亮！我想我找到问题了。这里有一些没有封装在 `try/catch` 块中的代码。”

看着他的计算机，玛克辛立刻知道他们找到了问题：“干得好!”现在他们已经把沼泽排干了，问题自然显现了出来。

当他们去吃午饭时，玛克辛留了下来，想做个新尝试。她在笔记本计算机上打开了一个新的窗口，复制了团队整个上午一直在操作的数据，并在 Clojure 中从头开始编写代码。

45 分钟后，“暴躁的戴夫”回来了，递给玛克辛一个三明治。他问：“你在笑什么？”

“哦，只是得到了一个小实验的结果。”她说，“我用函数式编程语言重写了我们的代码，仍使用它内置的数据类型和标准库，看看能不能把它变得更简单、更小，并且不需要异常处理。”

“然后呢？”“暴躁的戴夫”问。玛克辛把笔记本计算机转过来给他看。

“天啊！”他惊呼，难以置信地盯着她的屏幕，“只有 50 行代码。”

玛克辛笑了，知道他们会因此受到激励，来试图达到或超过她的成绩。即使对她而言，这也是对第一理念“局部性和简单性”令人难以置信的展现。

他们今天上午所做的工作将使并行测试成为可能，并使测试执行变得飞快。这肯定会在未来很长一段时间内创造巨大的生产力红利，允许开发人员继续快速前进，并就任何错误收到更及时的反馈。这就像是技术债务的反面，和让你赚翻的复利一样。如果他们能让开发人员在任何时候都更有生产力，那么回报必然可期。

玛克辛笑着看“暴躁的戴夫”打开他的笔记本计算机，还在为他们的成功兴奋不已。突然间他愣住了：“啊？”

他的屏幕上是独角猫 CI 状态页面。玛克辛查看午餐前提交的修复程序是否通过了自动化测试。但是，她看到的不是满屏的绿灯，而是测试根本没有运行。排在他们前面的 50 多个任务也还没有执行。

“真糟糕。”“暴躁的戴夫”说，“整个独角猫 CI 集群都崩溃了。每个人的构建都被卡住了。”

玛克辛恼火地看着屏幕，暗自咒骂。这破坏了本属于他们的胜利和荣耀时刻。

戴夫说：“聊天室的#ci-unikitty 频道快疯了。没人能运行测试。”

每当独角猫出现故障时，他们都会有一群愤怒的客户：他们的开发人员伙伴。所有这些都证明了独角猫不是一个内部平台，他们必须像管理产品而不是项目一样管理它。要想让客户满意，就必须不断投入更多的工作。

他们到处寻找独角猫团队。最终，他们在会议室里找到了道恩、库尔特和另外两名工程师，大家都围在布伦特的笔记本计算机周围。

“真是太及时了。所有的开发经理都在抱怨团队无法完成工作。”库尔特从人群中抬起头说。玛克辛惊讶于他看起来一脸憔悴，眼袋明显。“库尔特这几周过得很艰难。”她想，“比起其他任何时刻，我们现在更承受不起这种分心的事情……”

“这其实就是我们一直想要的，对吧？客户们！”玛克辛笑着说，“你想让人们重视我们正在建设的基础设施？好吧，现在愿望实现了。毕竟，如果人们不在乎，他们甚至懒得抱怨。”

CI 实践的采用率惊人，几乎有三分之一的工程团队在日常工作中使用独角猫。但他们无法扩大其规模以满足增长的需求。

每个开发人员都倾向于在去吃午饭之前签入他们的代码，这可能导致了独角猫中的某个部分崩溃。玛克辛想：“独角猫承受了过多成长的烦恼。”

库尔特叹了一口气：“如果去聊天室看看，你会发现许多开发经理说他们已经厌倦了我们不稳定的构建服务器，并计划将团队撤出独角猫。他们将回到以前的构建方式。”

玛克辛的笑容凝固在脸上：“你在开玩笑吧。”回到她在凤凰项目开始时过的糟糕日子，这完全无法接受。这可不仅仅是挫折那么简单，而将是真正的灾难。

发生了什么事？感觉就像他们和凤凰项目开发人员取得的所有进展，“黑色星期五”的成功发布，以及独角兽项目取得的成就都在悄悄溜走。他们正被慢慢地拖回沼泽，连同所有已经被他们解放出来、生产力大幅提高的工程师们。

当独角猫终于恢复正常时，已经下午 4 点半了。但是堆积了非常多等待构建和测试的任务，几乎要到午夜才能全部运行完。

“我不敢相信这是一次网络交换机失败。”道恩说。

玛克辛难以置信地摇了摇头。又是独角猫的硬件故障，这真令人头疼。一开始，它就是由库尔特和团队从组织中各个角落收集到的硬件拼凑而成的。

他们经历过磁盘故障、电源故障，现在还有网络硬件问题。她讨厌看到工程师们拿着螺丝刀走来走去，打开服务器机箱，摆弄那些硬件设施。

当然，她对硬件工作有很多美好的回忆，有工作中的经历，也有和孩子们一起度过的时光。还是一名年轻工程师时，她就喜欢打开装满最新、最热门设备的货运箱，然后把这些设备一一安装到机柜里。不过那时候，她还喜欢把备份磁带一圈一圈地转回去。

现在，这类工作的价值很低，特别是与他们**应该**做的工作的机会成本相比，而他们应该做的就是思考如何开拓无极限零部件公司的数字未来。

他们的工作是构建代码，而不是摆弄代码运行所需的实际硬件。

玛克辛对道恩说："我不想这么说，但我觉得独角猫已经撑不住了。我们不能继续用布伦特在桌子底下找到的那些硬件来运行这些关键任务。还不只是硬件问题，每个构建服务器都略有不同。比如，我的编译作业在 3 号构建服务器上就运行不了，还花费了 10 倍的时间。我们花了太多时间让独角猫工作。我们必须采取行动了，越快越好。"

"我没意见。只是大家现在都很忙。"道恩耸耸肩说。玛克辛对此无法否认。

正如预料的那样，这次事故招致了严重的后果。星期二早上，库尔特在他的团队会议上说："克里斯不仅在员工会议上当着所有人的面训斥我，还邀请了里克。里克提议创建一个与独角猫竞争的 CI 服务计划。"

"里克？！"道恩脱口而出，跟玛克辛一样感到震惊和难以置信，"如果他吃了亏，就不会再认可 CI 服务了呀！"

库尔特情绪不佳："莎拉显然开始站在屋顶上大喊：'独角猫正在危害整个公司，应该被关闭！'"

所有人鸦雀无声。

"人们把周围发生的任何错事都归咎于我们，真是不可思议。昨天二楼的厕所坏了，我们也要为此受到责备。""暴躁的戴夫"说。

库尔特的手机响了。他拿起手机盯着屏幕看了一会儿，然后对玛克辛说："我们得走了。比尔刚和玛吉安排了一次会议。我猜还有更多坏消息等着我们。"

比尔的助理艾伦带着玛克辛、库尔特和玛吉走进比尔的办公室。"我们有麻烦了。"比尔抬起头说，他一边站起来一边拿起写字板，"我们 15 分钟后在 2 号楼跟史蒂夫和迪克开会。我在路上跟你们说是什么事。"

当他们走出办公楼时，比尔说："莎拉说服鲍勃和董事会的其他成员冻结所有开支，立即生效。史蒂夫刚刚发现他们拒绝了本来要拨给创新工作的 500 万美元。"

比尔摇了摇头："那个莎拉真不得了，是不是？"

玛吉说："我从她身上学到了很多。她是一位优秀的商业规划专家，但从来没有领导过软件项目。她对每个人都有很高的期望，这很好，但在管理人员和团队方面，她有一些盲点……她不是善于培养团队的人。"

“嗯，我也这样觉得。”比尔苦着脸说，“我对这次会议有一种不祥的预感。”

当他们走进大会议室时，玛克辛立刻意识到有些地方不对劲。史蒂夫、迪克和克里斯都在。但令人惊讶和不安的是，柯尔斯顿和人力资源副总裁劳拉·贝克也在。

“人力资源主管出现在会议中从来不是一件好事。”玛克辛想。令她惊讶的是，她发现埃瑞克站在房间的后面，看着挂在墙上的历史画作。他向她挥了挥手。

玛克辛想：**“至少莎拉不在。”**

“大家请坐。”史蒂夫说着，从一张打印好的电子表格上抬起头来，脸上带着严肃的表情，“你们可能听说了，莎拉成功地让董事会相信，在公布收益之前，我们不应该增加成本。

“不幸的是，这还不是全部的坏消息，”他接着说，“昨晚，董事会指示我把整个公司的开支削减 3%。莎拉和我们的新董事艾伦已经让所有人相信，‘黑色星期五’促销活动的成功带来了巨大的效率提升，因此我们不需要那么多员工了。”

玛克辛听到房间里传来倒吸凉气的声音。她觉得想吐，或许是想哭，抑或两者兼而有之。

“我真不敢相信会发生这种事。”玛克辛想，**“我觉得我要负一部分责任。毕竟，独角兽项目的成功和各种创新的点子和我有很大的关系。”**

不知何故，那些她引以为傲的成功努力，现在将导致一群无辜的人失去工作。**“该死的莎拉。”**她想。

“对不起，各位。我知道这是一个令人惊讶的消息，尤其因为是独角兽项目的成功才使公司收入增加的。我真的以为董事会会给我们更多时间。”史蒂夫说。

“你们可能已经计算过了，”他继续说，“为了实现这个目标，我们将不得不在整个公司裁员约 150 人。为了从内部运营找出创新需要的资金，我们将不得不额外削减 500 万美元的成本，这意味着要另外裁掉 40 名员工。”

随着裁员人数的不断增加，玛克辛听到更多的惊叹声。她喘不过气来，感觉泪水在眼眶里打转。

她看着人力资源副总裁劳拉，想：**“所以这无疑是‘那种’会议了。”**既然裁员目标已经设定，每个人都将首先捍卫自己的地盘，努力保住自己的那份蛋糕。一旦分配达成一致，每个人都会提出一份名单，列出要淘汰的人员。然后他们必须决定是莎莉比山姆更重要，还是山姆比莎莉更重要。

玛克辛心中充满畏惧。她环视桌子周围的人说：“这些都是真真正正的人，是家里的顶梁柱。他们得收拾干净所有物品，一个接一个地离开。每个人都会看着，担心下一个叫到的是自己的名字，不知道经理们什么时候才会宣布恐怖的裁员结束。直到那时，史蒂夫预定好时间的电子邮件才会被发送到整个公司，用充满乐观的甜蜜言辞宣布大裁员结束。当然，他还会要求这些留下的人做更多的事。”

每个人都低下了头。突然间，玛克辛不想和这些事有任何瓜葛。她希望事情能回到原来的样子。她希望她从未参加过反抗军。她只是想让构建顺利进行，帮助开发人员提高工作效率。她从来没有想过，是反抗军帮助决定了谁可以留下来、谁必须离开。

她环顾四周，心想：**“如果我早知道参加反抗军会导致这一切，就会低着头老老实实地待着、不找麻烦，就像克里斯告诫我的那样。”**

迪克摇摇头说：“我本以为他们会至少等到 1 月才开始。这次会议的目的是准备一份提交给董事会的计划，削减 1500 万美元的运营费用。如果我们要为创新提供资金，就要一共削减 2000 万美元。

“我和史蒂夫已经和各业务部门的负责人碰过面，要求他们制订计划，按比例削减 2000 万美元中相应的部分。这也是为什么大家都在这里。我们需要你们所有人拿出一个从 IT 部门削减 200 万美元的计划，也就是在你们所有的团队中解雇大约 18 个人。”

玛克辛在心里飞快地计算着，这超过了公司所有技术人员的 4%。“不！这太可怕了。既然这样，就不要为创新提供资金了。不值得让那么多人离开。”玛克辛说。她看到每个人都转向她，有些人脸上带着常年积累的疲惫，有些人则露出同情的表情，仿佛她是一个刚刚发现圣诞老人并不存在的孩子。

“玛克辛，在座的人都已经对裁员习以为常了。”比尔说，“我想，我们所有人都相信，今天最重要的工作是找到资助创新的方法。否则，你们所做的一切都将付之东流。如果我们不投资创新，就只是选择了稍微慢一点儿的死法，我们仍然会回到原点：在市场上处于劣势，然后被打败。”

克里斯转向玛克辛：“比尔是对的。这是正确的做法。”

玛克辛摇了摇头，仍然对裁员人数感到震惊。

史蒂夫看着玛克辛：“是的，保护创新是我们最重要的任务。如果不相信这一点，我可能会威胁说要辞职。毕竟，他们可以在没有我的情况下削减成本。但这项工作非常重要，我们必须尽一切努力确保创新团队获得机会。”

这一切都让玛克辛感觉更糟。

“但是为什么？为什么创新对你如此重要？”玛克辛最后问史蒂夫。

史蒂夫看上去若有所思："埃瑞克上周说的是对的。作为一家公司，我们必须证明，我们有一个可行的增长模式，可以通过削减成本以外的方式创造价值。依照惯例，公司经营会走向两种对立的极端，而这会影响你的计划以及投资界对你的看法。一个极端是，你有艾伦和莎拉那样创造价值的方式，也就是通过削减成本，把运营中的每一点利润都榨取干净。有些公司凭这种方式茁壮成长，有些公司这样支撑了几十年，但大多数公司最终会消失。"史蒂夫解释道。

"但当你处于这种模式时，通常只是在玩金融游戏。"史蒂夫边向迪克示意边说，"为了避免亏损，我们不得不出售一些资产来变现。但这就像卖掉家具来支付抵押贷款一样。最终，能卖的东西都卖光了，你也无法再为日常运营提供资金，这意味着解雇更多的员工。

"另一个极端是，你可以选择建立一个成长型的公司。就像我说的，如果不成长，你就会慢慢死掉。独角兽项目已经向所有人证明，我们确实可以成长：通过创造客户想要的新产品，通过从竞争对手那里夺走市场份额，通过做伟大的公司该做的事情。"史蒂夫带着一丝微笑说，"当我们增加收入时，最终也会增加利润。我们获得了创新的能力，并能在市场上下更多的赌注。这将加速增长，确保我们在未来更好地生存。

"投资者会奖励增长。"他说，"我们的股价已经上涨了，而我们甚至还没有公布营收。分析师开始提高他们的目标股价。这意味着华尔街正在以更高的收入倍数奖励我们。几个月前，我们的估值比年营收还低，这几乎是一种羞辱，因为他们预测我们会收缩。当我们公布本季度的业绩时，希望他们会开始像对待任何健康的零售企业那样来评价我们。随着时间的推移，华尔街对我们的评价可能会更高，因为我们是市场的定义者和领导者，甚至可能是颠覆者。

"比尔说的完全正确，玛克辛。"他说，"更简单的做法是按照董事会的指示行事。但正确的做法是确保让创新项目得到机会。虽然感觉很糟糕，但是站在领导者的角度上看，进一步削减开支毫无疑问是正确的，因为它创造了一条通向长期增长的潜在道路。"

当经理们开始协商哪些部门要裁撤这 18 个岗位时，玛克辛仍然感到不舒服。他们争论该解雇几个有经验的工程师，还是以同样的成本解雇更多的初级工程师；该解雇经理还是个人贡献者；该解雇正式员工还是合同工。

当玛克辛再也无法忍受的时候，她借口出去散步，免得继续待在房间里。

当她半小时后回来时，看到克里斯已经同意减少 2 个开发岗位和 5 个 QA 岗位，很可能是几名表现不佳的工程师和经理。比尔必须减少 7 个岗位，目标是服务台、服务器和网络管理员岗位，以及一名经理。玛克辛希望德里克能挺过这一关，更不用说还有她以前的 MRP 团队。

令人惊讶的是，柯尔斯顿列出了 7 个项目经理，指出反抗军改变了团队的工作方式。“长期而言，我们不想管理我们的依赖关系，而是想消除它们。”她说，“这就是我们需要构建的工作体系和公司架构，用不着那么多项目经理。玛克辛已经反复展示了如何做到这一点。我们这方面可以走得更远。”

一方面，玛克辛对在场的每个人表现出的专业精神印象深刻。另一方面，当听到强制裁员的名单，以及柯尔斯顿举出的理由时，玛克辛感觉又要吐了。

“你可能不得不比想象的削减得更多。”埃瑞克隔着桌子说。这是会议开始以来他第一次发言，玛克辛差点忘记了他在房间里。

“哦，**好极了**。”比尔说。

“上次我们见面时，我提到了杰弗里·摩尔先生的三个视野，但没有时间来解释他的核心（Core）与非核心（Context）的概念，也就是四个区域的内涵。”埃瑞克接着说，“摩尔先生观察到，许多企业了解这三个视野，但仍然无法适当地投资于下一代创新。换句话说，他们在**核心**上投资不足，因为受到了**非核心**业务的控制。

“核心是组织的核心能力，是客户愿意付钱换取的能力，也是使投资者奖励的能力。”他说，“非核心是其余的一切，包括员工餐厅、办公楼之间的摆渡车，以及公司运营必须要做的成千上万件事。它们通常很关键，比如人力资源、薪酬系统和电子邮件。但是我们的客户不会因为我们为员工提供出色的薪酬服务而付钱给我们。

“没有恰当地管理好非核心，被摩尔先生称为大公司的**杀戮场**（killing ground）。那些被非核心压得喘不过气的公司无法正确地投资于核心业务。公司转型需要好的策略，但也需要无情的专注和坚韧。”

埃瑞克看着比尔和史蒂夫说：“你们知道技术必须成为这家公司的核心竞争力。事实上，无极限零部件公司的未来取决于它。但在你 8000 万美元的技术支出中，有多少花在了核心、对竞争优势的积极构建上？又有多少花在了非核心上？后者虽然重要甚至可能是关键任务，但仍然需要标准化、尽力压缩，甚至完全外包。”

比尔怒气冲冲，脸涨得通红。在此之前，他一直表现得非常隐忍克制，但埃瑞克显然触动了他的神经：“你说外包？经历了这么多之后，埃瑞克，难道我们不都认同是外包造成了我们现在正在清理的诸多问题吗？”

“不！”埃瑞克嘲笑道，“你们已经证明了，即便不外包，你们也会破坏第一、第二和第三理念。再想想第五理念‘真正以客户为中心’，而不是以筒仓为中心。正如摩尔先生所问，在你所管理的应用程序和服务中，哪些是客户愿意付钱的？哪些是真正能增强你的竞争优势的？哪些是可以依靠供应商来做的？

“100 年前，大多数大型工厂设有一个 CPO，也就是首席电力官，来负责发电过程。这是制造业中最重要的角色之一，因为没有电就没有生产。这是一个核心流程。”他说，“但是现在，这个角色已经完全消失了。电力已经成为你从公用事业公司购买的基础设施。它是可互换的，你主要基于价格选择供应商。自己发电几乎没有竞争优势。它现在仅仅是非核心，不再是核心了。你不想你的组织有大量员工专门提供内部发电。

“正如克雷·克里斯坦森先生说过的，我们自己管理‘不够好’的东西，将‘非常好’的东西外包出去。”他说，“你们为什么选择将员工餐厅 POS 系统外包出去？”

比尔看上去若有所思，挠着下巴说：“我之前让我的团队与 CISO 约翰合作，找出哪些应用程序存储了个人身份信息或信用卡数据。这些就像有毒的废弃物一样。我们不应该浪费时间或精力来保护它们，而是应该尽力摆脱。我们到处寻找这样的应用系统，只要有可能，就关闭它们。如果不行的话，我们就会寻找外部供应商，让他们为我们提供服务。”

“正是这样。”埃瑞克边说边站了起来，“我希望你和技术团队深入思考第五理念，找出可以摆脱负担的非核心，将自己从数十年的技术债务中解脱出来。想象一下，没有这些事情的拖累，你们能做什么。尽管短期内可能会更痛苦，但从长期来看，你们会发现一些意想不到的、至关重要的好处。

“史蒂夫，你很幸运，根据摩尔先生的观点，最适合管理非核心的人就是比尔和玛克辛这样的人。”埃瑞克说，“这向来不易。你需要的人才必须真正了解业务，能够精明务实地推动整个公司的标准化，真正关心整个组织的最大利益，并且知道技术能做到什么、做不到什么。

“想象一下，你可以让几十年的技术债务消失，可以摆脱建立在糟糕业务流程之上的糟糕自动化。”他说，“想象一下，如果你能有意识地、主动地选择放弃什么，然后把时间和精力花在需要的地方，会是什么感觉。迪克知道，简单能提高效率，复杂则会降低效率。你们的内部系统和流程目前会在多大程度上阻碍你们完成工作？”

这让玛克辛停下来思考。简化公司业务和技术环境的想法激动人心。她喜欢处理复杂的业务问题，但如果不是数十年来无人问津、复杂得已经无法理解，这些问题会更容易解决。

“最后，我要对其他所有人，尤其是史蒂夫说。”他继续说，“要仔细考虑裁撤掉的每一个岗位可能会如何扰乱流动，特别是当你们在决策中缺少第一理念所倡导的局部性时。例如，当你已经有了‘正方形’沟通流程这样的情况时，如果解雇经理会发生什么？

“那些处于中层的经理是战略和执行之间的接口。他们是优先级排序者、你们的交通警察。我们都有让小团队独立工作的理念，但是谁来管理由这些团队组成的团队呢？是你的中层经理。有些人嘲笑他们是‘僵化的中层’，但你会发现，适当地发展这一层人对执行战略至关重要。

“祝你们好运。”埃瑞克说着转身准备离开，“坚持住，玛克辛。如果你做出明智的选择，无论前路现在看起来多么暗淡，美好的日子一定就在你的前方。”

在回 5 号楼的路上，每个人都沉默了。最后，玛克辛对比尔说：“你不爱说话，是吗？”

“有时候吧。”他笑了一下，嘴角依然僵硬。

“嗯，你觉得刚才的会议怎么样？”她问，这个问题很可能是每个人都在想的。

比尔停下来看了玛克辛一会儿：“糟透了。它看起来太像运维团队一直以来处理事情的方法了。少用人，多办事。把这个外包出去，把那个外包出去。在过去，这导致了一些令人难以置信的不明智的决定，像我们这样的人被留下收拾了好多年烂摊子。当每个人都意识到事情变得多糟糕后，我们不得不把所有东西都转回内包。这一点儿也不好玩。

“但这次可能会有所不同，”他一边说着，一边恢复了快速前进的步伐，“史蒂夫和埃瑞克说的完全是正确的。我们必须找到保护创新努力的方法。这是我们长远未来的关键所在。在我的职业生涯中，我第一次认为，在公司最高层的支持下，我们可以改变管理技术工作的方式，真正把事情做对。

“但这并不容易。”他说，“我喜欢埃瑞克关于非核心和核心的说法。有些服务应该从运维中剥离出来。我想到的一个地方是我原来的中型机团队。我们创造了技术的加拉帕戈斯群岛[①]，它为我们服务了几十年，但是我们已经偏离了整个行业的发展方向，不能从行业供应商创造的新技术中受益。也许是时候建一座回大陆的桥了……或者也许是完全离开群岛的时候了。”

他继续说道：“我想知道我们能否在不增加运营费用的情况下，重新培训我原来团队中的每个人，为他们找到新的角色。创新工作中会有很多新的岗位。我想让他们尝试一下。他们有很多专业经验和系统知识。如果我们失去他们，那将是巨大的损失。柯尔斯顿的项目经理们也一样……”

比尔一边走，一边继续默默地思考着。玛克辛感觉现在比之前更麻烦了。她原来的 MRP 团队也成了加拉帕戈斯群岛的居民了吗？

“我觉得这一切都糟透了。”库尔特若有所思地说。

在当天剩下的时间和接下来的第二天里，比尔、克里斯和柯尔斯顿及其团队都在努力地思考一个能实现裁员目标的计划，而玛克辛和库尔特紧跟在他们身边。尽管史蒂夫告诉迪克，他的工作是帮助公司实现价值和增长，但迪克还是指派了他的两名直接下属来协助他们，分别是业务运营总监和企业控制官。

玛克辛对他们印象深刻。他们是两个精明的业务人员，似乎对公司的每一个角落都了如指掌。

但这仍然是一项非常残酷的工作。

玛克辛常常想出去走走，或者完全回避这些会议，因为她时常对这一切造成的损失感到不知所措。但她知道这很重要，甚至至关重要。她绝对希望对发生的事情有发言权。

每个部门经理将他们的员工分为三类：关键的、需要的，以及必须强制解雇的。当然，只有少数人最终进入了第三类。光看这三个名字就知道，经理们正在利用这个机会解雇那些早就应该离开的人。

但这还远远不够。因此，克里斯和比尔开始对每位经理施加压力，仔细审查和比较经理们“需要的员工”名单上的人。经过近 1 小时令人筋疲力尽的争吵，玛克辛想起了埃瑞克说过的话。

---

① 加拉帕戈斯群岛又称科隆群岛，位于太平洋东部，上面的许多动植物为全世界独有，于 1978 年被列入世界自然遗产名录。——译者注

“等等。埃瑞克提醒我们，要从流动的角度审视一切。”玛克辛说，“我们不能按部门或人气竞赛来决定。如果我们从价值流中随机选出一些人，造成的损害可能会与道恩所说的在制造工厂中合并3台网络交换机的情况一样。

“我们目前的情况是，在决策过程中没有足够的局部性。”她说，“实际上，是我们的经理们在考虑如何加快最重要的工作。埃瑞克管他们叫‘交通警察’和‘优先级排序者’。”

比尔和韦斯都盯着她看。比尔说：“好主意。让我们先把这个问题放在一边，把重点放在区分核心和非核心上。我们可以消除哪些大的技术领域范围？”

玛克辛敏锐地意识到，这项工作的最终目标是减少运营费用。他们需要减少在编人员的数量。

显然，当被要求找出如何拆毁他在过去10年中帮助建立的帝国时，韦斯很不高兴。他嘟囔道：“这感觉太不对了，就在不久前，这些还都是我们竭力争取的。”但就连他也承认，这么做在业务上确实有紧迫性和必要性。当看到比尔把他的中型机团队列入要淘汰的候选技术名单时，他哀叹起来。

“天啊！对不起，比尔。我无法接受。”他盯着白板说，“虽然我取笑过他们像电影《沉睡野人》里那样被时间冻结了，但他们都是很好的人。我对他们的工作表现也没有任何意见。”

“谢谢你，韦斯。”比尔认同地说，“但老实说，付钱就可以让一些SaaS供应商为我们做很多中型机团队过去所做的事情。这会省下5个人头。我们会淘汰整个技术栈，以及所有与之相关的软件许可证和维护合同。这相当于再省下10万美元的年度支出，又是另外半个人头。”

韦斯默默地坐着：“好吧，如果你这么说的话……只要能摆脱我们的服务台系统，我愿意把没做标记的钱一大袋一大袋地交给任何人。当然，我们需要一个替代服务，但我宁愿让一个供应商来管理它。还有我们的电子邮件服务器。信不信由你，我们还有几台Lotus Notes服务器呢，就是因为一些经理一直嚷着要保留。我认为我们终于有能力压制他们的反对意见了。

“综合起来，管理所有这些事情很轻松就花掉3个人的工作量。”韦斯说，“我想保留其中2个人。我现在唯一想做的就是，在把这些服务器拖出去之前，用大铁锤把它们敲瘪。”

玛克辛盯着韦斯和比尔。他们并不宽宏大量，但也不是冷血的混蛋。事实上，她更喜欢这种方法，而不是不同部门之间相互比较名单列表。

玛克辛受到鼓舞，鼓起勇气说：“也许我们也应该看看 MRP 小组。”当克里斯惊讶地看着她时，她说：“有些东西对竞争优势来说绝对是至关重要的，比如我们正在把调度模块从‘根据预测生产’模型升级到‘根据订单生产’，以支持按需制造。但剩下的部分可以转移到商业软件包中……我建议团队保留 5 名开发人员来完成迁移，这样就可以释放 10 名开发及 QA 人员，可能还有另外 2 名运维人员……”

她觉得有些不舒服。她提到的这些数字代表的就是她被流放时那些祝福她的好人。这是她帮助建立和维护了近 6 年的系统。连埃瑞克都说它是一个架构奇迹。

她很快补充道：“他们是公司里最好的工程师。我个人为他们每一个人担保。如果他们能在独角兽这样的项目或创新领域工作，对公司的贡献将远远高于在 MRP 系统……”

“你说得对。”克里斯自豪地看着玛克辛说。她终于松了一口气，提出这个建议是她一整天都在担心的事情。

比尔将玛克辛原来的 MRP 团队加到白板上，列表里还有中型机财务系统、餐厅 POS、服务台、电子邮件和 Lotus Notes。这一共包括他们可以取消的 18 个岗位。取代这些的软件服务每年将需要花费 50 万美元。

比尔又添加了一列：“如果创新工作的全部资金投入是 500 万美元，就意味着在核心领域创造 33 个技术岗位。正如玛克辛指出的那样，我们可能会把所有这些人招回来，做更有价值的工作。

“所以，让我们继续努力。再想想，还有什么束缚是我们可以摆脱的，从而能把更多人重新分配到核心业务上？在我们的数据中心，有哪些事情是客户永远不会付钱的？我们已经外包了工资系统。我们还需要考虑哪些后勤功能？”

“我们有 3 个 ERP 系统。”玛克辛提出，“把它们集成在一起是一件痛苦的事情。事实上，这 3 个系统现在都归一家公司所有。也许现在是咬紧牙关的时候了。”

韦斯点点头。“如果把它们都换成一个系统，就会腾出另外 2 到 3 个运维人员来做别的事情。”

“我喜欢现在这种情况。”比尔说，“那我们的人力资源系统呢？还有销售佣金计算工具和薪酬计划系统……以及我们工厂的考勤卡系统……”

听到考勤卡系统，也就是导致她被流放的工资发放事故的中心，玛克辛喃喃自语道：“总算解脱了。”

“是的，还有我们的桌面备份系统。”韦斯补充道，“还可能有我们的电话系统和 PBX[①]。我们是制造商和零售商，不是电话公司……”

韦斯的脸亮了起来：“有两个数据中心几年前就应该关闭了。它们和里面的东西每年大概要花费我们 100 万美元。如果真的关掉它们，那就又省下了 4 个人……哦，还有那些该死的 Kumquat 服务器……让我们彻底摆脱它们吧，又是 10 万美元的维护费用。”

看着白板上的列表越来越长，玛克辛并不感到担心，因为里面都是没有太多价值的非核心业务。相反，她为把公司从这些拖累中解救出来，以及工程师有机会在更高价值的领域工作而感到鼓舞。不过，还有一件事困扰着她。

玛克辛说：“我们的独角猫 CI 集群已经奄奄一息了。这是重要的非核心业务，但仍然是非核心。我们最棒的同事在独角猫工作。它极大地提高了开发人员的工作效率，但是我们应该找到一个有商业支持的 SaaS 供应商，并让我们最好的员工处理那些找不到供应商的事情。算算吧，库尔特，道恩和布伦特花了多少时间在支持独角猫上面？”

“该死。”库尔特说。但是过了一会儿，他说：“好吧，我们把它加到列表里。”

迪克的财务团队向大家展示了他们汇总好的表格。每个人都盯着看。他们已经确定了可以削减近 400 万美元的开支，大约 26 个岗位将被裁撤。

但是如果在创新领域提供 33 个新岗位，就可以把几乎所有人都招回来，只要他们愿意学习新事物。

玛克辛微笑不止。

玛克辛很惊讶比尔能如此迅速地得到史蒂夫和迪克的答复，并安排好会面的时间。这让玛克辛对比尔与 CEO 之间的那种工作关系深感佩服。他们计划在当天结束的时候向史蒂夫和迪克做汇报。相比之下，有时玛克辛需要几周的时间才能被排进克里斯的日程表。有那么一刻，她不禁怀疑问题是出在她自己身上还是克里斯身上。

当比尔汇报他们的计划时，史蒂夫和迪克做着笔记，问了一些问题，最后点头表示同意。

史蒂夫特别喜欢团队通过价值流来确定要淘汰的区域，并在同时保持流动不受影

① PBX 是 private branch exchange（专用小交换机）的缩写，是专为特定的企业或机关等服务的电话交换机。——译者注

响。当比尔谈到他们希望保留有才能的工程师并对他们进行再培训，以便为创新领域做贡献时，史蒂夫明显变得兴奋起来。

“我在 20 世纪 90 年代从事制造业期间，负责过大规模的劳动力再就业。”他说，“我们进行了巨额投资，以确保每个工人都能在新的时代里生存和发展——每个人不仅要靠双手，更要靠头脑来挣得工资。这是我做过的最有成就感和回报的事情之一。我们必须对技术劳动者采取同样的做法。

“我不是指仅仅在墙上张贴宣传海报。”他说，“我指的是，要**真正**为我们的员工投资。也许可以创建一所无极限零部件大学，或者某种其他的长期培训项目，从而为公司的长久生存培养下一代领导和工程师。我们自掏腰包来让他们获取所需的技能。”

史蒂夫看起来很兴奋、充满活力，这是玛克辛以前从未见过的。连迪克也显得很兴奋。

“我现在就需要你的帮助，史蒂夫。”比尔说，“以我 4 个月前管理的中型机团队为例，当时你还没有让我坐上现在这个职位。不是他们做错了什么，而是他们所处的业务流程属于非核心，而不是核心。我们要用我们的员工做正确的事，尽量确保他们拥有长久和富有成效的职业生涯。他们有宝贵的知识，让他们就这么离开太愚蠢了。”

“当然。”史蒂夫说。玛克辛松了一口气。“**也许这整件事最终会成为一种有益的力量。**”玛克辛想，“**尽管是莎拉点燃的导火索。**”

迪克一直在记笔记，偶尔用计算器算一下：“我们需要削减 1500 万美元的成本。根据你们提供的数字，现在已经快达到目标了。”迪克看了看他的手下，他们点头表示赞同。“在制造业务方面，我们将停止生产利润最低的那一类产品。这将影响 50 名工人，其中 15 人会填补目前空缺的岗位。

“供应商管理负责人计划通过减少我们的供应商数量，再节省 200 万美元。”他说，“我们将以此为筹码来争取更高的折扣和更低的物流费用，应该不会太困难。

“在零售业务方面，我们计划关闭 10 家业绩最差的门店。这将为我们节省大约 300 万美元。”迪克继续说，“剩下的部分将通过提前退休和部分裁员来达成。”

迪克停顿了一下，看了看电子表格：“我认为这是一个很好的计划。我看到的最大风险在迁移到新系统过程中的操作上。它们虽然是非核心，但也至关重要。我们从未改变过这么多的业务流程，更别说同时改变了。我相信有一群人会非常不开心，他们会想出一堆我们不应该这么做的理由。”

“正如你所知，一些反对意见无疑是正确的。这只是一个待完善列表，是由我们这些擅长做电子表格的人鼓捣出来的。”比尔说，“在我们的层面上，并不能真正知道关闭这些系统意味着什么，以及成功过渡需要做什么。我们需要时间与团队合作，找出什么是真正可行的方案，并提出一个符合现实的时间表。”

“你的计划很好，比尔。”迪克点点头，“史蒂夫，你得想办法给他争取点时间。”

史蒂夫看着屏幕上的电子表格说：“也许我们可以向董事会申请，在明年 1 月季度财报公布前把开支削减 2%，并在明年年底前削减 4%，而不是他们要求的平均 3%。这应该能满足他们……”

“不错，”迪克笑着说，“这会让艾伦和他的投票团开心的。”

史蒂夫说：“好吧，我会努力和董事会沟通。一旦获得批准，我就向全公司宣布这个消息，并尽可能公开，以便大家做好准备。”

他对迪克微微一笑，补充道：“抱歉，迪克……为了让财务数字保持在正确的方向上，我们的金融工程可能还需要再持续几个季度。”

玛克辛如释重负，成本削减计划中她最担心的部分并没有出现。然而，她也不觉得可以完全放心了。相反，她对最坏情况的强烈恐惧被一种隐约、持续、痛苦的不安所取代。

接下来的一天，她觉得筋疲力尽，左眼皮一直在跳，胃也一直疼。有时，她无法直视别人的眼睛。在网上快速搜索的结果证实了这可能是长期的压力导致的。这类人事管理的问题是她总是避免成为管理者角色的原因。

那天晚上，她强迫自己放松。她喝了几杯葡萄酒，和丈夫一起看了一集《权力的游戏》，渴望完全不去想任何与工作相关的事情。最后，她被残酷无情的剧情惊呆了。她和杰克笑着说，他们有多么幸运，现代工作环境没有血腥杀戮——尽管莎拉已经尽了最大努力。

第 18 章

12 月 18 日，星期四

玛克辛在星期四早上醒来时，感觉休息得很好，对即将到来的一天充满期待。部分原因是一整晚的无梦睡眠，还有部分原因是到了创意决赛选手向整个创新委员会做演示的日子。正如承诺的那样，比尔从全公司挑选了 50 名最受尊敬的同事，责成他们挑选最好的 3 个创意，以便围绕选中的创意组建团队并进一步探索。

3 位获奖的创意提交者将各自带领一支由玛克辛亲自挑选的团队。他们将有 90 天的时间来探索创意的可行性，调研市场风险、技术风险和业务模型风险，并期望实现一些惊人的、共同商定的业务结果。这将是他们努力保护的第三视野的工作。

玛克辛惊讶地发现，从史蒂夫向全公司宣布任何人都可以提交创意算起，他们在一周之内就收到了数百份提案。作为委员会的一员，玛克辛浏览了所有提案，并被他们的创造力和深入思考所鼓舞。几乎所有这些创意都试图解决客户遇到的实际问题，有许多展示了绝妙的构思，以便让公司更好地帮助客户。

她惊叹于人们探索这些问题的内在动机多么强烈。委员会审议并挑选了 30 个最重要的提案。今天，所有的提案都将在之前举行全员大会的大礼堂里被一一展示给整个创新委员会。

每个登台的队伍都在过去的一周内与一些委员会成员一起排练过，得到了所有想要的训练和指导。委员会成员们慷慨地挤出时间来帮助他人，这让玛克辛深为感激，尤其是在假期马上就要到来的情况下。对于就要登台演说的人来说，这些互动有助于建立有价值的人际关系，可能帮助到他们将来的职业发展。

玛克辛走到她的办公桌前，急切地想把最紧急的工作完成，这样她就可以快点去礼堂帮助进行创新活动的准备工作了。

当她坐下时，她看到了一条来自“暴躁的戴夫”的短消息：

> 该死。快看一下电子邮件。

当她打开电子邮件看到主题栏时，她冒出一身冷汗，喃喃地说：“哦，不……”

发件人：莎拉·莫尔顿（零售运营高级副总裁）

收件人：所有 IT 员工

抄　送：公司高管

日　期：12 月 18 日，上午 8:05

主　题：人员调整和职责变更

即日起，玛吉·李（零售产品营销高级总监）将被调任，以协助零售商店紧急的库存审计。

由于问题的紧迫性，她现在的所有职责都将被免除，包括创新委员会的工作。所有相关的沟通和决定都直接由我接手。

此外，库尔特·雷茨尼克（QA 经理）将被停职，具体原因目前尚不能透露。所有与创新委员会相关的问题请联系里克·威利斯（QA 经理），所有其他问题请联系克里斯·阿勒斯（应用程序开发副总裁）。

谢谢！

莎拉

玛克辛震惊地盯着那封电子邮件，一时间不能完全消化刚刚的晴天霹雳。莎拉有效地破坏了他们为第三视野所做的努力。为了捍卫第一视野和她所追求的价值，她把创新委员会的工作扼杀在了襁褓之中。

奇怪的是，玛克辛既不生气也不悲伤——她感到麻木，怀疑这是因为她精神上的保险丝全部被莎拉那令人难以置信的大胆举动烧毁了。尽管难以置信，但她意识到莎拉已经在无极限零部件公司策划了她自己的“血色婚礼”。

她拿起电话，疯狂地试图打给库尔特和玛吉，但他们都不接电话。她又给他们发消息，问到底发生了什么事，但他们两人都没有回。

她发呆了很长一段时间，想知道自己能干点什么。她抬起头，注意到人们聚在了她的桌旁——“暴躁的戴夫”、道恩、布伦特、香农、亚当、普尔娜、埃伦……“暴躁的戴夫”语气激动地发问：“到底怎么回事？有人知道吗？”

没有人知道。没人能联系到库尔特和玛吉，也联系不上柯尔斯顿、克里斯，或者比尔。

下级军官和舰桥长官都失踪了，留下红衫军孤军奋战。

玛克辛第三次发短信给库尔特：

> 发生了什么事？你在哪里？大家都疯了！

“反抗军完了吗？”布伦特问了一个大家都在想的问题，“我们都会被关禁闭吗？”

“大家冷静下来。”香农转了转眼珠。但玛克辛可以看出她也很震惊，因为没有人知道到底发生了什么。玛克辛试图做一个成熟的成年人，安抚每个人的恐惧，但在内心深处，她也很慌乱。

玛克辛看着布伦特。也许这次大冒险真的结束了。也许下一个被送上断头台的就是比尔。像这样的公司政变会波及多高的层级？也许史蒂夫也会离开。莎拉真的已经赢得这场斗争了吗？

玛克辛的脑海中浮现出一幅画面：莎拉坐在星际飞船“企业号”舰桥的船长座位上，满脸胜利的笑容。她已经带着全新的船员完成了对旧卫队的大清扫。也许她会把所有被她击败的敌人枭首示众，以恐吓任何潜在的反抗者。

她会一直深入引擎室，把所有跟库尔特和玛吉有关的红衫军都除掉吗？正常情况下，她会认为这种想法是荒谬的。舰桥长官不在乎红衫军，对吧？

但莎拉密谋破坏他们所有努力的方式使她重拾了这个想法。不难想象莎拉会浏览整个红衫军的名册，把他们分成捣蛋分子和模范员工两类。她会把那些捣蛋的家伙流放到鲸鱼座 α-VI 星，就像可汗和他的追随者在向柯克船长复仇之前所经历的那 15 年一样。

“不，这不是莎拉的风格。莎拉会做得更彻底，她可能现在就把他们抓起来，然后发射到某颗星球的内核里，以防止未来可能的复仇行动。”玛克辛想。不论你把莎拉想得多坏，她肯定都能做得更过分。

玛克辛看了看手表。还有 45 分钟，创意展示就要在礼堂开始了。玛吉肯定会缺席活动，不能按计划主持会议。她猜史蒂夫也会缺席。

“谁会来拯救第三视野呢？”她茫然地向四周看了看。

就在那一刻，她意识到现在一切都取决于自己。

她抓起桌上的电话，拨通了史蒂夫的分机，找到了他的助理史黛茜。

“嗨，我是玛克辛·钱伯斯。我和史蒂夫、迪克还有库尔特、玛吉一起参加过创新委员会的会议。听到库尔特和玛吉被停职的消息，我们都有点不知所措。史蒂夫被安排在 9 点钟出席创意展示活动。他还能参加吗？”

“嗨，玛克辛。”电话那头传来史黛茜的声音，“太巧了。我正要打电话给你。史蒂夫给你留了口信。他说：‘你来负责创意展示会。祝你好运！’如果可能的话，他会参加，不过可能只能待几分钟。”

史蒂夫的助理要了她的手机号码，这样史蒂夫或迪克今天稍后就可以直接给她发消息了。她接着说：“坚持住，玛克辛！我们都支持你。”

玛克辛挂了电话，盯着她的办公桌看了一会儿，思考她必须做的事情。

“来吧，各位。”她说，“我们得去参加创意展示会了。”

“但是玛吉和库尔特已经被莎拉围捕了！谁来领导？”香农问道。

“我们。”玛克辛一边收拾东西一边说。

在大礼堂的第一排，可以明显感受到所有准备出场的队伍都既兴奋又紧张。玛克辛没有注意到有任何队伍因为看到莎拉的电子邮件而退出。

玛克辛登上讲台，找到了那个似乎在管理音视频设备的人，跟他要了一支麦克风，这样她就可以在 9 点准时在会场讲话了。还有 3 分钟。

布伦特递给她打印好的出场顺序表，然后告诉舞台监督让人们在后台按出场顺序排好队。玛克辛向布伦特道谢，他咧嘴笑了：“祝你好运，玛克辛！需要什么就告诉我们！”

玛克辛看着观众席，发现被选出来评判创意的委员会成员都坐在第一排。他们将聆听每队 10 分钟的陈述。在他们身后，有数百人前来观看这些团队展示他们的创意。

玛吉之前特别小心地试图减轻“HIPPO①效应”的影响，以防出现人们只关心最高层决策者想法的不健康倾向。为了应对这种情况，玛吉吩咐整个创新委员会倾听每个提案，可以提出任何问题，但对他们的投票和评分保密。

玛克辛四下张望，想看看史蒂夫是否在场，但没有看到。她看了看表。时间到了。她向舞台监督挥手示意，准备登台。舞台监督对着耳机里说了些什么，然后倒数 3、2……

“嗨，我叫玛克辛 · 钱伯斯。”她对着麦克风说，眯起眼睛走到明亮的讲台灯光下，“嗯，玛吉 · 李本应该主持这次会议，但正如你在电子邮件中看到的，她被紧急分配去做库存审计了。”

听到人群中传来笑声，她感到很意外。她觉得这并不可笑。

“史蒂夫本来计划开场，回顾公司过去的成长历史，以及我们必须如何帮助客户让汽车持续运转。他还打算讲讲他认为在公司内部促进创新有多重要，但是他目前还无法加入我们。我们召集了一群公司里最受尊敬的人来评判接下来的这些创意。我们收到了数百份提案，每一份我都读过。

“这些提案都很了不起，要从中选出 30 个实在太困难了。但最后我们还是做到了，并将在今天呈现在你们面前。”她说，希望自己的声音没有沙哑，也没有表现出紧张。她真希望自己穿了外套，以遮掩身上冒出来的汗水。“每队有 10 分钟的展示时间，然后我们有 5 分钟的问答时间。今天结束时，委员会将进行审议，史蒂夫将在下一次全员大会上宣布 3 名获胜者。

“我和我的团队将有幸与每个获胜的团队合作，以验证他们创意的可行性。”她笑着说。她想起今天早上发生的事情，眼里的泪水开始涌了出来。她声音有些嘶哑：“为了实现这个目标，我们做出了很多牺牲，所以我很感谢你们所有人为提案付出的巨大努力。我向你们保证，我们会尽最大努力使之成为现实。”

听到每个人的鼓掌和欢呼声时，她笑了，泪眼婆娑。她看着舞台监督和经理笑着对她竖起大拇指。玛克辛低头看了看手里的名单，明显看到自己的手有些颤抖，然后把第一队队员叫到台上。

她走到后台，布伦特出现在她旁边，说：“天啊，玛克辛，太棒了。我很高兴即使在……这样的情况下，每个人也都有机会发表自己的创意……是吧？”

玛克辛也笑了，她迅速地给了布伦特一个拥抱，谢谢他的帮助。她把注意力转移

① Highest Paid Person’s Opinion，最高收入者意见。——编者注

到每支队伍的创意介绍上。玛克辛对听到的内容感到很开心。一位门店经理提出的创意是，帮助优步或来福车等公司的拼车司机满足他们的独特需求。还有一个创意是为定期维修任务提供礼宾服务。

但第一个引发整个礼堂轰动的创意是关于汽修厂和服务站的评级系统，它立即得到了绰号“汽修厂的 Yelp[①]”。这个创意的目的是让无极限零部件公司的客户分享他们在服务站的体验。

另一个让玛克辛兴奋的提案是在上午的茶歇之后出现的。一位高级销售经理建议为服务站客户创建一个 4 小时送货服务。这将使服务站提供更多的维修服务，因为他们知道所需零部件可以根据需要迅速送达。一家颇具竞争力的初创公司最近推出了 4 小时送货服务，而无极限零部件公司负责直销给服务站的部门已经因此将明年的预期收入下调了 10%。

这支队伍相信，无极限零部件公司可以与该竞争对手一决高下并获胜，而这也将改善他们与最重要的服务站客户之间的关系。当负责人说“考虑到我们拥有的能力，我认为我们可以把这家初创公司完全从地图上抹去”时，礼堂里爆发出欢呼声。

其他的一些演讲也很不错，但到了下午 3 点左右，玛克辛听到了自己最喜欢的一个。当然，部分原因是这是布伦特、香农、道恩和韦斯的演讲。当他们走上讲台时，她禁不住为他们喝彩。她为他们感到骄傲。

他们的创意是出售一种发动机传感器，并围绕它创造大量服务。该传感器最初将专注于提早发现汽车的一些小问题。这样就可以对问题进行早期检测，以防小毛病像滚雪球一样变成维修费用昂贵的大问题（如机油更换和发动机磨损）。门店可以以折扣价向顾客提供这些维修服务，因为可以将其安排在淡季。

几个月前，韦斯在（由独角兽项目提供技术支持的）手机应用上看到一款推荐产品是最近才开始在店里销售的发动机传感器。它们卖得飞快。这是一个非常简洁的设备，连接到车载诊断端口 2（ODB-II）。该端口是根据 1994 年美国加利福尼亚州空气资源委员会法案的要求开发出来的，目前每辆车都必须提供。这个标准数据连接器可以监测各项发动机特性，其中最著名的就是排放水平。

玛克辛惊讶地发现，即使是像特斯拉这样的新型电动汽车也有 ODB-II 接口，尽管它没有内燃机。

---

① Yelp 是美国最大的点评网站，类似于中国的大众点评。——译者注

韦斯他们提出的创意是代工或转售其中一种传感器，然后围绕它建立一个世界级的软件生态系统，以提供从现场诊断、客户咨询服务，到更好的预防性维护的所有业务。他们还描述了一些创意，比如与保险公司合作以降低保费，以及开发应用程序帮助父母跟踪孩子的驾驶习惯。

这对玛克辛来说非常有吸引力。展示还在进行中，她就立即在手机上订购了一台传感器。玛克辛总是害怕她的孩子们开得太快。在创意展示全部结束时，尽管玛克辛希望做到不偏不倚，但她还是情不自禁地跳起来欢呼。在她的脑海中，正是这样的创意可以把无极限零部件公司引领到令人兴奋、新奇和充满活力的未来。

还有其他一些提案也吸引了她的注意，但她知道自己会投票给谁。会议结束时，玛克辛再次登台："非常感谢你们提出这些令人赞叹的创意。我们将在今天结束时汇总好所有的选票，史蒂夫将在 1 月的全员大会上宣布获胜者。到时候见！"

她向每个人挥手致谢，然后把麦克风递还给舞台监督。她感觉疲惫不堪，双腿发抖，背部因为久站而酸痛。她希望自己不会因为紧张流汗和站在炙热的灯光下而发出难闻的味道。

当她回到反抗军伙伴身边后，又一次回想起了这一整天。玛克辛对这些创新展示感到既欣慰又激动。尽管组织重组和人员变动是痛苦的，但如果它们能促成此类令人兴奋的事情发生，那就是值得的。更妙的是，她以后也将一直从帮助人们实现其创意中获得满足。但现在，他们需要弄清楚库尔特和玛吉以及其他失踪的舰桥长官的下落。

以及，创新的努力究竟能否成真。

现在已经 5 点多了，他们决定像往常一样在码头酒吧见面。

当人们陆续到达酒吧时，玛克辛不停询问有谁得到了最新消息，甚至是传言也可以。但是没有人听到任何消息。所有信号都消失了。除了莎拉的电子邮件外，没有其他的公司官方通知或公告。

玛克辛对其他人说："不管发生什么事，即使玛吉和库尔特被解雇了，我们也仍然要竭尽所能让第三视野项目成功。即使这意味着要在假期与这些团队一起工作。我们需要帮助他们开个好头，增加这些项目成功的机会。还有谁愿意吗？"

"把我们都算上，玛克辛。"香农说，"即使这意味着帮助跟我们竞争的队伍。"

“我们都属于同一支队伍，香农。”布伦特说，转了转眼睛，“我们实际上并不是在互相竞争，我们是在与市场竞争。”

“你知道我的意思。”香农说，“最后获胜的是哪几个队？”

玛克辛环视一圈，看到每个人都在点头，承诺帮助获胜的3个试点小组。她回答道：“结果毫无争议。前几名太突出了。评委们的首选是发动机传感器项目……”

还没等她宣布其他两个获胜队伍，每个人都欢呼起来，并拍着香农、布伦特和道恩的后背表示祝贺。“韦斯就要到了。”香农说，“我正在给他发消息。”

“……另外两个获胜队伍是服务站评级组和 4 小时零件配送组。”玛克辛笑着说，“我很乐意帮助这个 4 小时配送项目，因为它涉及组织中很多不同的部分。我喜欢这种类型的东西。”

“暴躁的戴夫”举手说：“我可以帮助服务站评级项目。”每个人都选了自己要帮助的小组后（当然发动机传感器小组不需要），玛克辛笑了起来：“我会把你们的自我介绍发给每个团队负责人的。”

道恩给每个人倒上啤酒，玛克辛则品味着她最喜欢的“埃瑞克特供”葡萄酒。他们点了些吃的，玛克辛决定邀请获胜的3支队伍到码头酒吧见面。如果他们能来的话，大家就可以提前开始计划接下来要做的事情了。

玛克辛长出了一口气。她现在已经成功地完成了使命，让第三视野的项目启动起来。她已经尽力了。现在的心情糅合着解脱和一种忧郁、焦虑、烦躁、不耐烦的等待，就像人们在医院里等待分娩，静候母亲和新生儿的消息一样。韦斯最终出现了，但还是没有比尔和其他人的消息。

现在是6点。**“不管舰桥上发生了什么，肯定会有解决办法的。”**玛克辛想。

30分钟过去了。接着是1小时、2小时。

然后她听到韦斯大叫：“天啊！快看看电子邮件！”

玛克辛赶快打开手机。

发件人：史蒂夫·马斯特斯（无极限零部件公司 CEO）

收件人：所有员工

日　期：12月18日，晚上7:45

主　题：玛吉·李复职

玛吉·李将恢复她在零售业务和创新委员会的职务。如果你们有任何关于角色和职责的问题，请发电子邮件给我。

我期待分享更多关于无极限零部件公司的令人兴奋的消息。下一次全员大会见！

谢谢大家，顺祝节日快乐！

史蒂夫

玛克辛听到桌子周围的欢呼声，但想到库尔特的命运仍然不确定，更不用说莎拉的诡计，她并没感觉太乐观。韦斯看了看他的手机，笑着嚷道："比尔、玛吉和库尔特正在过来的路上。"

有人又点了几大扎啤酒，正好赶上库尔特微笑着走进门来，获胜般地将双臂高举过头顶。在他身后的是玛吉、柯尔斯顿和比尔。

他们的桌子上爆发出一阵欢呼声，码头酒吧的其他人也加入了进来。他们坐在桌边，一起喝了几杯酒，事情终于真相大白了。

"就像电影《巴西》里的情节。"库尔特自豪地笑着说，"我差点被各种规章制度害死了。莎拉拉上人力资源的人，对我违反的所有规定展开了调查：没有提交考勤卡，没有遵守费用报告政策，未能遵守资本支出准则，没有遵守预算流程，人员编码不准确。"

玛克辛看见比尔盯着库尔特，想知道他是否立刻会给库尔特嘴巴贴上胶带。

"……还有一件事，"库尔特接着说，"我被指控与另一名经理有过不正当关系。但我们从来没有为对方工作过，她的职位比我高，而且我们当时立刻向人力资源部汇报了。我们的婚姻已经幸福地持续了 5 年，所以我很确定这不是什么问题。"

"哦，库尔特。"玛克辛放心地说，因为这不是什么严重的事情，"莎拉能就这样算了吗？"

"现在的决定是，我被停薪 60 天，等待进一步调查。史蒂夫也让玛吉成功复职了。不过莎拉的势力仍然很大。显然，一切都取决于第三视野项目的成败。史蒂夫把一切都押在这上面了。我们都知道，如果这些创新项目没有成功，莎拉将成为无极限零部件公司的新任 CEO，而且很可能是最后一任。"

玛克辛快速向玛吉、库尔特和比尔讲述了今天发生的事情，以及他们如何组建了 3 支团队，来支持这 3 个创新项目。

玛克辛看到玛吉露出灿烂的笑容："这真是太棒了，玛克辛！干得好。我们明天接着讨论吧。但是现在，我想请每个人喝一杯！今天可真是糟透了！"

"还好我们依然都有工作。"比尔说，然后立刻想到什么，他微笑着向库尔特比了个手势，"好吧，是我们大多数人……60天后见，库尔特。"

他转向玛克辛说："今天在第三视野的工作做得很棒。下个月是关键，千万不能搞砸了。"他笑着补充道，"有什么可以帮上忙的尽管告诉我。这是公司当前最重要的事情。"

尽管星期四晚上大家喝到很晚，但星期五的工作早早就开始了，这是大多数人两周假期前的最后一个工作日。但每个人都清楚，创新试点项目的命运还很难预测。无须多说，大家都想尽快完成尽可能多的工作，以便在1月的全员大会上展示一些成果，任何成果都好。这是一个鼓舞人心的目标。

但假日销售旺季也到了，独角兽项目的工作仍在无休止地进行着。在基础设施方面，由于布伦特引入的混沌工程，人们比以往任何时候都更有信心了。在过去的几周里，他们增加了生产负载测试，甚至在生产环境中注入故障，以确保充分暴露独角兽活动即将带来的惊人订单冲击可能造成的故障模式。

事实证明，布伦特在设计这些测试时考虑了各种非常规手段，包括在一次演习中拔掉一堆网络电缆。令人难以置信的是，一切在磕磕绊绊中还能继续工作，而不是像3个月前凤凰项目发布时那样轰然崩溃。

在接下来的几天里，反抗军一直全力以赴地支持假日促销活动的开展。令玛克辛欣慰的是，假日发布比感恩节发布更顺利，而且初步的业务结果看起来很不错。

玛吉是对的，大促销本身就是一场学习。很明显，整个独角兽团队已经学到了很多，无极限零部件公司也从中受益良多。

假期销售一达到峰值，整个反抗军就将注意力转移到了支持3个创新团队上。这些团队对此充满感激。在此之前，虽然没有发生任何大的事故，团队还是举行了不指责的事后分析会议。

就这一点而言，虽然到目前为止没有发生什么可怕的事情，但正如库尔特提醒他们的，这个会议的目的是学习。

这是美妙而令人兴奋的学习体验，玛克辛了解到有几次险些发生事故，差点导致严重的后果。人们充满热情地自发参与到了使系统更加安全的工程之中。玛克辛猛然发觉，有很多其他团队的人也来观摩了这次会议。

他们总是邀请其他团队的人来参加不指责的事后分析会议，但她从未想到会有这么多工程师出现。事实上，会议室没法容纳这么多人，所以很多人通过线上论坛加入。这些论坛现在因能以最快的方式了解公司最具创新性和最令人兴奋的事情而闻名。

“她在哪儿？”销售总监黛布拉问道。她一边在会议室里踱步，一边看着自己的手表。

“别担心，她会来的。”玛克辛说。

“别担心？你在开玩笑吧？我什么都担心！”黛布拉说，“我们正在让各个环节的成本上升。如果我是门店经理，我会被所有这些提案的手动流程逼疯的。比尔甚至建议我们在服务站存储零部件来建立安全缓冲，甚至不用服务站提前付钱给我们！他还要求我们比原计划提前两周进行第一次试销！”

“我觉得这可行。”玛克辛笑着说，“杀死试点项目最快的方法就是让这些服务站失望。如果比尔愿意为增加的库存买单，那就让他去做吧。这很难得，因为他这个人通常爱横加限制，而不是痛快放行。”

黛布拉停下脚步：“对了。以客户为中心。第五理念。”

“没错。”玛克辛说，“我们正好可以检验史蒂夫到底是不是真的相信客户满意度和员工敬业度能带来巨大的现金流。”

黛布拉终于笑了：“你知道，门店经理们的热情和投入令人难以置信。我们非常依赖他们。他们打算让更多的店内员工来帮忙处理货物配送。在紧要关头，如果没有人可用，他们还将亲自运送这些零部件……

“我认为这是因为数据很有说服力。”她继续说，“再次感谢你们的帮助，把数据整合了起来。如果说我从对销售人员的管理中学到了什么的话，那就是，事实永远比想法有价值得多。”

玛克辛笑了：“过奖了。是你的团队把所有的分析汇总起来的。我们只是确保他们需要的所有数据能够随时被访问。”

“我没有低估你们的贡献。”黛布拉说，“我们下了很大的赌注，需要获取每个试点服务站的采购历史记录，将其与零部件库存及交货期、配送中心到门店的距离以及交叉运输成本一起进行汇总分析，更不用说建立配送能力相关的所有不确定性……还有很多我们不知道的东西！”

玛克辛点点头。尽管（也许正因为）赌注很大，玛克辛玩得很开心，非常符合第二理念“专注、流动和快乐”的精神。她与团队一起进行分析，与整个公司的各个部门合作，研究配送方面的诸多挑战……她认为这比任何 MBA 项目都好，因为完全是在实战中进行的。

虽然黛布拉对手动流程感到烦恼，但玛克辛知道，这一切都是为了创建一个最小可行性产品以验证他们提供的服务，并确认实现这些服务需要什么样的能力。在他们投入巨资推出一个巨大的、颠覆性的流程之前，这种快速的迭代和学习是对第三理念“改进日常工作”的一种很好的诠释。

同样，团队拥有所需的所有专业知识和数据正是第一理念“局部性和简单性”的完美体现，并且人们对“疯狂”创意的追捧显然表明了第四理念“心理安全”已然存在。

“你在笑什么？”黛布拉看着她问。

玛克辛只是摇了摇头，然后向快步走进会议室的运营总监及其团队打招呼。

第 19 章

1 月 13 日，星期二

发件人： 史蒂夫 · 马斯特斯（无极限零部件公司 CEO）

收件人： 所有员工

日　期： 1 月 13 日，上午 8:45

主　题： 莎拉 · 莫尔顿从公司离职

即日起，莎拉 · 莫尔顿将开始休假，以便有更多的时间陪伴家人。玛吉 · 李将接管与零售相关的所有业务，帕梅拉 · 桑德斯将接管产品营销、分析师关系和公共关系。如有其他问题，请与我联系。我们感谢莎拉在过去 4 年中为公司所做的贡献。

下一次全员大会见！

史蒂夫

发件人： 艾伦 · 佩雷斯（韦恩–优科豪马权益合伙人）

收件人： 史蒂夫 · 马斯特斯（CEO）

日　期：1月13日，下午3:15

主　题：祝贺上个季度的非凡业绩

史蒂夫——密件

向你们上个季度的非凡业绩表示祝贺！虽然有人说，两个数据点还不足以说明一种趋势，但这仍然令人兴奋。你们“黑色星期五”和圣诞节假期的销售业绩及其对利润的贡献创下纪录、引人瞩目，肯定会改变公司的财务状况。我可以看到一个关于增长的故事正在逐步成形。

很高兴我们在整个转型过程中支持了你们的行动。祝你好运，我期待着上个季度的最终数据。

谨致问候！

艾伦

P.S.：很遗憾莎拉从来没有完全认同过你的愿景。她本可以成为我们宝贵的财富。

在1月的全体员工大会上，玛克辛坐在第二排。莎拉离职的消息使她不禁笑了起来。更棒的是，克里斯发出了一份备忘录，称库尔特已经复职，而且经调查没有任何不当行为。库尔特现在就坐在她的旁边，但她怎么也想不到的是，他们两个在今天的议程中都占有一席之地。

上午10点整，史蒂夫打开麦克风，向所有与会者讲话：“大家早上好，新年快乐！我们度过了一个美妙的销售假期，刚刚结束的财报电话会议称，今年是有史以来公司业绩最好的一年！”礼堂里的每个人都鼓掌欢呼。玛克辛早已经在报纸上看到了关于公司惊人季度业绩的精彩报道。史蒂夫接着像往常一样重申了公司的使命，然后详细介绍了公司在12月令人难以置信的表现。在热烈的掌声中，他请玛吉上台：“感谢你在紧急库存审计工作中的出色表现，并恭喜你就任零售业务高级副总裁的新职位！”

在以往的全员大会上，一直都是莎拉在谈论公司的战略。现在玛吉取代了她的位置，并在整个公司面前得到认可，这让玛克辛非常高兴和自豪。

“谢谢你，史蒂夫。”她说，穿着名牌西装的她显得神采奕奕，“我长话短说。去年 12 月，我们在各个方面都创了纪录：营收、平均订单金额、促销商品的转化率和利润率，甚至包括客户满意度。

“由于凤凰项目打下了令人赞叹的坚实基础，独角兽团队能够在此之上迅速创建出促销功能，将客户吸引到我们的移动应用程序、电商网站和实体店来。当然，这不只跟营销相关。这是一次了不起的合作，包括店内员工和技术团队。”她说，“在此，我想特别感谢库尔特・雷茨尼克、玛克辛・钱伯斯以及整个独角兽项目团队的出色工作。”

玛吉在讲台上向玛克辛和库尔特示意让他们起立。两个人微笑起身，向会场里的人群挥手。

玛吉接着展示了一系列图表：“……简而言之，由于种种出色的表现，史蒂夫和迪克宣布这是我们近两年半以来的首个盈利季度。”

玛克辛听到人们热烈欢呼，意识到这对公司的未来有多么重要。玛吉笑着说：“放心吧，这只是个开始。史蒂夫不会让我们满足于既得荣誉。事实上，他提高了我们的目标，我们正在全力以赴，试图找到实现目标的方法。非常感谢各位！”

史蒂夫从玛吉手中接过麦克风，再次感谢她的出色工作。“现在我想正式宣布我们在 12 月举办的创新竞赛中的获胜者。我们挑选了 30 个团队，将他们的创意提交给一组我们从全公司挑选出来的评委团”他说，“杰出的创意非常多，我也很高兴看到委员会的最终决定。”

让玛克辛开心的是，她看到了布伦特、香农、道恩和韦斯走上讲台，接受史蒂夫的褒奖。一起上台的还有服务站评级团队和 4 小时零部件配送团队。

史蒂夫指着台上的人说：“令人难以置信的是，每个团队都已经开始与玛克辛及其麾下的团队合作，一起探索、建立原型并验证想法。我们每个季度会向各位汇报工作进展。”

接下来，每个团队花了 5 分钟时间说明他们正在进行的工作，并演示已经创建完成的部分、下一步的计划、未来 3 个月的目标，以及他们需要的帮助。

玛克辛对他们的工作成果深感佩服。

史蒂夫向 3 支队伍表示感谢，并请每个团队分享一些收获，无论其来自犯过的错误还是实验。“分享我们的成功和失败很重要。”他解释道。

“我们的未来取决于创新。”史蒂夫接着说，“创新不是来自流程，而是来自人。”他阐述了什么是三个视野，以及正在进行的从非核心转移到核心的策略。

“作为一家公司，我们不愿意任何人掉队。无极限零部件公司的创始人在 20 世纪 20 年代就将培育美国最熟练的劳动者作为自己的使命。我们现在要再次以同样的理念为每一个人投资。

“为了达到这个目的，我把全员大会的频率从每 2 个月一次提高到每个月一次。我们为此创建了聊天室，欢迎所有人在里面提交问题，你只发表情符号也可以，”他一边说，一边把聊天室里的各种问题和大家发的表情符号投射到身后的大屏幕上。

玛克辛对此感觉既兴奋又新奇。

会议结束之前，史蒂夫说：“噢，还有一个消息。我要祝贺比尔·帕尔默，他被晋升为 CIO，我终于不用再兼任这个职位了。同时我很高兴得到董事会的批准，任命他为临时 COO，前提是他能通过我们为他制定的一个未来 2 年的特别计划。”

玛克辛惊喜地看着比尔。她完全不知道会发生这样的事。难怪比尔和史蒂夫的关系紧密。她捶了一下他的肩膀，说：“比尔，恭喜你！”

正如承诺的那样，史蒂夫在 2 月再次举行了全员大会。他在台上说：“在我们每 2 个月一次的例行全员大会之间，我都会举行一次这种耗时仅 1 个小时的会议，主要用于发布小的公告，然后解答大家的问题。”他再次谈到了公司的愿景，以及通过合理管理非核心业务来聚焦于核心能力。

他说：“在问答环节之前，我有一件事要宣布。我上次说过，我们必须成为一个学习型组织，否则就会被其他成长更快的公司所取代。为了帮助推进这一进程，我们创建了一个名为‘星期四教学日’的活动，这多亏了玛克辛·钱伯斯。”

一听到这个，玛克辛的心怦怦跳了起来。这是她游说过的事情，现在成真了。教学日不仅仅针对技术部门，还会开放给公司里的每个人。

“每个星期我们都会为公司里的每个人保留学习的时间。在两小时的时间里，每个人都要教或学一些东西，什么主题都可以：在另一个职能部门或业务部门进行交叉培训，加入我们著名的店内培训计划，在我们的门店或制造工厂待上一段时间，坐下来和客户或我们的服务台同事聊聊，了解精益原则或实践，学习一项新技术或新工具，甚至是如何更好地管理你的职业生涯。你能做的最有价值的事情就是指导你的同伴或向他们学习。你也可以期待在那里见到我。学习对每个人都有好处，也将是我们创造竞争优势的源泉。”

在那一刻，玛克辛感到一种难以置信的职业自豪感。史蒂夫通过宣布他将亲身参与，实实在在地做出表率来减少学习新东西时的尴尬。领导者必须以身作则，示范他们期望的行为模式。

“干得好，玛克辛。”坐在她旁边的比尔说，“这真是太棒了。”

玛克辛微笑不止。当史蒂夫进入问答环节的时候，主题为#史蒂夫全员大会的聊天室内容被投影在他身后。聊天室以投票的方式询问人们对公司的感受，选项是各种表情符号。大多数人的选择是“爱心”或“微笑”。约有 5%的人投了“便便”表情，史蒂夫鼓励这些人给他发电子邮件，详述他们的任何抱怨或建议。

大会结束后一周的星期四，玛克辛和另外 40 多个人在午餐室靠前就座。今天是“星期四教学日”，香农和一名数据科学家站在前面，讲解如何使用来自美洲豹数据平台的真实公司数据创建机器学习模型。包括玛克辛在内的每个人都带了笔记本计算机，跟着讲解完成课堂练习。

史蒂夫坐在她旁边，笔记本计算机也开着。看到玛克辛好奇地盯着他计算机旁边的机器学习课本，他说：“怎么了？我在物流行业干过几十年。本来我想去研究生院学数学，但是当时没有钱。我曾经很喜欢线性代数和统计学。我的 Excel 技能是我所认识的人中最好的。但我也有很多东西要学习。”

玛克辛很受鼓舞。环顾房间，她看到了许多原来 MRP 团队的队友，以及一些职位将被取消的项目经理、QA 和运维工程师。只有几个人似乎是被迫来的，大多数人都显得兴致勃勃，包括服务台的德里克。**“他真棒。”**她想。

重新学习几乎和确定强制裁员名单一样痛苦，但看到这里的所有人都在急切地学习一些最热门和最急需的技能，玛克辛笑了。这毫无疑问是正确的事，不仅对公司是如此，对这些工程师们也是如此。

玛克辛敏锐地察觉到学习新事物有时会遇到心理障碍。这就是为什么她也在这里，表明即使是她也需要学习新东西。

许多年前，当她在麻省理工学院参加一个研讨会时，她的导师说，成年学习者经常掩盖他们正在试图学习一项新技能的事实，无论是学习一门新语言还是学游泳，甚至是上高尔夫球课。这通常是因为他们尴尬或害怕被人看到自己做不擅长的事情。

事实上，几十年前她就想学游泳。她甚至游不到泳池另一端就得在中间停下来。她尴尬不已，总觉得泳池里的其他大人和小孩都在嘲笑她。让她格外感到难为情的是坐在椅子上、看着每个人的救生员。

她记得自己甚至假装一瘸一拐，这样救生员就会觉得她游得不好事出有因。最后，她报名和自己的孩子们同时上游泳课。经过多年的练习，现在她很自豪自己可以游上整整 1 个小时。

她不希望任何一位工程师感到尴尬，就像她在泳池里那样。每个人都是学习者。这就是为什么玛克辛对“星期四教学日”有这么多人参加深感满足。

2 个星期后，玛克辛站在 5 号楼装货区外的停车场上，周围是一大堆 Kumquat 服务器。停车场周围仍有积雪，天气依然寒冷，但这并不能阻止近 50 个人聚集在这里。

玛克辛知道为什么有这么多人在这里。除了帮助 4 小时配送服务试点项目，玛克辛还不知疲倦地帮助布伦特和道恩将所有应用从 Kumquat 服务器上迁移出来。现在这项工作已经结束，这些人都想来向这些老 Kumquat 服务器做最后的告别。

令她吃惊的是，史蒂夫、迪克和比尔也在。史蒂夫说：“我衷心祝贺韦斯和他的团队成功地淘汰了这些陈旧的服务器。我们的工作是为客户服务，坦率地说，客户们并不关心这些东西。通过你们的所有努力，我们可以把支撑这些服务器运行的精力转移到核心服务上，从而更好地为我们的客户服务。我会让韦斯在下一次全员大会上分享这个故事，和所有人一起庆祝取得的成绩。

“好了，我就说到这儿，下面交给韦斯。”他说完，周围所有人都鼓起掌来。

韦斯走上前，面对人群讲话：“谢谢各位的到来。这是我们将举行的众多仪式中的第一场，我们将告别这些曾经长期‘住’在数据中心、每天折磨我们的家伙。大约 20 年前，我是在 Kumquat 服务器的陪伴下长大的。我在这些家伙身上学到了几乎所有知识。那时候，它们是技术上的奇迹，处于绝对的前沿。但如今，它们成了我们生存的绊脚石。它们运行所在的中间件使得任何人都很难完成新工作。它们很容易崩溃。更糟的是，由于要执行文件系统磁盘检查，重启整个集群几乎需要半天的时间。

“在过去的几个月里，我们一直在努力地从这些机器上将所有应用程序迁移到通用服务器上，或者完全迁移到云上。”韦斯说，“现在已经完成了，我们可以把它们从我们的数据中心以及我们的生活中清理掉了。”

韦斯从身后拿出一把巨大的锤子：“作为一个因为这些老家伙多次深夜停机而不得不进行紧急处理的人，我给自己挥第一锤的特权。接下来任何人都可以讲上几句，再把它们敲个稀巴烂。”

说完，韦斯举起锤子："再见，你们这一堆 90 年代的垃圾！"然后把锤子砸向服务器。伴随着玛克辛的欢呼，脆弱的部件发出刺耳的断裂声。韦斯又砸了几锤，高兴得大叫起来。他哈哈大笑，大声嚷道："哇！这感觉真好！"

他把锤子递给布伦特。布伦特接过来，嚷道："这下是因为 5 年前你们几乎每晚都把我叫醒！"然后他抡起锤子砸下去，断裂声愈发响亮了。他接着吼道："这下是因为你们毁了我们全家在迪士尼乐园的假期！"然后又砸了下去。

当布伦特继续对现在已经没了脾气的服务器出气时，玛克辛和其他人一起，一边用手机记录下这场复仇，一边疯狂地笑着。布伦特终于把锤子传给了下一个人。玛克辛排队加入告别行动，韦斯微笑着对她说："你知道，这感觉真是太棒了。我们已经从数据中心回收了近 4 吨的设备。现在只剩下 15 吨了！"

几个星期后，玛克辛和其他反抗军成员在码头酒吧聚会。大家轮流分享了工作成果，玛克辛很高兴每个人都像她一样享受工作。

"这些发动机传感器真是太棒了！它们是中国制造的，但设计它们的公司就在离这里不远的地方。我猜这是一家很小的企业。"香农说，"我们已经做了一系列实验，修改了设备的软件部分。它们是 ARM 处理器架构，运行在 Linux 上。我已经设法更改了配置并重刷了设备，所以现在传感器数据会被直接发送到我们的后端服务器，而不是给那家公司。"

她笑着说："我很确定我们所做的并不合法，因为这违反了他们的服务条款，但这很有趣。我们将派一个团队去和他们讨论如何进行联合经营，或者直接合作生产他们的产品。

"他们的数据摄取和网页很差，每天至少都会崩溃一次。"香农继续说道，"我们想在云上建立一个巨大的数据摄取机制，然后将其全部注入美洲豹数据平台。我们将创建一种可以轻松处理数百万台设备的系统。"她越说越兴奋，"我想让制造这些设备的家伙看看我们的产品，并让他们明白，他们能做的最明智的事情就是与我们合作。否则这会是他们犯的最后一个错误。"

看到香农那坚定的笑容，玛克辛意识到香农是多么争强好胜，当然是最好的那种。

"顺便问一下，你愿意加入我们的团队吗？"香农问道，"我们真的需要你在应用和数据方面的帮助。与布伦特和道恩一起做这个真是太棒了。这是一个非常有趣的项目！"

玛克辛眨了眨眼。她很荣幸收到这个邀请，也很动心：“这样的话，有谁可以补位帮助4小时配送服务团队呢？”

香农环顾四周，指着所有的新面孔。“我敢打赌，来自MRP和中型机的任何一个人都会欣然接受这个机会。”她笑着说。

玛克辛微笑着点点头。她肯定他们会的。

在3月的全员大会上，史蒂夫看起来比以往任何时候都要乐观。当然，他首先谈到了公司的使命，然后描述了公司能够帮助客户的汽车在路上行驶的所有新奇的方式，以及这让他多么兴奋。

他请玛吉登台，分享创新委员会第二次会议的最新进展。这次会议的任务是在90天的实验和执行之后，审查3个选定试点项目的进展情况。

服务站评分服务曾经看起来很有前途。店内经理喜欢拿到这些数据，但销售客户经理与得分较低的服务站主之间的矛盾使得问题比预想得复杂。业务领导需要更多时间来制定更完善的关系管理策略。目前这一创意将被暂停，创新委员会决定启动下一个评级最高的提案：为拼车司机提供服务。

“相比之下，”玛吉说，“4小时配送团队超出了我们的预期。”

玛克辛看到黛布拉和玛吉一起站在台上，描述他们服务站的销售人员多么喜欢这个创意。在试点市场，有意愿签约的客户已经超出了他们的处理能力。4小时配送团队将为客户提供几种重要零部件，而这些零部件的交付速度至关重要。

黛布拉说：“我们了解到，许多服务站都有多个站点，他们经常需要让机械师把急需的零部件从一个站点调配到另一个站点。这意味着他们的时间没有花在修理汽车上。对他们来说，使用我们服务的好处是显而易见的。

“很高兴他们开始与我们分享最常需要跨站点调配的零部件，我们正在研究其中哪些可以由我们来配送，有些最快30分钟就可以送达。”

黛布拉在热烈的掌声中离开讲台，玛吉接着邀请香农和韦斯登台，介绍发动机传感器项目的最新进展。他们展示了正在开发的移动应用程序和网站的原型，并谈到他们是如何与两家传感器公司谈判的：让他们互相竞争，以获得与无极限零部件公司的独家协议。

“我们中的一些人在自己的车里安装了传感器原型，现在简直没法想象没有它们的生活。”香农说，“举个例子，我们能在地图上显示日常驾驶模式，并突出标示汽车经常超速的地点。还有显示保修计划以及警报的仪表盘，可以提示紧急的机械问题，如油温过热或轮胎压力过低。想想我们能为客户提供多少特别棒的功能特性和应用吧！

“我们希望在 5 月的全员大会之前开始销售传感器。一旦找到合作伙伴，确认所有零部件都组装完成，我们就会开始接受订单。我们会先以小批量进行，看看是否有真正的客户需求。我们也需要确保安全措施到位。我们不想收集会给公司带来麻烦的数据，而且需要保护客户的隐私。”

玛克辛和其他人一起鼓掌。她很高兴自己现在是发动机传感器团队的一员，就像她原来的许多 MRP 队友一样。

正如承诺的那样，史蒂夫带着韦斯和他的团队上台，庆祝所有 Kumquat 服务器都被淘汰干净了，并感谢团队这一努力让公司可以更加专注于客户价值的创造。

“史蒂夫真的很会鼓舞人心。”玛克辛想。她也从未想到韦斯和他的团队会因摧毁自己帮助建立起来的帝国而如此自豪。

在 5 月的全员大会上，玛吉谈到发动机传感器产品的最新情况，然后香农分享了更多的好消息。“我们向发动机传感器公司的高管展示了我们产品，以及我们的渠道和他们的目标市场重合度有多高，他们看到后非常兴奋能与我们合作。”她笑着说，“也可能是他们害怕如果不合作的话，我们会做些什么。不管怎样，他们都同意按照我们的要求规格制造改进后的传感器。

“我们现在每周接受数千个发动机传感器的订单，正在调动一切力量来满足需求。”她继续说道，“很高兴我们对独角鲸数据库和美洲豹数据平台的投入获得了回报。我们的首批传感器全都将数据发送到了我们的平台，并由我们的数据科学家和产品团队进行分析。”

玛吉感谢了香农，然后说：“出人意料的是，我们为门店带来了全新的客户群体。我们发现，许多客户是车队经理和共享汽车司机，他们的生计有赖于汽车持续良好地运行。我们可以在很多方面帮助这群客户！

“另一个意外发现是，许多客户在高档车里安装了我们的传感器，有很多是电动汽车。这些客户精通技术，很喜欢我们提供的关于车辆的信息。他们尤其喜欢历史数据和地图标注功能。这个客户群体是我们一直以来非常渴求的，可能为公司带来很多机会，包括各种附加订阅服务。”她继续说道。

“事实上，我们正在做一个实验：检测到汽车的胎压很低时，就会联系客户。”她说，“我们发现，很多特斯拉车主会在胎压很低的情况下再开几周车。我们测试了一项服务，开车上门去给客户的轮胎充气、更换机油。我们都对由此带来的高转化率感到惊讶。

“这是一个对价格不太敏感的群体。”她笑着说，“我们确定可以收取更高的费用。我认为我们还可以帮助他们解决很多问题，并维持同样的高利润率。”

玛吉接着展示了一个新的创意，使用机器学习来分析店内的监控视频，以检查流量模式。她们发现，陈列在货架两端的商品可以非常有效地吸引客户注意力，客户在此停留的时间远高于其他区域，这意味着他们可以销售更多的产品，收取更高的价格，甚至组合售卖关联产品。他们通过分析还发现，在有些门店里，客户放弃结算的比例非常高，因为排队结账的队伍太长了。结果表明，为这些门店增加店内员工会带来丰厚的回报。

另外一个门店试点项目是，当手机上安装了其应用程序的客户进入门店时，门店经理会立即得到通知。经理们很喜欢这个功能，这让他们可以特别关照以确保这些客户总是满意而归。即便客户没有安装应用程序，当他们出示会员卡或刷卡时，门店经理也一样会收到到店通知。这些客户已经留意到这一点并表示了谢意。

接下来，黛布拉分享了令人兴奋的 4 小时配送项目的最新进展。演讲结束时，黛布拉说：“抱歉，我还有最后一个故事想分享给大家。在上次的会议上，我向大家求助，怎样为配送业务更快地找到快递员。有人注意到，我们签约的快递员有 9 成是我们的发动机传感器客户。因此在最新的试点区域，我们尝试向该地区的发动机传感器客户发送电子邮件，询问谁是专业司机。反响非常好，一周之内我们就有了充足的配送能力。这是一个不可思议的竞争优势。谢谢达林 · 德瓦拉杰提出的建议！”

史蒂夫对她表示感谢，并补充道：“记住，我们的业务是建立在客户信任的基础上的。我们已经向客户承诺，保护他们的隐私和数据。我要感谢香农 · 科尔曼创建了美洲豹平台，使我们能够将数据转化为竞争优势，并保护好我们客户的数据。”

玛克辛开心地笑了。她知道，如果没有香农最初的提议，这一切都不可能实现。有人说“数据是新的石油”，而这些只是他们赋予公司从数据中挖掘价值的众多能力中的一部分而已。

通过使数据“民主化”，任何需要的人都可以使用这些数据。团队可能是分散式的，但是他们可以通过数据民主化获得整个公司的大量专业知识。这种学习和分享明显且极大地增强了公司一些最具战略意义行动的效果。**“埃瑞克会感到自豪的。”**她想。

为了从发动机传感器项目令人兴奋、应接不暇的事务中喘口气，玛克辛决定出去散散步。毫无疑问，这个项目已经取得了巨大的成功，最近一周的销量已经超过 1 万台。有传闻称，他们的移动应用程序刚刚被提名为互动设计大奖。

玛克辛和她的团队乐在其中，但他们需要更多的帮助。他们开始游说玛吉再找 5 个工程师，以便加速实现开发路线图上所有了不起的创意。

一时兴起，玛克辛决定去数据中心转转。她环顾四周，惊讶地发现在过去的 5 个月里发生了多么大的变化。

以前，数据中心里排满了约半米高的机架，从一面墙到另一面墙、从地板到天花板，里面安装了各式各样的服务器。但现在，有一块 30 米长、15 米宽的地方空空荡荡，原来的机架已经被拖走了。

地板上是一块块胶带和纸片做的“墓碑”，表明过去运行在这些服务器上的业务系统。

“电子邮件服务器：每年节省 16.3 万美元。”

“服务台：每年节省 10.9 万美元。”

“人力资源系统：每年节省 18.8 万美元。”

……

这里有近 30 座“墓碑”。附近的墙上挂着一块牌子，写着：“机架葬礼：到目前为止，超过 10 吨的废弃设备被拆除和回收……愿它们安息。”上面的“10”被划掉，取而代之的是手写的“13”。

还有很多已移除设备的照片被贴在一张板子上。看到 Kumquat 服务器的残骸图片，玛克辛不由自主微笑起来。

玛克辛知道，今年晚些时候，老 MRP 系统有一大部分将被商用平台软件所取代，这样 MRP 就可以安全退役了。她正在帮助她的老上司格伦推进这件事情。格伦的新目标是建立“世界上最好的制造业供应链”。正如一个行业贸易组织报道的那样，他发誓称：“我们掉出了前 10 名，这让我很生气。给我 3 年时间，在你们和史蒂夫的支持下，我们会成为业界翘楚。”

他们将把20个不同的仓库管理系统合而为一，最终迁移到当前版本的ERP系统。几乎所有的定制部分都将被供应商提供的功能所取代，除非该功能创造了独特的竞争优势，例如某些关键的MRP模块——任何定制都将在ERP之外的单独应用程序中完成。

当格伦宣布这一雄心勃勃的目标时，显而易见的是，他们需要更多的顶级工程师人才，预算则不成问题——每个人都清楚，这一工作将在未来数十年中对无极限零部件公司产生极大的帮助。

还有其他的惊喜。他们使用一种叫作沃德利映射[①]的技术来更好地定位各种价值链的各个部分：哪些已经商品化了，应该外包；哪些应该采购；哪些可以创造持久的竞争优势，应该保留在内部开发。结合业务场景，他们使用这种方式来系统性地配置技术栈。

在此过程中，他们发现了MRP组之外的另一个技术瑰宝：事件总线。事件总线从制造工厂接收所有的设备传感器数据，已经完美地运行了很多年。

当玛克辛发现这一技术栈时，她简直不敢相信。这正是香农第一次提议创立美洲豹时就想要的，却不得不被排除在考虑之外。玛克辛自责为什么没早点想到它，她很清楚该用它做些什么。

这一技术栈现在成为了虎鲸项目的核心，将引发巨大的架构演进，最终波及整个公司几乎所有的后端服务和API。玛克辛知道这是公司最重要的技术举措之一，因为它解决了困扰她一年多的问题。当初独角兽项目进行第一次小型发布时，配送选项服务导致整个订单漏斗崩溃。而这只是当检查商品是否有存货时，要调用的23个深度嵌套的API之一。

即便过了一年，这个问题仍然没有解决。要将所有23个API都升级为1级服务实在太昂贵了。这一级别的服务协议要求正常运行时间达到99.999%，保证响应时间不超过10毫秒，还要做其他各种耗费大量金钱的事情。

一直困扰她的问题是：为什么需要23个API调用？为什么它们必须在几毫秒内响应？为什么它们的运行成本如此之高？毕竟，运输和配送选项不是每毫秒就改变一次，变化的频率是月度的。产品类别每季度只改变一次。商品描述以及图片更换则每隔几周才发生一次。

许多人认为缓存调用结果可以解决这个问题。但是对于玛克辛来说，函数式编程和不可变性展示了一个更优雅、更美妙的解决方案。如果他们可以将所有这些API信

① 沃德利映射（Wardley Map）从客户的需求入手，逐步绘出满足这些需求的各个功能和系统，以及这些功能和系统的演进，以呈现出组织内部存在的价值链。——译者注

息请求表示为值，并在每次输入改变时重新计算，就可以将 API 调用的数量从 23 个减少到……1 个。

当玛克辛对人们解释事件溯源模式时，人们通常会不由自主地发出“啊哈”的声音。当解释为什么不需要调用 23 个 API 来得到客户想要的订单时，她让他们想象如下过程：“就像树上的每片树叶都发送某种数据，最终汇聚到树干上。一个服务只需要知道产品信息，另一个服务只需要知道邮政编码或仓库。还有一个服务将这些组合起来，以描述每个仓库中的库存产品。还有一种服务将这些信息与配送选项结合起来，告诉客户多久可以将产品送达。所有这些信息最终都被存储在一个专门的键/值库中。

“不再是 23 个 API 调用都必须可用且快速响应。相反，只需要一个 API 调用来获取产品 ID 和邮政编码，并返回发货选项和交付时间，不需要计算任何东西。”她强调，“这样做每年可以节省数百万美元！”

“这只是个开始，是它所能创造价值的一小部分。”玛克辛笑着想。对他们几十年来所经历的混乱局面而言，这将是巨大的简化。对于客户订单、库存、客户忠诚度计划、服务站调度工作等所有一切，他们都将用事件溯源模型来重构。

这将使所有服务彼此分离，允许团队独立地进行变更，不再依赖单个数据中心团队来实现业务规则变更。如果一切顺利，玛克辛将确保一切顺利，虎鲸将替换掉数据总线和整个公司的所有点对点 API 调用。

它将使整个企业的数据和状态跟踪更简单、更安全、更有弹性、更容易理解、运行更便宜、交付更快……它将带来更好的业务结果、更满意的干系人和更快乐的工程师。

这不是在小范围内应用的函数式编程原则——它将应用于整个企业的组织和架构。他们的技术蓝图现在与科技巨头十分相似了，并将实现目前甚至难以想象的敏捷性。她想不出还有什么比这更能体现第一理念“局部性和简单性”了。她确信这将带来竞争优势，尽管还不知道是什么样的优势——但任何一家不这样做的公司都将继续缓慢但不可避免地衰落。这将是她整个职业生涯中最大的胜利和成就。

想到她所取得的一切成就和必然到来的更大胜利，玛克辛再次环顾数据中心，这里比她上次来的时候还要空得多。

她仍然很难相信，自从她被流放到凤凰项目以来，身上发生了那么多事情。一开始，她只想在她的笔记本计算机上完成凤凰项目系统的构建。面对这样一个小小的任务，尽管她拥有丰富经验和技能，也遇到了当时看来不可逾越的困难和障碍。

要不是库尔特邀请她加入反抗军，她几乎就要放弃了。库尔特请求她帮忙把开发人员解放出来，以便其完成需要完成的工作。他们似乎是一帮不合群的人，要推翻古老而强大的秩序……尽管困难重重，但他们做到了。

他们最初是一群被困在引擎室里的红衫军。后来，一些勇敢且志趣相投的下级军官加入了他们的行列，提供帮助。伴随着最奇怪的形势变化，他们最终发现自己在与舰桥长官们并肩作战，在集体求生的战斗中一起扭转了局面。他们甚至被卷入了与星际舰队司令部的政治斗争中，其中一些人想拆毁飞船，并将零部件出售……

玛克辛笑了。她思考自己学到了多少，有多少次想要放弃，五大理念如何指导她选择进行哪些战斗，以及为什么这些战斗是值得的。如果没有一个个团队在她身边，支持她追求卓越，她怎么可能做到这一切。

她盯着运行 MRP 系统的服务器，这些系统陪伴了她 6 年的时光。她想象着今年的晚些时候，她将站在停车场庆祝 MRP 迁移成功。她会告诉每个人，她为 MRP 系统如此出色地完成任务感到多么自豪，现在它们可以光荣退休了。

史蒂夫会讲几句话，然后韦斯会把锤子递给她。

想到这一切，她面带微笑，快步向办公室走去。

后记

一年后

玛克辛走出全员大会的会场。史蒂夫和玛吉刚刚谈论了公司令人难以置信的成就。公司正在快速成长，并成为业内最具创新性的公司之一。

史蒂夫重新就任董事长，他感谢了鲍勃·施特劳斯对公司做出的贡献。

现在技术团队的规模几乎是她最初被流放到凤凰项目时的 2 倍。玛克辛非常自豪的是，公司的工程师们在参加几乎每个技术大会时都会展示他们取得的成就，当然也会让人们都知道公司在招揽人才。

每个业务部门都迫切需要更多的工程师。玛克辛三分之一的时间都花在寻找或面试人才上。他们雇用了驱车可达范围内的每一个优秀工程师，所以现在开始寻找遥远地方的人才，并且在几乎所有大学校园举行了招聘会。

他们甚至发现，吸引优秀人才有一个意想不到的方式：通过公司令人惊叹的全新开源项目，这些项目都是玛克辛和各个团队创建的。就像科技巨头一样，他们也决定开源各种不会带来竞争差异的技术，其中许多正在成为行业标准。对于未来的工程师而言，有机会与创造了这些项目的杰出专家一起工作是难以抗拒的。

由于玛克辛坚持不懈的游说，TEP 和 LARB 都解散了。她的办公桌上骄傲地挂着一张证书，上面写着："终身成就奖，颁给玛克辛·钱伯斯，感谢她废除 TEP-LARB。"反抗军的每个元老都在上面签了名。

发动机传感器项目是一个巨大的成功，是公司目前为止增长最快的业务。目前，公司已售出近 20 万台发动机传感器，创造了 2500 万美元的收入。

发动机传感器是上个假日购物季的惊喜。尽管他们做了一切准备，市场需求还是远超公司存货。不仅门店货架上的发动机传感器销售一空，连电子商务网站上也脱销了。尽管今年早些时候公司已经为假期销售下了大量的生产订单，但有些客户的订单还是排到了 3 个月后。

但真正让一切变得不同的，是他们的移动应用程序。人们之所以购买发动机传感器，正是因为他们非常喜欢这款应用。一个全新的消费人群正在涌入门店。许多门店经理告诉她，这是他们第一次看到这么多 20 来岁的年轻人来无极限零部件公司门店购物。

玛吉相信，一个巨大的市场目标群体将是汽车租赁车队经理，以及为庞大的汽车拍卖市场翻新汽车的机构。他们甚至还在探索，将热情的个人汽修师与迫切需要处理安全召回积压工作的汽车制造商联系起来，也就是成为“汽修师领域的优步”。

广受欢迎的无极限零部件公司手机应用赢得了国内最负盛名的一些机构颁发的一系列行业交互设计大奖，这令整个团队深感自豪。基于智能的交易算法，现在每件产品的单位利润率都非常高。玛克辛还是一个秘密团队的一员，他们正在积极参与收购传感器制造商的谈判，以便进一步提升利润率。她确信，真正赚钱的是向拥有这些传感器的人出售订阅服务。大家都认为，这在两三年内就会成为一个 1 亿美元级别的业务。

比尔已被指派主持收购谈判。如果交易成功，这家传感器公司的创始人们将实现财富自由，条件是他们要在无极限零部件公司工作 3 年。

玛克辛很期待与他们合作。他们的加入有助于塑造一个更欣欣向荣的未来。他们也应该对这样的安排感到非常高兴，因为如果不是香农、布伦特、道恩和玛克辛为他们的产品构建了卓越的软件功能，他们现在还在车库里工作。

他们中的一个人告诉玛克辛：“你们让我们的所有梦想成真了。这就是我们创造这款发动机传感器的原因，但我们并没有软件技能使它如此成功。”这让她很开心。

尽管此次收购将花费公司数千万美元，但史蒂夫坚信这笔钱花得值，因为它将进一步强化无极限零部件公司正在引领的整个行业方向。迪克报告说，连持怀疑态度的华尔街分析师也认为，这对公司来说将是一个伟大的举措。

相比之下，玛克辛心里更记挂 4 小时配送团队。正如黛布拉预测的那样，无极限零部件公司相对于竞争对手有着巨大的优势：更多的资源、对市场的了解、与服务站的现有商业关系，并且愿意投入任何必要的资金来赢得竞争。相比之下，初创公司对手的资金正在枯竭。

黛布拉和她的团队将收入提高到 1000 万美元，而且没有任何放缓的迹象。整个直销团队都被分配了这个新服务的销售配额，它也迅速成为了他们最喜欢的销售对象。顾客非常喜欢这项服务，在无极限零部件公司订购的零部件数量一路飙升。

玛克辛向玛吉推荐将这个服务转到第二视野。她正与比尔和公司高管们一起研究该由哪个团队接手，而服务站直销部门是最合理的选择。她认为这就是它的归属：不仅在业务性质上最接近，而且很愿意提供资金支持。技术需要嵌入到业务中，而不是与业务无关，或者仅仅是“与业务保持一致”。

几周前，玛克辛得知失利的初创公司对手找到了史蒂夫，询问他是否有兴趣收购他们。史蒂夫委派比尔进行尽职调查。一周后，比尔否定了这一收购提议。简单地说，无极限零部件公司在知识产权、专有技术和软件功能上都赶上或超越了竞争对手。

比尔笑着对她说：“有传言说，现在一些银行家正在考虑收购他们。我敢肯定，他们会去找我们所有的竞争对手，看看他们是否会上钩，并试图以此为筹码让我们重新考虑收购建议。但鉴于我们已经赢得了市场，我不觉得这会对我们构成什么威胁。”

这正是莎拉在一年半前想对无极限零部件公司做的。在那段黑暗的日子里，莎拉试图拆分并卖掉公司，而玛克辛和团队则在努力寻求 1500 万美元资金来支持创新。

他们再一次齐聚在码头酒吧。酒吧后院刚刚开辟出了一个新的露台。反抗军已经占领了这个区域，以便更好地享受 6 月的夏夜。这里有近 40 个人，包括玛吉、柯尔斯顿和各个业务部门的领导。玛克辛很开心，自己的丈夫也来了。

玛克辛很高兴和她的反抗军伙伴们在一起。尽管随着时间的推移，称这个组织为反抗军似乎有点不合时宜了。反抗军已经取得了胜利。

今天早些时候，比尔把她拉到一旁，告诉她升职了。她将成为公司历史上第一位“杰出工程师”，直接向比尔汇报。她喜欢这个岗位的职责说明，其中之一是帮助整个公司建立一种卓越的工程师文化。她将定期与公司最高领导层会面，了解他们的目标，并就如何利用技术实现这些目标制定战略。这显然有助于公司在市场上取胜。

玛克辛很高兴个人贡献者和杰出技术人员终于有了属于自己的职业阶梯，而不必成为经理人。她的职责不是想出最好的点子，而是无论创意来自哪里，都要确保整个公司迅速、安全、可靠地将其实现。她提醒自己要在公司里找到最好的设计师。在参加了 2 天的交互设计会议后，她知道这一领域对公司的成功至关重要。

库尔特现在直接向克里斯汇报。有传言说，他很快就会被提升为工程总监，而克里斯可能会退休，他打算去佛罗里达州开一家酒吧。与此同时，克里斯取消了 QA 部门，把 QA 人员分配到了各个功能特性团队中。运维正在迅速转变为平台团队和内部顾问，目标是为开发人员提供所需的基础设施，并配备大量专家来帮助开发人员最大化生产效率。

帕蒂现在的新角色很有趣。为了帮助加速将更多的开发人员从非核心转移到核心，她自愿提出管理超过 150 个应用程序，将它们全部转为维护模式。这些应用程序由一小群有才华、有积极性的工程师提供支持，目标是以最低的成本管理或彻底消除它们。她还在德里克的支持下，帮助发动机传感器产品团队构建了客户支持功能！

令人颇感意外的是，本周早些时候，玛克辛终于和一直约她出来的莎拉吃了顿午餐。午餐进行得跟玛克辛想的不太一样。尽管一开始有些拘谨，但她还是吃得挺愉快，甚至跟莎拉学到了一些东西。玛克辛认为，她们甚至建立起了一定程度的相互尊重。也许吧。她们约定之后会再见面。

玛克辛终于停下了胡思乱想，站起来敲了敲酒杯。“感谢各位今晚的到来。我们有很多事情值得庆祝。作为反抗军，我们的使命就是推翻古老、强大、不公正的秩序！尽管困难重重，我想我们已经做到了！”玛克辛大声喊道。

每个人都欢呼雀跃，有几个人喊道：“恭喜你升职，玛克辛！”她以胜利的姿态举起双臂，然后坐了下来。

“你的确做得非常出色，玛克辛。”埃瑞克说，“你们这样大型、复杂的组织就像沉睡的巨人，正在觉醒。发动机传感器产品表明，你们找到了一个总值 3 亿美元的市场，并且在一年内就已经占领了其近 10%的份额。这是一个惊人的壮举。什么初创公司能在一年内赢得 3 亿美元市场的 10%？如果有初创公司做到了这一点，那将是一个奇迹。他们会登上所有杂志和报纸的封面。一只真正的独角兽。

“这无疑是新经济的本质。颠覆客户体验的力量不再只属于 FAANG：Facebook、Apple、亚马逊、奈飞和谷歌。”埃瑞克继续说道，“相反，任何想要颠覆市场的组织几乎都可以做到。还有谁比那些已经与客户建立了几十年关系的组织更适合为了客户的利益而进行创造性颠覆呢？

“像无极限零部件这样的公司在成长发展途中获得了客户关系、供应链，以及对客户需求的了解。与初创公司相比，现代企业拥有更多资源和专业知识。我们需要的是专注和紧迫感，以及管理价值创造过程的现代方法。

“如果不相信的话，看看华尔街对你们的估值是多少。”埃瑞克说，“现在是历史新高，比你加入反抗军时高出了 2.5 倍以上。无极限零部件公司目前的市值是年收入的 6 倍，几乎比以前高了 4 倍。在实体店零售商中，无极限零部件公司是市盈率最高的公司之一。你们现在成了业内的热门话题，还是一个在数字颠覆时代生存和发展的新兴成功故事。

“这仅仅是个开始。毫无疑问，我们刚刚迈入一个新的黄金时代。这个时代将带来数十年的经济增长，为社会方方面面创造繁荣。

“我们正处在软件和数据时代的黎明。史蒂夫和玛吉已经在思考哪些数据对公司的长期成功最重要，探索从客户那里购买数据的方法，甚至是收购潜在的战略数据源。史蒂夫已经明白了技术人员是公司里最重要的人。这就是为什么你成为了‘杰出工程师’。”埃瑞克说，“你知道吗？史蒂夫的床头有一个笔记本，里面列着公司里最重要的人。他用这种办法保证即使在迪士尼乐园的人潮里也能认出这些人。你知道你在里面吗，还有库尔特、布伦特和香农？10 年前，本子里只有工厂和门店的高级经理。现在，里面也有工程师了。

“伟大的时代即将来临，玛克辛。”他说。

“你说得太对了，埃瑞克。小不一定能胜大。”玛克辛说，“但是，快一定能胜慢。行动迅速的大块头几乎每次都会赢。独角兽项目向我们展示了这一点。”

发件人：艾伦·佩雷斯（运营合伙人、韦恩-优科豪马权益合伙人）
收件人：史蒂夫·马斯特斯（CEO）
抄　送：迪克·兰德里（CFO）
日　期：1 月 11 日，下午 4:51
主　题：一起喝一杯？

史蒂夫：

我要承认，当我一年多以前看到你向董事会所做的报告时，我认为你疯了。尽管我真的相信你所说的“员工敬业度、客户满意度和现金流”是唯一重要的事情。

坦率地说，我当时看不出无极限零部件公司是一家成长型公司，更不用说通过软件来实现了。但是你已经带领公司进入了我们投资组合中的最高级别。考虑到市场对增长（相对于价值和盈利能力）的估值显著提高，贵公司是去年我们投资组合中表现最好的公司之一。

尽管我一开始有些怀疑，但很高兴你证明我错了。突然间，我成了我们公司的明星。我们投资了很多公司，其中一些曾经是各行业中最受认可的品牌。他们肯定会从类似的数字颠覆中受益。我现在想知道我们如何才能帮助这些公司在他们的市场中取胜。

我将去埃克哈特格鲁夫参加下次董事会会议。我们在会议前一晚见面喝一杯如何？我很想了解你是如何做到的，还想听你谈谈如何将你们的成功应用于我们投资组合中的其他一些公司。

期待会面。

艾伦

“杰出工程师”职责说明

通过以下活动支持并培育卓越的技术文化。

- 通过指导、扶持和正式培训计划来培养我们的下一代技术领导者。
- 建立并参与跨团队协会，专注于安全、性能、站点可靠性等技术领域。
- 指导创建治理和架构评审职能，该职能可以不断演进，以满足公司在未来几年业务发展的需求。
  - 评审管理层关心的重要问题。
  - 创建安全及合规职能，包括风险和保证、信息和电子记录，以及架构。
  - 为在技术手段方面寻求反馈的团队提供技术支持。
  - 制定保持治理能力的措施，确保员工能够实践并保持相关性。
- 担任面向技术群体的公司代言人角色，以提升公司品牌、协助招聘，与顶尖的技术公司争夺人才。
- 监督虎鲸平台（该企业事件溯源平台将取代数据总线）的架构、设计、实现和迁移时间表，所有企业服务将遵循该时间表转为采用虎鲸平台。

五大理念

第一理念：局部性和简单性

第二理念：专注、流动和快乐

第三理念：改进日常工作

第四理念：心理安全

第五理念：以客户为中心

推荐阅读

《独角兽项目》深受许多图书的影响。在我看来，以下是我们从相关知识体系中汲取最多精华的一些书。

Accelerate：The Science of Lean Software and DevOps：Building and Scaling High Performing Technology Organizations by Nicole Forsgren, PhD, Jez Humble, and Gene Kim (IT Revolution, 2018).

The Goal：A Process of Ongoing Improvement by Eliyahu M. Goldratt and Jeff Cox (North River Press, 1984).

The High-Velocity Edge：How Market Leaders Leverage Operational Excellence to Beat the Competition by Steven J. Spear (McGraw Hill, 2010).

The Principles of Product Development Flow：Second Generation Lean Product Development by Donald G. Reinertsen (Celeritas, 2009).

Project to Product：How to Survive and Thrive in the Age of Digital Disruption with the Flow Framework by Mik Kersten (IT Revolution, 2018).

A Seat at The Table：IT Leadership in the Age of Agility by Mark Schwartz (IT Revolution, 2017).

Team of Teams：New Rules of Engagement for a Complex World by Gen. Stanley McChrystal with Tantum Collins, David Silverman, and Chris Fussell (Portfolio, 2015).

Technological Revolutions and Financial Capital：The Dynamics of Bubbles and Golden Ages by Carlota Perez (Edward Elgar Pub, 2003).

Transforming NOKIA：The Power of Paranoid Optimism to Lead Through Colossal Change by Risto Siilasmaa (McGraw-Hill, 2018).

这本小说的灵感来自许多 DevOps 企业社区令人赞叹的故事和壮举。许多基础设施相关元素受到 Jason Cox 和 Fernando Corango 的启发，架构和开发元素受到 Scott Prugh（CSG）的启发，事件溯源架构受到 Scott Havens（沃尔玛实验室）的启发。码头酒吧模仿了 Café Intención。在那里，他们计划并最终说服领导层进行数字化转型，由此产生了他们的平台团队。

多年来，我也从许多讲座、演讲、视频、文章、博客以及与我钦佩的人的私人通信中获得了灵感。下面列出了许多对《独角兽项目》中的很多时刻有直接影响的内容，按照它们在书中出现的顺序呈现。

第 2 章

"Fireside Chat with Compuware CEO Chris O'Malley," YouTube video, posted by IT Revolution, from DevOps Enterprise Summit Las Vegas 2018.

第 3 章

Zachary Tellman, *Elements of Clojure* (LuLu, 2019).

第 6 章

"The PMO is Dead, Long Live the PMO-Barclays," YouTube video, posted by IT Revolution, from DevOps Enterprise Summit London 2018.

"Better Value Sooner Safer Happier-Jon Smart," YouTube video, posted by IT Revolution, from DevOps Enterprise Summit London 2019.

第 7 章

Rich Hickey, "Simple Made Easy," InfoQ, recorded at QCon London 2012, posted June 20, 2012.

Nicole Forsgren, PhD, Jez Humble, and Gene Kim, *Accelerate：The Science of Lean Software and DevOps：Building and Scaling High Performing Technology Organizations* by Nicole Forsgren, PhD, Jez Humble, and Gene Kim (IT Revolution, 2018).

Ward Cunningham, "Ward Explains Debt Metaphor," wiki.c2, last edited January 22, 2011.

第 8 章

"What people think programming is vs. how it actually is," YouTube video, posted by Jombo, February 22, 2018.

Ryan Naraine, "10 Years Since the Bill Gates Security Memo：A Personal Journey,"ZDNet, January 13, 2012.

Bill Gates, "Bill Gates： Trustworthy Computing," *Wired*, January 17, 2012.

Risto Siilasmaa, *Transforming NOKIA： The Power of Paranoid Optimism to Lead Through Colossal Change* (McGraw-Hill, 2018) Kindle, 49.

John Cutler (@johncutlefish), "Case in point (from actual org) * In 2015 reference feature took 15-30d. * In 2018 same (class of) feature took 150-300d primarily bc of 1) tech debt, and 2) fast track silver bullets to drive success theater and/or acquisitions (for same effect) Cc： @realgenekim @mik_kersten" Twitter, September 29, 2018.

John Allspaw, "How Your Systems Keep Running Day After Day – John Allspaw," YouTube video, posted by ITRevolution, from the DevOps Enterprise Summit Las Vegas, 2017.

Charles Duhigg, "What Google Learned From Its Quest to Build the Perfect Team," *New York Times*, February 25, 2016.

"Guide： Understand Team Effectiveness," ReWork, accessed August 21, 2019.

Team of Teams： New Rules of Engagement for a Complex World by Gen. Stanley McChrystal with Tantum Collins, David Silverman, and Chris Fussell (Portfolio, 2015).

"Quote by W. Edwards Deming," The W. Edwards Deming Institute, February 1993.

The Principles of Product Development Flow： Second Generation Lean Product Development by Donald G. Reinertsen (Celeritas, 2009).

The High-Velocity Edge： How Market Leaders Leverage Operational Excellence to Beat the Competition by Steven J. Spear (McGraw Hill, 2010).

"Convergence of Safety Culture and Lean： Lessons from the Leaders," YouTube video, posted by IT Revolution, from DevOps Enterprise Summit San Francisco 2017.

Jeffrey Snover (@jsnover), "I literally (and yes I do mean literally) wanted to hide under my desk. I knew that they wouldn't be able to tell who did it (downside of DomainOS) so … making the phonecall was one of the hardest things I've every done." Twitter, November 17, 2017.

"Paul O'Neill of Safety Leadership," YouTube video, posted by Steve Japs, February 7, 2014.

"Paul O'Neill The Irreducible Components of Leadership.wmv," YouTube video, posted by ValueCapture, Mar 22, 2012.

第 9 章

Bill Sempf (@sempf), "QA Engineer walks into a bar. Order a beer. Orders 0 beers. Orders 999999999 beers. Orders a lizard. Orders -1 beers. Orders a sfdeljknesv." Twitter, September 23, 2014.

第 12 章

Mik Kersten, "Project to Product： Thrive in the Age of Digital Disruption with the Flow Framework," YouTube video, posted by IT Revolution, from DevOps Enterprise Summit London 2019.

第 13 章

John Allspaw, "How Your Systems Keep Running Day after Day – John Allspaw," YouTube video, posted by IT Revolution, from DevOps Enterprise Summit San Francisco 2017.

DD Woods, *STELLA：Report from the SNAFUcatchers Workshop on Coping with Complexity* (Columbus, OH：The Ohio State University, 2017).

Gene Kim, Jez Humble, Patrick Debois, and John Willis, *The DevOps Handbook：How to Create World-Class Agility, Reliability, and Security in Technology Organizations* (IT Revolution, 2016).

Gene Kim and John Willis, *Beyond The Phoenix Project：The Origins and Evolution of DevOps* (IT Revolution, 2018).

"DOES15 – Courtney Kissler & Jason Josephy – Mindsets and Metrics and Mainframes… Oh My！" YouTube video, posted by DevOps Enterprise Summit, from DevOps Enterprise Summit 2015.

第 14 章

Jeffrey Dean and Sanjar Ghemawat, MapReduce：*Simplified Data Processing on Lage Clusters* (Google Inc., 2004).

Christoper Bergh, Gil Benghiat, and Eran Strod, *The DataOps Cookbook：Methodologies and Tools that Reduce Analytics Cycle Time While Improving Quality* (DataKitchen, 2019).

"From Startups to Big-Business：Using Functional Programming Techniques to Transform Line of," YouTube video, posted by Microsoft Developer, May 8, 2018.

"Forging a Functional Enterprise：How Thinking Functionally Transforms Line-of-Business Applications," YouTube video, posted by IT Revolution, from DevOps Enterprise Summit London 2019.

第 16 章

Stacey Vanek Smith, "Episode 724：Cat Scam," *Planet Money*, NPR, March 13, 2019.

"Digital Transformation：Thriving Through the Transition – Jeffrey Snover, Microsoft," YouTube video, posted by IT Revolution, from DevOps Enterprise Summit London 2018.

"Zone to Win – Organizing to Complete in an Age of Disruption, by Geoffrey Moore," YouTube video, posted by TSIA, November 6, 2017.

"GOTO 2016 – Zome to Win – Geoffrey Moore," YouTube video, posted by GOTO Conferences, December 7, 2016.

"Digital Transformation：Thriving Through the Transition – Jeffrey Snover, Mircosoft," YouTube video, posted by IT Revolution, from DevOps Enterprise Summit Las Vegas 2018.

"Discovering Your Way to Greatness：How Fining and Fixing Faults is the Path to Perfection," YouTube video, posted by IT Revolution, from DevOps Enterprise Summit London 2019.

第 17 章

"DOES14 – Steve Neely – Rally Software," YouTube video, posted by DevOps Enterprise Summit 2014, November 5, 2014.

"Typescript at Google," Neugierig.org, September 1, 2018.

第 19 章

Kim, Humble, Debois, and Willis, *The DevOps Handbook*.

"More Culture, More Engineering, Less Duct-Tape (DOES17 US) – CSG International," YouTube video, posted by IT Revolution, from DevOps Enterprise Summit San Francisco 2017.

XI IOT - Facefeed Application Deployment Guide, Nutanix Workshops website, accessed August 20, 2019.

Compuware (compuwarecorp), "The racks keep leaving and space keeps opening up in our #datacenter, but our #mainframeswill never leave! #alwaysandforever #ibmz #hybridIT #cloudcomputing #cloud" Instragram, September 7, 2018.

"Keynote: Crossing the River by Feeling the Stones – Simon Wardley, Researcher, Leading Edge Forum," YouTube video, posted by CNCF [Cloud Native Computing Foundation], May 6, 2018.

XI IOT - Facefeed Application Deployment Guide, Nutanix Workshops website, accessed August 20, 2019.

后记

"Open Source is the Best Insurance for the Future: Eddie Satterly Talks About IAG," YouTube video, posted by The New Stack, December 5, 2017.

"DevOps at Target: Year 3," YouTube video, posted by IT Revolution, from DevOps Enterprise Summit San Francisco 2016.

Technological Revolutions and Financial Capital: The Dynamics of Bubbles and Golden Ages by Carlota Perez (Edward Elgar Pub, 2003).

"Risto Siilasmaa on Machine Learning," YouTube video, posted by Nokia, November 11, 2017.

时间线

- 工资发放故障；史蒂夫辞去董事长职务；比尔·帕尔默被晋升为运维副总裁
- 玛克辛成为工资发放故障替罪羊，被重新分配到凤凰项目
- 全员大会/莎拉宣布凤凰项目即将发布/玛克辛与库尔特见面
- 凤凰项目将于明天正式发布/恐慌随之而来/玛克辛在码头酒吧加入反抗军
- 凤凰项目发布/噩梦开始
- 莎拉发布规则，未经批准不得进行新的变更
- 凤凰项目终于稳定/柯尔斯顿加入反抗军/埃瑞克介绍五大理念
- 库尔特成为新的数据总线团队经理/玛克辛和“暴躁的戴夫”加入团队/关于功能特性冻结的传言
- 测试日
- 测试继续/玛克辛进入奇异的运维世界/玛克辛生病
- 玛克辛发现数据总线是组织的障碍
- 数据总线现在有了可用的环境，可以构建和测试代码/必须通过TEP-LARB才能独立地发布到生产环境
- 反抗军决定让开发和运维在一起工作
- 部署成为数据总线的新障碍
- 与玛吉·李会面
- 数据总线团队未能说服LARB让他们发布到生产环境/反抗军说服克里斯允许他们执行发布

9/2 — 9/12 — 10/1 — 10/16

- 工资发放故障；史蒂夫辞去董事长职务；比尔·帕尔默被晋升为运维副总裁
- 莎拉对比尔产生敌意/布伦特被认定为问题所在/凤凰项目将于下星期五发布
- 第三季度内部审计即将到来
- 比尔发现运维有太多的项目/CAB会议尝试改变系统/比尔与埃瑞克见面，埃瑞克提到“三步工作法”和四种类型的工作
- 比尔决定改变布伦特的工作方式；他现在必须记录所有事情，并且必须避免做小的修复/他们在CAB会议上决定再次调整流程
- 1级严重级别事故，信用卡处理系统故障/布伦特修复了问题，但比尔推断是布伦特自己造成的问题/比尔告诉帕蒂每两周组织一次实战演练
- 比尔试图让史蒂夫相信凤凰项目的发布是个坏主意/CAB会议创建了一个更结构化的变更管理系统/即将开始每周CAB会议
- 凤凰项目发布/噩梦开始
- 凤凰项目噩梦仍在持续/PCI审计员到现场，比尔无法回应
- 史蒂夫给了90天期限来修复凤凰项目，否则所有的工作都将被外包
- 比尔认识到四种类型的工作
- 比尔和史蒂夫在凤凰项目上产生分歧/比尔在和史蒂夫的会上提出提交辞职信
- 比尔同意回来工作90天
- 提议冻结功能特性一周以专注于修复凤凰项目
- 功能特性冻结开始
- 约翰消失了/比尔启动监控项目/帕蒂创建看板/开始慢慢结束功能特性冻结
- 布伦特在一个凤凰项目任务上晚了一周/比尔画了一张等待时间表
- 比尔在锤头鲨酒吧和约翰见面/约翰说他要离开了

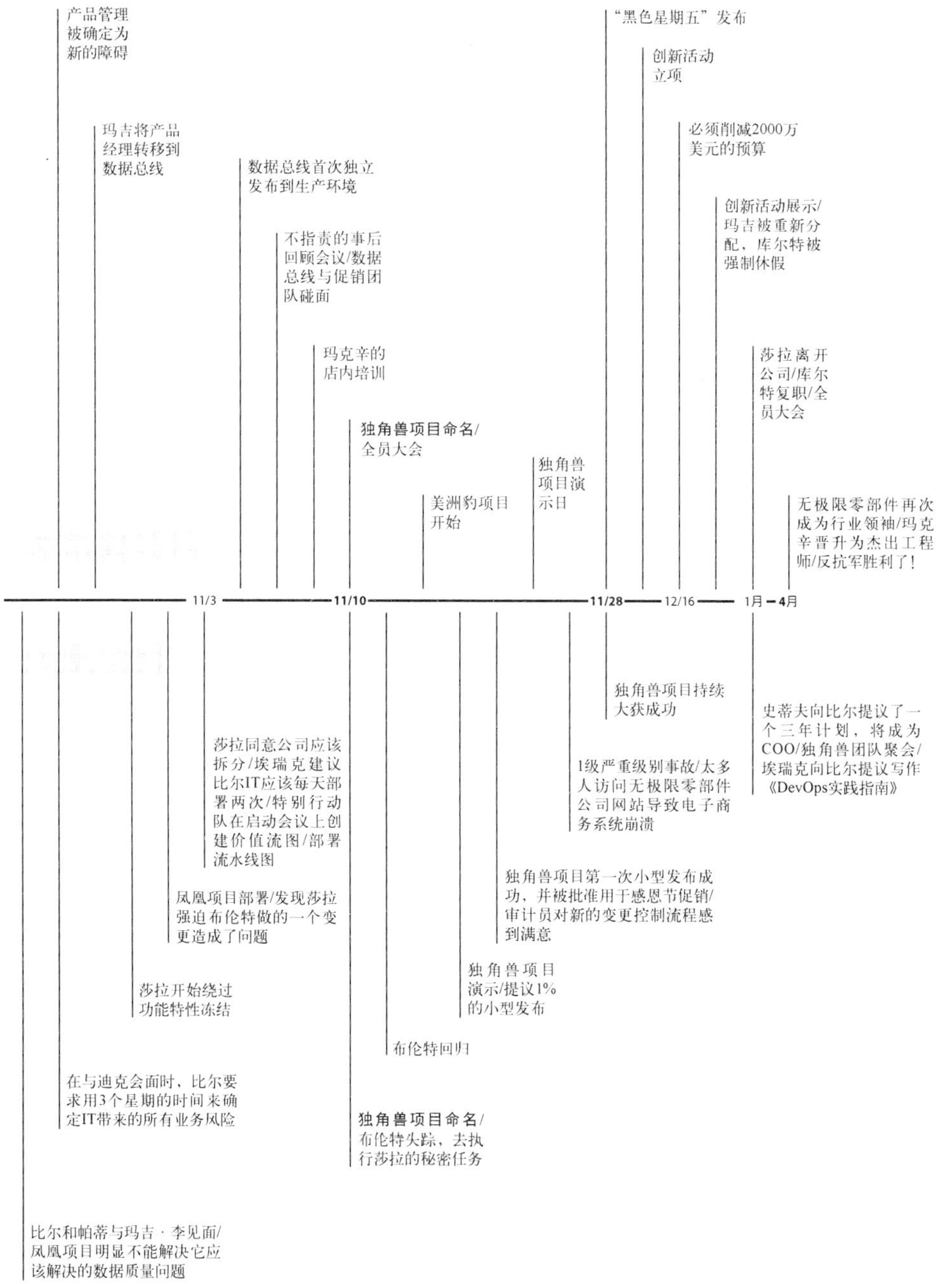
产品管理被确定为新的障碍
玛吉将产品经理转移到数据总线
数据总线首次独立发布到生产环境
不指责的事后回顾会议/数据总线与促销团队碰面
玛克辛的店内培训
独角兽项目命名/全员大会
美洲豹项目开始
独角兽项目演示日
“黑色星期五”发布
创新活动立项
必须削减2000万美元的预算
创新活动展示/玛吉被重新分配，库尔特被强制休假
莎拉离开公司/库尔特复职/全员大会
无极限零部件再次成为行业领袖/玛克辛晋升为杰出工程师/反抗军胜利了！
11/3
11/10
11/28
12/16
1月—4月
比尔和帕蒂与玛吉·李见面/凤凰项目明显不能解决它应该解决的数据质量问题
在与迪克会面时，比尔要求用3个星期的时间来确定IT带来的所有业务风险
莎拉开始绕过功能特性冻结
凤凰项目部署/发现莎拉强迫布伦特做的一个变更造成了问题
莎拉同意公司应该拆分/埃瑞克建议比尔IT应该每天部署两次/特别行动队在启动会议上创建价值流图/部署流水线图
独角兽项目命名/布伦特失踪，去执行莎拉的秘密任务
布伦特回归
独角兽项目演示/提议1%的小型发布
独角兽项目第一次小型发布成功，并被批准用于感恩节促销/审计员对新的变更控制流程感到满意
1级严重级别事故/太多人访问无极限零部件公司网站导致电子商务系统崩溃
独角兽项目持续大获成功
史蒂夫向比尔提议了一个三年计划，将成为COO/独角兽团队聚会/埃瑞克向比尔提议写作《DevOps实践指南》

TURING

图灵教育

站在巨人的肩上

Standing on the Shoulders of Giants

TURING

图灵教育

站在巨人的肩上

Standing on the Shoulders of Giants